O Racismo e o Negro no Brasil

Direção geral J. Guinsburg

Edição de texto Geisa M. Oliveira
Revisão Margarida Goldstajn
Produção de texto Luiz Henrique Soares e Elen Durando
Desenhos Maria Lúcia da Silva
Projeto gráfico e capa Sergio Kon
Produção Ricardo W. Neves, Sergio Kon e Lia N. Marques

cip-Brasil. Catalogação-na-Fonte
Sindicato Nacional dos Editores de Livros, rj

R119
    O racismo e o negro no Brasil : questões para a psicanálise / organização Noemi Moritz Kon, Cristiane Curi Abud, Maria Lúcia da Silva. – 1. ed. – São Paulo : Perspectiva, 2017.
    304 p. ; 19 cm.

    isbn: 9788527311038

    1. Discriminação racial - Brasil. 2. Racismo - Brasil. 3. Preconceitos - Brasil. 4. Discriminação racial. i. Kon, Noemi Moritz. ii. Abud, Cristiane Curi. iii. Silva, Maria Lucia da.

17-41609   cdd: 305.800981
                                          cdu: 323.14

08/05/2017   09/05/2017

ESTE LIVRO, BEM COMO O EVENTO QUE O ORIGINOU, NÃO TERIAM SIDO POSSÍVEIS SEM O APOIO DO INSTITUTO SEDES SAPIENTIAE E SEU DEPARTAMENTO DE PSICANÁLISE

2ª edição – 1ª reimpressão

Direitos reservados à

EDITORA PERSPECTIVA LTDA.

Av. Brigadeiro Luís Antônio, 3025
01401-000 São Paulo sp Brasil
Telefax: (11) 3885-8388
www.editoraperspectiva.com.br

2020

O RACISMO E O NEGRO NO BRASIL

Questões Para a Psicanálise

**NOEMI MORITZ KON
MARIA LÚCIA DA SILVA
CRISTIANE CURI ABUD**
(organizadoras)

SUMÁRIO

Prefácio
Rosane Borges
7

**À Guisa de Apresentação:
Por uma Psicanálise Brasileira**
Noemi Moritz Kon
15

I. NEGRITUDE EM CENA

1. As Ambiguidades do Racismo à Brasileira
   Kabengele Munanga
   33

2. Dessemelhanças e Preconceitos
   Heidi Tabacof
   45

II. COR E INCONSCIENTE

3. A Violência Nossa de Cada Dia: O Racismo à Brasileira
   Maria Beatriz Costa Carvalho Vannuchi
   59

4. Racismo no Brasil: Questões Para Psicanalistas Brasileiros
   Maria Lúcia da Silva
   71

5   Raça, Cor e Linguagem
Lilia Moritz Schwarcz
91

6   Cor e Inconsciente
Isildinha Baptista Nogueira
121

Educação e Humilhação Racial

7   Psicanálise e Relações Raciais
Fúlvia Rosemberg
129

8   A Dominação Racista: O Passado Presente
José Moura Gonçalves Filho
143

9   Racismo, uma Leitura
Moisés Rodrigues da Silva Júnior
161

Cinema e Literatura

10   Buscando Baobás na Aridez do Asfalto: Instaurando Origens
Miriam Chnaiderman
181

11   Quem Tem Medo da Palavra Negro
Cuti
197

III. DESDOBRAMENTOS

12   A Questão do Racismo em um Grupo de Mediação Com Fotografias
Cristiane Curi Abud e Luiza Sigulem
215

13   O Racismo Nosso de Cada Dia e a Incidência da Recusa no Laço Social
Tânia Corghi Veríssimo
233

IV: VIVÊNCIAS DO RACISMO À BRASILEIRA: CENAS DO COTIDIANO

14   Estranho Jogo Amargo: Desconstruindo a Vitimização nos Jogos Racistas
Pedro Mascarenhas
253

15   Relações Raciais no Palco da Vida: Considerações Sociátricas
Maria Célia Malaquias
277

Sobre os Autores
297

PREFÁCIO

Rosane Borges

> O contraste entre a psicologia individual e a psicologia social ou de grupo [...] perde grande parte de sua nitidez quando examinado mais de perto [...] algo mais está invariavelmente envolvido na vida psíquica do indivíduo [...] de maneira que, desde o começo, a psicologia individual neste sentido ampliado, mas inteiramente justificado das palavras é, ao mesmo tempo, também psicologia social.
>
> SIGMUND FREUD

> Enquanto denegação dessa latinoamefricanidade, o racismo se volta justamente contra aqueles que, do ponto de vista étnico, são os testemunhos vivos da mesma, tentando tirá-los de cena, apagá-los do mapa.
>
> LÉLIA GONZALEZ

Resultado de experiências práticas e reflexões teóricas, *O Racismo e o Negro no Brasil: Questões Para a Psicanálise* é um livro que nasce, num sentido positivo, com vocação enciclopédica, pois recobre um arco extenso de questões alusivas ao racismo e à psicanálise, delineando, ao mesmo tempo que percorre, um trajeto de dupla face que converge para uma aliança indissolúvel entre política e ética.

Tal afirmação não é ornamento retórico. Organizado pelo Departamento de Psicanálise do Instituto Sedes Sapientiae, esta publicação, cujas raízes repousam no curso Clínica Psicanalítica: Conflito e Sintoma, é um empreendimento monumental destinado a pensar o racismo à brasileira. Adota o campo da psicanálise como um território incontornável para a compreensão de um fenômeno de longa duração (como diriam os pensadores da Nova História) que estrutura a dinâmica do país em todas as suas dimensões.

Eis a primeira lição dessa hercúlea tarefa: um modo de pensar o racismo no Brasil requer a tarefa preliminar de revolvermos o campo da psicanálise. Nas discussões correntes sobre este campo no Brasil, a possibilidade de se erigir os alicerces de uma psicanálise "nativa", que porte os traços da nossa nacionalidade, representa uma incomparável pedra de toque. Teóricos e profissionais da área vêm se dedicando, com augusta responsabilidade, a essa questão.

Sabe-se que a prática psicanalítica se firmou ao redor do mundo de acordo com a dinâmica de cada contexto histórico, compondo um escopo reflexivo-analítico que pudesse espelhar as contradições de cada tempo e lugar. Não há teoria, ciência ou saber que se institua sem mergulhar nas temporalidades de sua época. Desse modo, este livro coloca um desafio frontal para a formação de uma psicanálise que se quer brasileira: é preciso pensar em qual temporalidade estamos imersos, faz-se necessário percebermos os ritmos de duração que, repetidos incessantemente, atravessam a vida nacional e os psiquismos mais diversos.

Apesar dos movimentos de transformação, nos últimos anos há algo "que resiste ao tempo, perdura, escapa das vicissitudes, sobrevive com obstinação" e faz do Brasil, Brasil. São as camadas sedimentadas que solidificam estruturas e nos acomodam a formas de existência por vezes tidas como insuscetíveis de questionamentos e tensões. Sem nenhum equívoco, sabemos que as camadas da colonização e da escravatura são de tamanha espessura que, de tal sorte, até hoje cobrem o nosso tecido social, sobrevivendo com tenaz resistência aos humores dos tempos. De acordo com Noemi Moritz Kon, uma das organizadoras deste livro: "O Brasil é um país traumatizado que jamais ajustou contas com suas dores terríveis, obscenas, da colonização e da escravatura."

Constitui um imperativo, portanto, colher da experiência coletiva da colonização e da escravidão os insumos para uma prática psicanalítica em conformidade com a nossa fisionomia, com aquilo que compõe o cartão-postal da nação. O psicanalista e professor do Departamento de Psicologia da Universidade de São Paulo, Christian Dunker, lembra que a psicanálise entrou na universidade e na psiquiatria brasileiras nos anos de 1920-1930 –, momento em que o país começava a se pensar com a formulação das grandes narrativas do Brasil. Sérgio Buarque de Hollanda, Gilberto Freyre, Caio Prado, pensadores que vieram depois de Freud, compõem um painel de referências: "O Brasil começou a se pensar com a psicanálise. Isso não aconteceu na Argentina, nos Estados Unidos, na África do Sul ou na Austrália. E somos um país muito peculiar do ponto de vista da psicanálise, que continua dando certo por aqui. A psicanálise não é só a solução, é um sintoma do Brasil."

Desse modo, é preciso, como o inseto de Carlos Drummond de Andrade no poema "Áporo" ("um inseto cava, cava, até achar escape"), cavar possibilidades, esburacar territórios, a fim de que essa reconciliação com o nosso passado se converta em plataforma política, para que possamos nos pensar como indivíduos e coletividade: "toda dor pode ser suportada se sobre ela puder ser contada uma história", arremata ainda Noemi. Urge, assim, um reexame, como venho reafirmando, dos fenômenos sociais e das teorias que tentaram decifrá-los, pois grande parte de nossa tradição teórica e política (com as referências já mencionadas à frente) insistiu "em confinar as questões derivadas da colonização e da escravidão na esfera privada, como se apenas desta proviesse sua solução".

Reconhecemos o esforço de alguns nomes que vêm se constituindo como vozes fundadoras de outra forma de pensar as conexões entre racismo e psicanálise. A ativista e intelectual negra Lélia Gonzalez deixou-se habitar pelo edifício lacaniano para interpretar o processo de formação das sociedades americanas. Para ela, conforme epígrafe que introduz este prefácio, a denegação é uma categoria importante para entendermos o triunfo do racismo e do sexismo. Neusa Santos Souza, no clássico *Tornar-se Negro*, considera que "exercer autonomia é produzir um discurso sobre si mesmo. Discurso que se faz muito mais significativo quanto mais fundamentado no conhecimento concreto da realidade". Frantz Fanon é outra referência obrigatória para compreendermos o par racismo e psiquismo.

É a partir das trilhas já abertas por esses autores, e das sobras[1] e brechas que essas questões suscitam, que este livro se institui como ferramenta para a compreensão e o enfrentamento do racismo, atuando em diversas frentes que percorrem aquele trajeto de dupla face, como aqui assinalado. São deslocamentos que visam, ao menos, atuar em três frentes: 1. homologar aproximações entre o ativismo antirracista e a psicanálise; 2. conceber o racismo como estruturante da sociedade brasileira e não predicado acidental ou ocasional da realidade, um ato de indivíduos, um desvio de comportamento; 3. discutir que as duas instâncias, assim postas, participam de uma questão mais extensa: a de que o racismo e a discriminação no Brasil devem interessar diretamente à escuta psicanalítica, porque o repertório do abecedário da área (sexualidade infantil, complexo de Édipo, traumas, sintomas, identidade e identificação, atos falhos etc.) só tem sentido se perscrutado por uma lente que aviste o solo social e coletivo dele constitutivo. Nas malhas do nosso presente, podemos ver como esse abecedário é vertebrado, no Brasil, pelo "mais antigo que nos governa, sujeito a novas racionalidades", como

---

[1]. A noção de sobra não é vista de forma negativa, pois, levando em conta que sempre vai haver uma parte não apreensível, as sobras e os restos são vistos como importantes, uma vez que "nada pode ser dito senão por contornos em impasse, demonstrações de impossibilidade lógica, onde nenhum predicado basta". Cf. J. Lacan, *O Seminário, Livro 20: Mais, Ainda*, Rio de Janeiro: Zahar, 1985, p. 20.

fala poeticamente o escritor moçambicano, Mia Couto, fazendo imbricações irrevogáveis entre o indivíduo e o social.

Desde Freud, como posto na epígrafe, a relação dicotômica entre o individual e o social foi posta em xeque. Para o pai da psicanálise, não existe fenômeno individual que habite o território do indivíduo estritamente; tudo que é individual se institui num lastro que é rigorosamente social. Indivíduo e sociedade constituem um nexo único. Liquida-se, igualmente, a questão da "pulsão social" em contraposição a uma "pulsão individual", esta última objeto exclusivo da psicanálise, já que existiria apenas uma pulsão.

A preocupação com o tema se perde sob os lençóis do tempo. Platão, Aristóteles, Mikhail Bakhtin, Julia Kristeva, irmanados nas possibilidades de uma vinculação do sujeito que se dá necessariamente *com e a partir do outro*. O filósofo Martin Buber considerou a palavra-princípio Eu-Tu o primeiro modo de relação humana: a relação Eu-Tu é anterior ao próprio Eu. Para ele, "nós aprendemos a ser humanos sendo chamados para uma relação Eu-Tu – uma relação na qual um 'se abre totalmente com o outro'".

Como se vê, *O Racismo e o Negro no Brasil: Questões Para a Psicanálise* abre horizontes para que as questões nucleares que moram no coração do campo psicanalítico e nas reflexões e práticas de combate ao racismo sejam vistas em sua complexidade. É, portanto, um livro que a um só tempo cumpre uma tarefa epistemológica, metodológica, metódica e prática. Podemos testemunhar esse cruzamento de tarefas pela forma como está estruturado. Dividido em quatro partes ("Negritude em Cena", "Cor e Inconsciente", "Desdobramentos" e "Vivências do Racismo à Brasileira: Cenas do Cotidiano"), ele nos lega um conjunto de textos que parte de experiências extraídas do chão do mundo vivido, onde se cultiva a experiência de apreender os discursos circulantes e de produzir novos sentidos.

Em "Negritude em Cena", temos um painel explicativo do modo de funcionamento do racismo brasileiro. O antropólogo e professor da Universidade de São Paulo Kabengele Munanga e a psicanalista Heidi Tabacof apresentam reflexões de longo alcance para melhor compreendermos as configurações do racismo, do preconceito e da discriminação em terras tupiniquins. Munanga ressalta as ambiguidades do racismo no Brasil, onde o silêncio, a recusa e a negação coabitam com o reconhecimento de que vivemos num país onde as discriminações têm um fundamento marcadamente racial, o que reverbera em outros artigos desta publicação.

"Cor e Inconsciente" é uma etapa em que o laço indissolúvel entre psicanálise e instrumentais para a transposição do racismo mostra-se patente. Em "A Violência Nossa de Cada Dia: O Racismo à Brasileira", Maria Beatriz Costa Carvalho Vannuchi explora o caráter essencialmente violento do racismo, tomando como ponto de partida as reflexões de Freud, inescapáveis para constatarmos que há uma tendência quase invencível de subjugarmos o outro. A psicanalista e ativista do movimento negro, Maria Lúcia da Silva, põe em relevo a invisibilidade, a resistência à nomeação, as histórias adormecidas que também atingem a prática psicanalítica no que se refere à magnitude dos efeitos do racismo e da discriminação no Brasil. A antropóloga e professora da Universidade São Paulo Lilia Moritz Scwarcz, em "Raça, Cor e Linguagem", assevera que o racismo é construção histórica e social que incide sobre o homem e que se fundamenta num projeto coletivo, criando, assim, formas de hierarquia e estratificação. Para a professora, a linguagem é um portal de entrada importante para aferirmos como as práticas racistas e discriminatórias vivem e reinam (Kristeva já advertira: ao falar, somos falados).

A psicanalista Isildinha Baptista Nogueira, em "Cor e Inconsciente", nos mostra a engrenagem da máquina da dominação que inculca nos dominados a crença em sua inferioridade. Para ela, o olhar do branco e o ideal de brancura não reconhecem como legítimas as possibilidades e conquistas do negro. Referindo-se a um *apartheid* psíquico, vai dizer que as estruturas psíquicas são contaminadas pelas condições objetivas que receberão, no plano inconsciente, elaboração própria a partir das quais são assimiladas e incorporadas. Eis o processo de identificação do agressor.

"Psicanálise e Relações Raciais", da ex-professora da PUC-SP e psicóloga Fúlvia Rosemberg (falecida em 2015), insiste no postulado de que o racismo no Brasil é produzido nos planos material e simbólico e que as dimensões estrutural/material têm raízes históricas que fornecem a chave de explicação das hierarquias raciais. Considera ela fundamental acompanharmos as dinâmicas das políticas sociais para crianças, em que se revelariam, a seu ver, as formas diferenciadas de construção de biografias diferenciadas, com a raça sendo um vigoroso marcador de desigualdades. Recuperando as observações de Rosemberg, José Moura Gonçalves Filho afirma, em "A Dominação Racista: O Passado Presente", que o racismo antinegro não se apresenta apenas em práticas interpessoais visíveis, mas se faz e refaz por meio de instituições, formando procedimentos automáticos e mais invisíveis de rebaixamento e segregação.

Cabe a "Racismo, uma Leitura", de autoria de Moisés Rodrigues da Silva, o papel de discutir a consolidação de um ideário que hierarquiza seres humanos com base no compartilhamento da crença na inferioridade dos negros, adotando como suporte a formação das identidades e os impactos que a violência determina na perpetuação das relações de dominação e opressão.

Nos diálogos com as artes, este livro colhe também experiências do cinema e da literatura. Miriam Chnaiderman apoia-se em *Sobreviventes*, documentário dirigido por Reinaldo Pinheiro e por ela, para concluir que "se a subjetividade, em todos nós, se constitui a partir de um outro, se o mundo adulto propõe sempre algo que o bebê ainda não consegue decodificar, o negro, em nosso mundo, parece estar condenado a viver esse momento permanentemente". Já o escritor e poeta Cuti vai dizer que nas disputas semânticas entre a palavra "negro" e aquelas associadas ao prefixo "afro", a arte desempenha um papel fundamental. Se a arte brasileira, majoritariamente, faz ouvidos de mercador para o racismo e suas consequências (tomando-os como brincadeira, fatos sem relevância para a vida das pessoas) tanto na música como na literatura, nas artes cênicas e nas artes plásticas, isso não é unanimidade, avaliza o autor.

"Desdobramentos", a terceira parte, vai tratar do racismo em um grupo de fotolinguagem, trabalho conduzido por Cristiane Curi Abud e Luiza Sigulem, que adotam a psicoterapia de base psicanalítica, utilizando a fotografia como objeto mediador para compreender como o racismo se apresenta no enquadre grupal. Por fim, a psicóloga Tânia Corghi Verissimo põe em cena a discussão sobre a recusa, um recurso ainda largamente utilizado para o (não) enfrentamento do racismo no Brasil. Segundo ela, a recusa é um dos mecanismos figurantes no laço social, algo não nomeado/ reconhecido pelo sujeito.

É de incumbência de "Vivências do Racismo à Brasileira: Cenas do Cotidiano" verificar a instituição e a manutenção dessas experiências, tomando como métodos o sociodrama e o psicodrama. Coordenada pelo psicanalista Pedro Mascarenhas, a primeira etapa, um rico laboratório, faz um percurso pontilhado pelas diferentes lógicas coletivas que estão presentes no imaginário social e que se expressam em atos, falas, expressões e posturas; ao passo que Maria Célia Malaquias aborda o palco.

Cercando-se de profissionais e pensadores de inegável reconhecimento público, advindos de diversas esferas, este livro enfrenta os desafios aqui assinalados com reflexões de alta intensidade, capazes de oferecer alguma chave de explicação para a compreensão de um fenômeno de longa duração – o racismo e a discriminação – por meio da escuta psicanalítica em suas múltiplas modalidades, fazendo circular discursos emergentes nos desfiladeiros da linguagem que nos constitui e que nunca se completa. Oxalá sua leitura suscite novas chaves de sentido para as nossas formas de existência!.

À GUISA DE APRESENTAÇÃO: POR UMA PSICANÁLISE BRASILEIRA

Noemi Moritz Kon

Comemoramos hoje 120 anos de abolição da escravatura negra no Brasil. Abolição da escravidão quer dizer aqui fim de um sistema cruel e injusto que trata os negros como coisa, objeto de compra e venda, negócio lucrativo para servir à ambição sem-fim dos poderosos. Abolição da escravatura quer dizer aqui fim da humilhação, do desrespeito, da injustiça. Abolição da escravatura quer dizer libertação.
Mas será que acabamos mesmo com a injustiça, com a humilhação e com o desrespeito com que o conjunto da sociedade brasileira ainda nos trata? Será que acabamos com a falta de amor-próprio que nos foi transmitido desde muito cedo nas nossas vidas? Será que já nos libertamos do sentimento de que somos menores, cidadãos de segunda categoria? Será que gostamos mesmo da nossa pele, do nosso cabelo, do nosso nariz, da nossa boca, do nosso corpo, do nosso jeito de ser? Será que nesses 120 de abolição conquistamos o direito de entrar e sair dos lugares como qualquer cidadão digno que somos?
Ou estamos quase sempre preocupados com o olhar de desconfiança e reprovação que vem dos outros?

Neusa Santos Souza

Foi no contexto do segundo ano do curso Clínica Psicanalítica: Conflito e Sintoma que a faísca para o evento "O Racismo e o Negro no Brasil: Questões Para a Psicanálise", promovido em 2012 pelo Departamento de Psicanálise do Instituto Sedes Sapientiae – que deu origem a este livro –, surgiu.

Em aula, conversávamos sobre o desenvolvimento psicossexual, sobre as fases da libido, enfim, sobre a sexualidade na criança, aquela que também insiste no adulto, tema, em si, de alta intensidade. Trazíamos exemplos cotidianos, do vínculo das crianças e dos adultos com o ato da defecação e com seus produtos: lembro-me de ter compartilhado uma história que ouvira, já há algum tempo, na qual alguém que defecara no mar não conseguia, por mais que se esforçasse, se livrar de seu "janjão", que o acossava implacavelmente. Outras tantas histórias eram relatadas e exemplificavam a vivência emocional de orgulho sentido com nossas produções, mas também do aspecto culposo, terrorífico e perseguidor que ressurge quando o tema se reverte e mostra sua outra face, ou seja, quando experimentamos a dor da separação e da castração e, também, o ódio e o desejo de expulsão e exclusão daquilo que, antes parte valorizada de mim, se torna dejeto a ser rejeitado, se torna não-Eu, se torna outro: prazer, orgulho, terror, culpa, ódio, todos afetos implicados na complexidade do ato da defecação.

Minha memória traz o clima bem-humorado do grupo, os risos relaxados, frutos daquela oportunidade de retomada conjunta e elaborativa de vivências antigas e atuais. E me leva também ao impacto da virada no tempo, ao susto frente a uma fala, à chispa soltada por Maria Lúcia da Silva, integrante do grupo, que nos denunciava, acusando ter ouvido uma manifestação racista, na qual as fezes haviam sido assimiladas à figura de um "negão".

Aquilo me caiu como uma bomba, um golpe no estômago: recebi sua justa revolta, no entanto, não consegui entender o que ou quem teria sido responsável pelo disparo daquela denúncia e, simplesmente, não soube o que fazer. Não me lembro de mais nada daquele encontro; sei que conversamos algo a respeito, que não deixamos aquelas palavras caírem no vazio, mas não tenho qualquer recordação dos momentos que se seguiram à revelação da presença do racismo entre nós.

O que me retorna à lembrança e me toma muitas vezes depois daquele evento, e me consome novamente enquanto escrevo este texto, é a intensidade de minha angústia ao voltar para casa: uma perplexidade, um não saber o que pensar, o que fazer, concomitante com a vontade de encontrar alguma resposta, algum contorno possível para aquela situação. Sentia-me imensamente culpada. Era como se eu fosse, necessariamente, a agente da agressão, quer seja por ter proferido algo que me escapara e de que não me dera conta, quer seja por não ter, desde minha função de professora, manejado adequadamente a conversa no grupo, impedindo a manifestação discriminatória; e me remoía, ainda, por não conseguir compreender ou aceitar que em minhas palavras tal preconceito também poderia ter sido veiculado. Como não reconhecera imediatamente a expressão de racismo, eu, que como psicanalista sou agudamente atenta às palavras, eu que tenho na família uma reconhecida estudiosa dedicada especialmente ao tema do preconceito contra o negro no Brasil – Lilia Moritz Schwarcz, que publicou vários trabalhos sobre o assunto e possui um artigo neste livro –, eu, enfim, que, como judia, sou especialmente precavida contra falas discriminatórias (o que, sei bem, dói) e já havia sentido na pele – talvez não tão na pele, mas, certamente, nas entranhas – as injunções do antissemitismo?

Sentia, assim, que não era somente a imensa angústia pela culpa que me tomava. Vivia, simultaneamente, uma agonia profunda pela identificação que me ligava à dor da discriminação nomeada por Maria Lúcia, uma identificação que se dava por e em nossas diferentes diferenças.

Não era admissível deixar esse mal-estar de lado, recusá-lo, recalcá-lo, fingir que nada havia acontecido, apagar a faísca com o pé ou nela jogar água. Era necessário fornecer-lhe combustível adequado, dar-lhe oxigênio para que ganhasse proporções suficientes para que nos aquecêssemos, sem, no entanto, nos queimarmos com sua potência incendiária.

Na busca de encontrar formas possíveis para o que sentia, me lembrei do impacto que vivi quando, anos antes, assistira ao documentário *Olhos Azuis* (The Eye of the Storm), da educadora e socióloga norte-americana Jane Elliot, edição de vários *workshops* – experiência proposta e inaugurada no dia seguinte ao assassinato de Martin Luther King Jr. –, nos quais crianças e adultos vivenciavam, ainda que por um dia, o que era ser discriminado pela cor da pele ao serem rotulados negativamente, submetendo-se voluntariamente ao preconceito, simplesmente por portarem a marca distintiva dos olhos azuis. É de Jane Elliot a declaração numa conferência:

> Se algum branco gostaria de receber o mesmo tratamento dado aos cidadãos negros em nossa sociedade, levante-se. [...] Ninguém se levantou. Isso deixa claro que vocês sabem o que está acontecendo. Vocês não querem isso para vocês. Quero saber por que, então, aceitam e permitem que isso aconteça com os outros.

Pensei que o vídeo nos daria uma boa oportunidade para assimilarmos juntos algo do que emergira em classe. Retomei, no encontro seguinte, a conflitiva que eclodira e propus para o grupo que o assistíssemos juntos. Maria Lúcia, ativista do movimento negro que era e é, conhecia bem o trabalho e tinha dele uma cópia. Ficou combinado, ela a traria na aula seguinte.

O documentário de Elliot merece ser assistido, é impossível deixar de lembrá-lo (está à disposição na internet): as feições das crianças, que até então se sentiam amadas e tratadas com respeito, adquirem, logo depois das primeiras ações nas quais são ativamente inferiorizadas e desrespeitadas, uma tonalidade de tristeza e desamparo intensos, perdem a cor; adultos se revoltam com o absurdo arbitrário dos maus-tratos recebidos, mas nada alcançam, uma vez submetidos à injustiça sustentada pelo autoritarismo instituído, além de mais desconsideração e violência. Não há como esquecer as expressões de seus rostos: perplexidade e revolta contidas e, a seguir, apatia, desistência e impotência; os participantes da oficina, aqueles que se tornam vítimas da discriminação, tornam-se mortos-vivos ou vivos-mortos, assassinados.

A partir de então, nosso trabalho em aula, que teria foco na sexualidade infantil e no complexo de Édipo, nos âmbitos pessoal, familiar e social, à luz dos textos de Freud, foi necessariamente atravessado pelas implicações do preconceito no desenvolvimento psicossexual, levando-se em conta o lugar sócio-histórico singular destinado a cada um de nós.

Não que tivéssemos à nossa disposição muitas elaborações provenientes do campo psicanalítico para avançar no tema. Surpreendentemente (ou melhor, coerentemente com o estado de coisas que vivemos no Brasil), os efeitos do racismo antinegro no Brasil não configura ainda um assunto de estudos na psicanálise brasileira, e muito poucos psicanalistas pesquisaram sobre seus efeitos na conformação de nossa subjetividade.

Dentre os poucos trabalhos, alguns ótimos textos, como a tese pioneira de Neusa Santos Souza, com prefácio escrito por Jurandir Freire Costa, foram disponibilizados no *site* do Departamento de Psicanálise[1]. Vale conhecer, ainda, a íntegra da tese de Isildinha Baptista Nogueira, *Significações do Corpo Negro*. São muitas e importantes as contribuições de Fúlvia Rosemberg, que coordenou, na PUC-SP, o Negri (Núcleo de Estudos de Gênero, Raça e Idade), no abrigo do qual muitas pesquisas surgiram – o portal Geledes disponibiliza uma bela entrevista com ela. Todas essas contribuições surgem em trabalhos desenvolvidos junto à academia, em institutos de psicologia e departamentos de psicologia social

---

1. Cf. N. Santos Souza, *Tornar-se Negro*.

ou de educação. Só recentemente a revista *Percurso*, do Departamento de Psicanálise, publicou um ótimo artigo sobre racismo de Tânia Corghi Veríssimo[2], racismo que foi também o foco da sessão Debates, que contou com a participação de Bárbara de Souza Conte, Lilia Moritz Schwarcz, Maria Lúcia da Silva e a minha[3].

É certo que Freud traz em sua obra ideias importantes como a do "narcisismo das pequenas diferenças", pelo qual "sempre é possível ligar um grande número de pessoas pelo amor, desde que restem outras para que se exteriorize a agressividade"[4], ou a do "estranhamento familiar"[5], conceituações que nos permitiram elaborar algo sobre a dificuldade de se lidar com o outro em sua diferença, pensar algo sobre o ódio e a violência praticados sobre aquele a quem tornamos – em função de nosso discurso ideológico, antidemocrático, antirrepublicano e discriminatório, sustentado para a criação de uma realidade estabelecida para a manutenção da disparidade, da dominação e do privilégio – estrangeiro, indesejável e, assim, negativamente desigual, ao adotarmos como padrão de verdade e beleza o Eu ideal narcísico (em nosso caso, o do branco colonizador), o que Freud denominou "ego prazer purificado", convertendo em aversivo e abjeto – e não em alteridade fertilizadora – aquilo que passa a ser configurado como não-Eu, um não-Eu útil, apenas, para ser explorado por nós.

É o que Freud afirma, de maneira contundente:

> O que há de realidade por trás disso, que as pessoas gostam de negar, é que o ser humano não é uma criatura branda, ávida de amor, que no máximo pode se defender quando atacado, mas sim que ele deve incluir, entre seus dotes instintuais, também um forte quinhão de agressividade. Em consequência disso, para ele,

2. O Racismo Nosso de Cada Dia e a Incidência da Recusa no Laço Social, *Percurso*, n. 54, p. 43-52.
3. Ibidem, p. 109-120.
4. S. Freud, *O Mal-Estar na Civilização*, p. 60-61.
5. Idem, Discurso Perante a Sociedade Bnai Brith, *ESB*, v. 20, p. 315-316.

o próximo não constitui apenas um possível colaborador e objeto sexual, mas também uma tentação para satisfazer a tendência à agressão, para explorar seu trabalho sem recompensá-lo, para dele se utilizar sexualmente contra a sua vontade, para usurpar seu patrimônio, para humilhá-lo, para infligir-lhe dor, para torturá-lo e matá-lo. *Homo homini lupus* (o homem é o lobo do homem).[6]

Freud compartilhou ainda lembranças doloridas do preconceito que experimentou como judeu, do antissemitismo sofrido por ele e sua família. Ele morreria sem saber do trágico destino de quatro de suas cinco irmãs. No dia 29 de junho de 1942, Maria (Mitzi), Pauline (Paula) Winternitz e Adolfine (Dolfi) foram deportadas para o campo de concentração de Theresienstadt. Adolfine morreu ali, em 5 de fevereiro de 1943, de hemorragia interna causada por extrema desnutrição. Mitzi e Paula foram transportadas no dia 23 de setembro para o campo de extermínio de Maly Trostinec, onde foram assassinadas nas câmaras de gás. De acordo com informações obtidas durante testemunho no tribunal de Nurembergue, Debora (Rosa) Graf teria morrido na câmara de gás do campo de extermínio de Treblinka, por volta do mês de outubro de 1942. Apenas dois de seus irmãos sobreviveriam à perseguição nazista: Alexander, o irmão mais novo de Sigmund, que conseguiu fugir da Áustria, em março de 1938, e Anna Bernays, a mais velha das irmãs, que havia emigrado para os Estados Unidos, já em 1892[7].

Freud descreveu fatos que o marcaram profundamente e que foram fundamentais para suas reflexões e posicionamentos valiosos: a decepção crítica, ainda criança, por seu pai não ter se revoltado quando teve o chapéu retirado e jogado ao chão por jovens antissemitas; a mágoa e o desgosto por não ter sido convidado, apesar do justo merecimento, para assumir o cargo de professor na Universidade de Viena; e, por fim, a valorização, tão enfatizada para

---

6. Idem, *O Mal-Estar na Civilização*, p. 57.
7. E. Roudinesco; M. Plon, *Dicionário de Psicanálise*, p. 314.

a construção de sua teoria revolucionária, de se manter contracorrente, de sustentar sua independência de juízo, fazendo oposição "à maioria compacta".

Vale a pena a citação integral:

> O fato de vós serdes judeus só me poderia ser agradável, pois eu próprio sou judeu, e sempre me parecera não somente indigno como positivamente insensato negar esse fato. O que me ligava ao povo judeu não era (envergonho-me de admitir) nem a fé nem o orgulho nacional, pois sempre fui um descrente e fui educado sem nenhuma religião, embora não sem respeito pelo que se denomina padrões "éticos" da civilização humana. Sempre que sentia inclinação pelo entusiasmo nacional, esforçava-me por suprimi-lo como sendo prejudicial e errado, alarmado pelos exemplos de advertência dos povos entre os quais nós, judeus, vivemos. Mas restavam muitas outras coisas que tornavam a atração do mundo judeu e dos judeus irresistível – muitas forças emocionais obscuras, que eram mais poderosas quanto menos pudessem ser expressas em palavras, bem como uma nítida consciência de identidade interna, a reserva segura de uma construção mental comum. E, além disso, havia uma percepção de que era somente à minha natureza judaica que eu devia duas características que se haviam tornado indispensáveis para mim no difícil curso de minha vida. Por ser judeu, encontrei-me livre de muitos preconceitos que restringiam outros no uso de seu intelecto e, como judeu, estava preparado para aliar-me à oposição e passar sem consenso à "maioria compacta".[8]

Sua disposição ímpar para elaboração foi capaz de converter a energia da brutalidade do antissemitismo em propulsor para a criação de sua obra. Freud não assumiu o lugar de vítima: transformou violência e morte em vida.

Teríamos também a capacidade de fazer o mesmo ao refletirmos sobre as consequências geradas pelo racismo antinegro no Brasil?

8. Discurso Perante a Sociedade Bnai Brith, *ESB*, v. 20, p. 315-316.

A contribuição de Freud dizia respeito à intolerância antissemita na Europa, à perseguição e às mazelas sofridas não só por judeus, mas também por ciganos, homossexuais, deficientes mentais e físicos, insanos, idosos senis e comunistas, na bimilenar perseguição que alcançou seu ápice nas primeiras décadas do século XX com o advento e a consolidação da ideologia assassina nazista. Seria possível deslocar tais reflexões, oriundas dos extermínios praticados na matriz europeia, para o genocídio perpetrado nessa sua colônia, que começara, já no século XVI, com a escravidão de índios e que, mais tarde, se acirrara com o comércio e o tráfico de africanos tornados escravos, durante até o final do século XIX?

Na verdade, não só nessa sua colônia: desde o século XVI, Estados europeus buscaram expansão demográfica e econômica na África, Oriente Médio, Ásia e Américas – Latina e do Norte. No processo, milhões de pessoas foram assassinadas ou perderam seus lares como resultado da ação predatória de forças militares, mercadores, missionários e traficantes europeus. O tráfico negreiro constituiu-se, por si só, num dos maiores genocídios da história: no caso do Brasil, cerca de quatro milhões de pessoas negras foram tornadas escravas e trazidas brutalmente da África para cá, entre os anos de 1531 e 1855.

A crise europeia atual revela mais uma etapa do longo processo da sanha colonialista, quando um número enorme de refugiados – mais de um milhão no ano de 2015, metade deles proveniente da Síria – espoliados voltam-se para a matriz na busca de retomar os direitos que lhes foram alienados.

Era esse, justamente, o trabalho que estava por ser feito por uma psicanálise que se poderia considerar, então, propriamente brasileira, e que levaria em conta nossa história civilizatória (nem tão civilizada assim). Seria necessário elaborar as sequelas da discriminação histórica oriunda de práticas econômicas e políticas de exploração do outro (leia-se, escravidão, semiescravidão, contratos precários de trabalho, trabalho informal) que, até hoje, configuram nossas relações de mando e servidão, privilégios e prejuízos, oportunidade e segregação, riqueza e miséria e que, naturalizadas e negadas pela dita (e desvirtuada) cordialidade corrupta brasileira – esta, que se põe além da lei –, dão uma feição tão terrível ao país.

Certo dia, Maria Lúcia propôs organizarmos, pelo Departamento de Psicanálise, um evento sobre o racismo antinegro no Brasil. Àquela altura, eu ocupava a posição de articuladora da Área de Eventos no Conselho de Direção do Departamento de Psicanálise e foi a ele que me dirigi, levando a ideia. Este a recebeu positivamente, reconhecendo a importância inovadora do evento e a pertinência do tema, que apresentava afinidades inequívocas com a vocação e com o posicionamento político do Instituto Sedes Sapientiae e também com a história do próprio Departamento de Psicanálise, e se decidiu por sustentar, inclusive financeiramente, a sua realização. Custear em grande parte o evento significava, sabíamos, abrir oportunidade para que ele pudesse atrair grupos da sociedade – militantes do movimento negro e de outros movimentos sociais – que não participam comumente das atividades do Departamento de Psicanálise, significava abrir o diálogo com uma parcela da população que pouco nos conhecia e que pouco conhecíamos.

Era hora de dar tratos à bola, dar forma a um evento que pudesse nos sensibilizar para a questão e, ao mesmo tempo, fazer refletir sobre a inclemência do racismo na conformação subjetiva de todos os cidadãos brasileiros. Levamos a proposta e a discutimos também na Incubadora de Ideias, dispositivo do Conselho de Direção, que acolheu e favoreceu a viabilização da nova empreitada no Departamento de Psicanálise.

Por fim, a comissão organizadora do evento foi formada por um grupo heterogêneo, composto por Ana Carolina Neves, Hiliana Reis, Mara Caffé, Maria Auxiliadora Almeida Cunha Arantes, Maria Célia Malaquias, Maria Beatriz Costa Carvalho Vannuchi, Maria Lúcia da Silva, Pedro Mascarenhas e eu – membros do departamento, ex-alunos do curso Conflito e Sintoma –, e outros interessados. Juntos, configuramos um evento em três etapas.

A primeira delas, ocorrida em 31 de março de 2012, foi "Vivências do Racismo à Brasileira: Cenas do Cotidiano", sociodrama coordenado por Pedro Mascarenhas, Jussara Dias e Maria Célia Malaquias, apresentado por Mara Caffé, com relatoria de Paulo Jerônymo Pessoa de Carvalho. "Negritude em Cena", a segunda etapa, se deu no dia 19 de maio de 2012, teve minha mediação e contou com a presença do antropólogo Kabengele Munanga, da cineasta Eliane Caffé[9], e de J.B., móvel do documentário, que encontrou na prática do boxe o dispositivo para preparar outros jovens que, como ele, também devem aprender a lutar para se proteger em uma sociedade que desde sempre os discrimina. A terceira etapa, "Perspectivas: Conferências e Debates", ocupou os dias 22 e 23 de junho de 2012 e recebeu estudiosos do cinema, da literatura, da antropologia, da psicologia social, da educação e da psicanálise: Cuti, Isildinha Baptista Nogueira, Fúlvia Rosemberg, Heidi Tabacof, José Moura Gonçalves Filho, Lilia Moritz Schwarcz, Maria Beatriz Costa Carvalho Vannuchi, Maria Lúcia da Silva, Miriam Chnaiderman e Moisés Rodrigues da Silva Jr.

Reconhecíamos, assim, a necessidade dos subsídios de colegas de outros campos do saber que se debruçavam sobre o tema há muito mais tempo, queríamos também utilizar a técnica do sociodrama para nos sensibilizar para uma questão tão basilar à história de nosso país, mas que, paradoxalmente (ou não), era tão pouco abordada pelos estudos de psicanalistas brasileiros. Imaginávamos que, dessa forma, alargaríamos nosso conhecimento e nos aproximaríamos do tema, colaborando, ao mesmo tempo, com a compreensão permitida pela psicanálise.

Daí o nome proposto para o evento, "O Racismo e o Negro no Brasil: Questões Para a Psicanálise". Tal era o texto da divulgação:

---

9. Autora de *Um Passo Para Ir*, documentário preparado especialmente para o evento.

Maior contingente de negros fora do continente africano – totalizando 51% da população – e segunda maior população de negros de todo o mundo – 97 milhões de pessoas – atrás, apenas, da Nigéria, o Brasil é um país extremamente hostil para esses cidadãos, como verificamos quando confrontamos indicadores sociais – renda, educação, moradia, emprego, saúde, justiça, criminalidade e quaisquer outros que se queira – das populações negras e brancas.[10]

É sabido que a constituição do Estado brasileiro baseou-se no sistema escravocrata, o que determinou, de saída, um lugar social de desvalia para o afrodescendente e perpetuou o racismo contra o negro, ainda que denegado pela ideologia apregoada da mestiçagem das raças e da cordialidade de nosso povo.

Em sua dissimulação, o racismo à brasileira impõe marcas, profundas e específicas, na produção da subjetividade de cada um de nós, induzindo à interiorização e reprodução irrefletida de valores discriminatórios, à manutenção de privilégios, à naturalização e à reificação da desigualdade, como se esta fosse mero resultado de capacidades e incapacidades individuais. A identificação de tal situação transforma o trabalho com a dimensão subjetiva e faz com que nos conscientizemos da violência cotidiana à qual submetemos o outro e a que nos submetemos. Dessa identificação, quem sabe, produziremos novas formas de intervenção.

O evento "O Negro e o Racismo no Brasil: Questões Para a Psicanálise", organizado pelo Departamento de Psicanálise do Instituto Sedes Sapientiae, deseja criar espaços de vivência e reflexão que possam auxiliar no desfazimento de crenças e concepções distorcidas da realidade de brancos e negros, e contribuir para informar, trabalho fundamental para nossa prática clínica e institucional.

Nada foi fácil ou suave no evento que criamos.

A experiência do sociodrama, que imaginávamos poder aquecer nossos trabalhos, trouxe ao palco cenas de alta temperatura e impacto, evidenciando a humilhação, a solidão, o absurdo e a

---

10. Cf. Ipea, *Retrato das Desigualdades de Gênero e Raça*.

impotência que a discriminação e a exclusão nos impingem, tornando também manifestas a violência e a ignorância que sustentam o preconceito. Violência e ignorância que ganharam vida no próprio encontro, multiplicando-se numa espiral de novas discriminações e preconceitos, não mais apenas de brancos contra negros, mas também de negros contra os judeus – judeus, como Freud, representantes da psicanálise, que jamais teriam olhado para sua situação – e os psicanalistas presentes. A faísca, mantida até então sob algum controle, foi insuflada e, ao ganhar em proporção, deflagrou um verdadeiro incêndio de paixões. Não dimensionávamos a potência daquilo com o qual nos dispúnhamos a trabalhar. Eu, ao menos, ingênua ou esperançosa, não, mas a potência do discurso ideológico, construído desde a fundação daquilo que entendemos por nosso país, atravessa todos nós.

Creio que ninguém que tenha participado daquela manhã de sábado pôde se esquecer do que vivemos. Foi a prudência da proposta, estabelecida como um evento em três etapas, que nos permitiu dar um contorno à experiência, respirar fundo e dar continuidade àquela reflexão, mediada nas duas etapas subsequentes pelos profissionais citados, representantes de tantas diferentes áreas das ciências humanas.

Se retomo, aqui, todo o percurso de criação e vivência do evento à guisa de apresentação do livro que dele resulta, é porque sinto satisfação pelo que conseguimos elaborar até aqui – pudemos, como é próprio à psicanálise, dar palavras à dor e ao conflito, tirá-los do lugar de silêncio, recusa e recalque a que estavam destinados –, mas, também, porque me preocupo com o tanto que ainda há para ser feito.

Sensibilizar e dar visibilidade à crueldade do racismo à brasileira, esse "crime perfeito", nas palavras de Kabengele Munanga, é alguma coisa, mas, certamente, não é o suficiente. Penso que é mais do que hora de avançarmos em direção a uma psicanálise brasileira, que teria o dever de desenterrar, de tirar de sob os escombros do recalcamento e da denegação, as marcas que instituíram nossa nação, facultando a narrativa das agruras específicas e singulares dessa história sempre atual, abrindo espaço para a reflexão e a metabolização das dores infligidas reiteradamente pela colonização, escravidão e exploração de nosso povo, desacomodando-nos do lugar de vítimas e de algozes, restituindo nossa potência ativa e integridade, valorizando toda e qualquer história pessoal em sua diversidade. Uma ação como essa, que deveria atravessar o cotidiano da clínica psicanalítica (pois não é mais admissível nem a ingenuidade, nem, tampouco, a indiferença), é digna e dignifica também a psicanálise, disciplina tão *sui generis* que postula como bem maior a ética do desejo que, submetida à lei, enfrenta a tirania com a justiça e estabelece o valor de se levar sempre em conta o desejo do outro.

Este livro é, portanto, apenas mais um passo no longo caminho que, sabemos, temos pela frente. Um passo para ir, tal qual o nome do documentário de Eliane Caffé: um passo para seguir adiante. Nele, está reproduzido, de alguma forma, o espírito que sustentou o evento de 2012, que resultou de nossa capacidade de transformar, pelo compartilhar ativo, o sofrimento em força. Nele, estão publicados os resultados das reflexões feitas a partir do sociodrama e também as conferências e os debates que ocorreram. Alguns capítulos trazem, já, o resultado benfazejo de novos dispositivos clínicos psicanalíticos criados, em função da sensibilização, para a questão do racismo antinegro na configuração de corações e mentes dos cidadãos brasileiros. Que da nova contribuição do Departamento de Psicanálise do Instituto Sedes Sapientiae muitas outras possam ser propiciadas.

Referências Bibliográficas

CAFFÉ, Eliane. *Um Passo Para Ir*. Disponível em: <http://www.sedes.org.br>. Acesso em: 1 nov. 2016.

CONTE, Bárbara de Souza et al. Racismo, Este Estranho Familiar. *Percurso*, v. XXVIII, n. 54, jun. 2015. Sessão Debates.

ELLIOT, Jane. *The Eye of the Storm*, 1968. Disponível em <>. Acesso em: 13 jan. 2016.
FOUCAULT, Michel. *A Ordem do Discurso*. São Paulo: Loyola, 1996.
FREUD, Sigmund. *O Mal-Estar na Civilização* [1929-1930]. Tradução de Paulo César de Souza. São Paulo: Companhia das Letras, 2011.
____. Discurso Perante a Sociedade Bnai Brith. [1941/1926]. ESB [*Edição Standard Brasileira das Obras Psicológicas Completas de Sigmund Freud*], v. 20. Rio de Janeiro: Imago, 1976.
____. O Estranho [1919]. ESB, v. 17. Rio de Janeiro: Imago, 1976.
INSTITUTO DE POLÍTICA ECONÔMICA APLICADA (IPEA). *Retrato das Desigualdades de Gênero e Raça*. 4. ed. Brasília, 2011. Disponível em: <http://www.ipea.gov.br>. Acesso em: 14 dez. 2016.
NOGUEIRA, Isildinha Baptista. *Significações do Corpo Negro*. Tese de doutorado. Departamento de Psicologia Escolar e do Desenvolvimento Humano, São Paulo, Ipusp, 1988. Disponível em: <http://psicologiaecorpo.com.br>. Acesso em: 13 jan. 2016.
O Racismo e o Negro no Brasil: Questões Para a Psicanálise. São Paulo, Departamento de Psicanálise, 2012. *Textos Introdutórios*. Disponível em: <http://www.sedes.org.br>. Acesso em: 13 jan. 2016.
ROSEMBERG, Fúlvia. *Entrevista: É Preciso Mais Negros na Universidade Para Ampliar Seu Espaço Social*. Disponível em: ,http://www.geledes.org.br>.
ROUDINESCO, Elisabeth; PLON, Michel. *Dicionário de Psicanálise*. Rio de Janeiro: Jorge Zahar, 1998.
SANTOS, Neusa Souza. Contra o Racismo: Com Muito Orgulho e Amor. *Correio da Baixada*, 13 maio 2008. Disponível em: <www.sedes.org.br>. Acesso em: 13 jan. 2016.
____. *Tornar-se Negro*. Rio de Janeiro: Graal, 1982. Disponível em: <https://escrevivencia.files.wordpress.com>. Acesso em: 14 dez. 2016.
VERÍSSIMO, Tânia Corghi. O Racismo Nosso de Cada Dia e a Incidência da Recusa no Laço Social. *Percurso*, a. XXVIII, n. 54, jun. 2015.

I.
Negritude em Cena

1.
AS AMBIGUIDADES DO RACISMO À BRASILEIRA

Kabengele Munanga

O racismo é um fenômeno presente em diversas sociedades contemporâneas, latente na cultura, nas instituições e no cotidiano das relações entre seres humanos. No entanto, há pessoas que não o enxergam ou preferem não vê-lo.

Ele tem um percurso e várias histórias, que devem ser interpretadas de acordo com épocas, modelos culturais e estruturas de poder das sociedades que o praticam. Apesar de obedecer a uma mesma lógica de hierarquização dos "outros", o racismo passa, no decorrer dos anos, por uma complexidade de mutações em suas figuras sociais, culturais e discursivas. Em sua evolução, a ciência biológica demonstrou, já na segunda metade do século XX, que a raça não existe e, consequentemente, que são absurdas as crenças baseadas na superioridade e inferioridade raciais dos grupos humanos.

Porém, as crenças racistas não recuam, apesar de as pessoas terem mais acesso à ciência através da educação, o que mostra que a racionalidade em si não é suficiente para que todas as pessoas possam abrir mão de suas crenças racistas. Em outros termos, os racistas são movidos por outra racionalidade, que não é necessariamente científica.

Se perguntarmos, hoje, a norte-americanos, sul-africanos e brasileiros sobre a existência de preconceito ou discriminação racial em suas respectivas sociedades, teremos, creio eu, respostas distintas. Respostas a serem interpretadas de acordo com a época, a história de cada país e sua estrutura de poder. Os estadunidenses, negros e brancos, poderão dar respostas claras e diretas. Atualmente, alguns deles podem até dizer que os preconceitos raciais recuaram, por terem elegido um presidente negro, além dos negros já apresentarem uma mobilidade social em que se nota uma pequena burguesia e uma classe média significativa. Os sul-africanos não teriam também dificuldade para confirmar a existência do racismo e de suas práticas na sociedade. Entretanto, alguns podem até dizer que esse fenômeno recuou com a abolição das leis do *apartheid* e pelo fato de os negros estarem no comando político do país. Alguns franceses e alemães poderão dizer que em suas sociedades existe apenas a xenofobia em relação aos imigrantes, e não o preconceito racial.

A mesma questão feita a brasileiros pareceria inconveniente, incomodante e até perturbadora. Muitos, em comparação com norte-americanos e sul-africanos, não dariam respostas claras e diretas. Elas seriam ambíguas e fugitivas. Para muitos, ainda, o Brasil não é um país preconceituoso e racista, sendo a discriminação sofrida por negros e não brancos, em geral, apenas uma questão econômica ou de classe social, sem ligação com os mitos de superioridade e inferioridade raciais. Nesse sentido, os negros, indígenas e outros não brancos são discriminados por serem pobres. Em outros termos, negros e brancos pobres, negros e brancos da classe média ou negros e brancos ricos não se discriminam entre si, tendo em vista que pertencem a classes econômicas iguais.

Para algumas pessoas mais esclarecidas, ou mais sensíveis ao cotidiano brasileiro, existem, sim, preconceito e práticas discriminatórias no Brasil em relação aos negros. É o caso dos resultados de uma pesquisa científico-jornalística realizada pelo jornal *Folha de S.Paulo* e pelo Instituto Datafolha, em 1995. Seria interessante interrogar-se como o racismo pode ser cordial apenas no Brasil e não em outros cantos do mundo. Na pesquisa, 89% dos brasileiros entrevistados aceitaram a existência do racismo no país, embora apenas 10% deles tivessem confessado conhecer pessoas que discriminam, ou terem eles próprios discriminado[1]. Ao se questionar os pesquisados se não se importariam que suas filhas se casassem com uma pessoa negra, as respostas revelaram contradições até entre aqueles que declararam não serem racistas, na medida em que não viam com bons olhos o casamento inter-racial entre pessoas brancas e negras. Mostrando preocupação com a chegada de descendentes mestiços, que também sofreriam com o preconceito por parte da sociedade, eles reprovaram a união inter-racial, deixando clara a ambiguidade que permeia a apologia da mestiçagem como símbolo da identidade nacional brasileira[2].

Qualquer pesquisa quantitativa que venha a demonstrar que há, por exemplo, desigualdade de tratamento em termos de salário entre mulher branca e negra ou entre homem branco e negro, com semelhante formação e qualificação profissional, costuma ser desqualificada ou desconsiderada nos discursos político, jornalístico e até intelectual ou acadêmico. Há vários livros que ilustram bem a ambivalência que plana sobre o discurso a respeito da existência do racismo na sociedade brasileira[3].

Também as declarações de certas personalidades políticas brasileiras quanto às questões raciais, se comparadas com as norte-americanas, são surpreendentemente diferentes. Na véspera do

1. C. Turra; G. Venturi, *Racismo Cordial*, p. 13.
2. K. Munanga, Mestiçagem Como Símbolo da Identidade Brasileira, em B.S. Santos; M.P. Meneses (orgs.), *Epistemologias do Sul*, p. 444-454.
3. O livro *Não Somos Racistas*, de Ali Kamel, diretor de jornalismo da TV Globo, prefaciado pela antropóloga Yvonne Maggie, ou ainda o livro *Divisões Perigosas*, de Peter Fry et al., que considera as políticas de reconhecimento das diferenças no espírito da Lei n. 10.639/03, que torna obrigatório o ensino da história do negro no Brasil, uma divisão perigosa da sociedade brasileira; e o mais recente livro *Uma Gota de Sangue*, de Demétrio Magnoli, que considera que a política de cotas rotuladas raciais transformaria o Brasil num país onde os mestiços não seriam reconhecidos como nos Estados Unidos e poderia levar a conflitos raciais jamais conhecidos em nossa sociedade, graças ao ideal de democracia racial.

debate televisionado entre o candidato republicano, John McCain, e o candidato democrata, Barack Obama, presidente reeleito dos Estados Unidos, o primeiro declarou que iria chicotear seu adversário no aludido debate. A palavra "chicotear", lembrando o passado escravista, foi duramente criticada pela imprensa local, obrigando McCain a um pedido público de desculpas pelo uso de uma palavra infeliz e indevida.

No Brasil, em audiência pública realizada pelo Supremo Tribunal Federal (STF), entre 3 e 5 de março de 2010, sobre a petição inicial de Arguição de Descumprimento de Princípio Fundamental (ADPF), apresentada pelo Partido Democratas (DEM), questionando a constitucionalidade das políticas de cotas na Universidade de Brasília (UNB), o atual ex-senador Demóstenes Torres, então presidente da Comissão de Justiça, Cidadania e Direitos Humanos do Senado e relator do *Estatuto da Igualdade Racial*, em sua intervenção, e diante das câmeras, disse que durante a escravidão não houve violência sexual contra a mulher negra e que, se houve, como se pretende supor, foi algo consentido pelas próprias vítimas, ignorando o contexto de assimetria e de subalternidade em que os abusos sexuais eram cometidos. Afirmou ainda que os traficantes de escravos não praticaram nenhuma violência contra a humanidade, como se julga, pois foram os próprios africanos que venderam seus irmãos, a começar pelo tráfico árabe, bem antes do movimento transatlântico. Ele chegou até a negar a existência do racismo estrutural no Brasil, reiterando a antiga posição da discriminação socioeconômica embutida no mito de democracia racial. Uma matéria crítica contra suas declarações, publicada na *Folha de S. Paulo*, foi considerada pelo geógrafo Demétrio Magnoli, em sua defesa do parlamentar, delinquência jornalística, amnésia ideológica, falsificação da história, manipulação e ignorância, em espaço do mesmo jornal. Segundo Magnoli, Torres nada disse que não fossem fatos verdadeiramente históricos.

Foi então que os editores do jornal, imagino que constrangidos, convidaram-me, oferecendo igual espaço na coluna "Tendências e Debates" para rebater tais colocações.

O tráfico transatlântico já foi considerado pela Unesco uma das maiores tragédias da história da humanidade, por sua amplitude espacial e temporal e pelos sofrimentos e perdas causados ao continente africano. No entanto, o que está em julgamento não são os traficantes ocidentais, árabes e africanos, mas sim a própria instituição da escravidão em si, independentemente da origem "racial" dos traficantes. Negar a responsabilidade histórica dos países que participaram do tráfico por causa da participação africana seria como negar a responsabilidade do regime nazista no Holocausto, por causa da colaboração de certos países europeus e da traição de alguns judeus.

São apenas pequenos exemplos para ilustrar a ambiguidade da expressão do racismo na sociedade brasileira. É sim e não. Mas o sim não é totalmente afirmativo, pois é sempre acompanhado de "mas, porém, veja bem" etc. O não também é sempre acompanhado de justificativas escapatórias. Mesmo pego em flagrante comportamento de discriminação, o brasileiro sempre encontra um jeito para escapar, às vezes depositando a culpa na própria pessoa segregada, considerando-a complexada. Podemos fornecer mais exemplos mas, sabemos, o excesso destes acaba por banalizar o pensamento, tanto o meu como o de vocês, leitores.

Fugindo da banalização, onde está exatamente a dificuldade que se tem para aceitar, entender e decodificar o racismo à brasileira? Essa é a questão central da minha intervenção. A dificuldade está justamente nas peculiaridades do racismo à brasileira, que o diferenciam de outras formas de manifestações discriminatórias na história da humanidade, como o regime nazista, as leis de Jim Crow no sul dos Estados Unidos e o *apartheid* na África do Sul, apenas para citar as mais conhecidas.

Nesses modelos, o racismo foi explícito, institucionalizado e oficializado pelas leis daqueles países. Na Alemanha nazista e no regime do *apartheid*, praticou-se um racismo do Estado. No Brasil, ao contrário, o racismo é implícito, de fato, e nunca institucionalizado ou oficializado com base em princípios racialistas de pureza de sangue, de superioridade ou de inferioridade raciais. Por causa da ausência de leis segregacionistas, os brasileiros não se consideram racistas quando se comparam aos norte-americanos, sul-africanos e aos alemães nazistas[4].

Em outros termos, os brasileiros se olham nos espelhos desses países e se percebem sem nenhuma mácula, em vez de fitarem o próprio espelho. Assim, ecoa dentro de muitos compatriotas uma voz muito forte que grita: "Não somos racistas, os racistas são os outros!" Essa voz forte e poderosa é o que chamo de inércia do mito de democracia racial brasileira. Como todos os mitos, funciona como uma crença, uma verdadeira realidade, uma ordem. Daí a dificuldade para arrancar do brasileiro uma confissão de que também seja racista.

O mito proclamou no Brasil um paraíso racial, onde as relações entre brancos e negros, brancos e índios etc. são harmoniosas, isto é, sem preconceito e sem discriminação, a não ser de ordem socioeconômica, que atinge todos os brasileiros e não se baseia na cor da pele. Para se consolidar e tornar-se cada vez mais forte, o mito manipula alguns fatos evidenciados na realidade da sociedade brasileira, como a mestiçagem, as personalidades míticas e os símbolos da resistência cultural negra no país. Ele vai afirmar que somos um povo mestiço – ou seja, nem branco, nem negro e nem índio –, uma nova "raça" brasileira, uma raça mestiça. Quem vai discriminar quem, se somos todos mestiços?

O mito vai reafirmar a dupla mestiçagem, a biológica, que passa pela miscigenação, e a cultural, que passa pelo sincretismo. Quem leu *Casa Grande e Senzala*, de Gilberto Freyre, sabe muito bem do que se trata. Os aspectos da resistência cultural negra que

---

4. Cf. O. Nogueira, *Tanto Preto Quanto Branco*.

se tornaram símbolos da identidade nacional, como a música, a dança, a culinária e, principalmente, a religião, são bem manipulados pelo mito para afirmar a harmonia entre grupos, a ausência do preconceito e da discriminação. Se o Brasil aceita as religiões de origem africana, como o candomblé e a macumba, isso é prova, dizem, de que o Brasil não é racista. Se gostamos da música negra, que já é nossa, é outra prova

As personalidades "míticas", como Pelé e as grandes estrelas do futebol, são sempre citadas para mostrar que basta ter dinheiro para que todas as portas estejam abertas. Esses fatos evidentes, mas manipulados, foram também interiorizados e aceitos por alguns negros e por tais personalidades que ascenderam economicamente. A respeito, cito um trecho de um livro de Darcy Ribeiro, em que ele conta a história de um jovem brasileiro afrodescendente que não conseguira ingressar no curso de diplomacia do Instituto Rio Branco, por causa dos preconceitos raciais. A pessoa com quem se queixava, Santa Rosa, pintor negro bem-sucedido, respondeu, comovido: "Compreendo perfeitamente seu caso, meu caro, pois eu também já fui negro."[5]

"Em casa de enforcado não se fala de corda" – eis um dos princípios da educação brasileira. Quando se fala de negro entre branco e negro, o branco prefere dizer "aquele moreno" ou "aquela moreninha" mas, em contexto de conflito, eles se tornam apenas neguinho (ou neguinha) metido(a). Geralmente, num campo de futebol de várzea, o jogador negro é o único que não tem nome próprio, pois é apelidado simplesmente de "negrão". Diz-se que é carinhoso, embora nunca tenha ouvido sua reciprocidade, ou seja, um jogador negro chamando o outro de "brancão". Quando se fala da beleza feminina, diz-se "uma mulher linda" ao se referir a uma branca, mas, quando se trata de uma mulher negra, diz-se uma "negra linda". Vice-versa, o mesmo se dá a respeito da

---

5. D. Ribeiro, *O Povo Brasileiro*, p. 225.

beleza masculina: "fulano é um homem lindo", quando é branco, e "fulano é um negro lindo", quando se trata de um negro, como a insinuar que a beleza negra é uma exceção que precisa ser adjetivada, enquanto a branca é uma regra geral que dispensa esse uso.

Uma senhora branca, acompanhada de sua filha, entra no caixa eletrônico de um banco, à noite, onde encontra outra mulher branca fazendo suas operações financeiras. A senhora, dirigindo-se à que já estava dentro, alerta: "Minha filha, tome cuidado quando sair, pois tem um 'negrão' ali fora, acompanhado de uma menina. Acho que é um assaltante." A segunda mulher lhe responde: "Minha senhora, esse negrão assaltante é meu marido, que me espera com minha filha."

Onde está o problema? Qualquer pessoa, esperando do lado de fora de um caixa eletrônico, à noite, pode ser suspeita, seja branca ou negra. Caso fosse um branco, essa senhora não diria que havia "um brancão" ali fora que podia ser um assaltante. Certamente, avisaria apenas sobre a presença de um homem suspeito. Dizer "negrão" é uma negação da condição integral da pessoa. Aquele ser não é uma pessoa, é um negrão ou uma negona. Essa terminologia foi interiorizada pelos próprios negros que, em tom de brincadeira, se chamam por esses vocábulos. Por seu lado, os brancos não se referem a si como brancão ou brancona, apesar da consciência da branquitude como patrimônio social repleto de vantagens que a negritude não oferece numa sociedade racista.

O silêncio, o não dito, é outra característica do racismo à brasileira. Como disse Elie Wiesel, judeu vencedor do prêmio Nobel da Paz (1986), "o carrasco mata sempre duas vezes, a segunda pelo silêncio". É nesse sentido que sempre considerei o racismo brasileiro "um crime perfeito", pois além de matar fisicamente, ele alija, pelo silêncio, a consciência tanto das vítimas quanto da sociedade como um todo, brancos e negros. Sem dúvida, todos os racismos são abomináveis, já que cada um a seu modo faz vítimas. O "brasileiro" não é o pior, nem o menor, se comparado ao dos outros povos; no entanto, a dinâmica e suas consequências são diferentes.

O racismo brasileiro desmobiliza as vítimas, diminuindo sua coesão, ao dividi-las entre negros e pardos. Cria a ambiguidade dos mestiços, dificultando o processo da formação de sua identidade quando, ainda não politizados e conscientizados, muitos deixam de assumir sua negritude e preferem o ideal do branqueamento que, segundo creem, ofereceria vantagens reservadas à branquitude. A figura do mestiço e da mestiça é muito manipulada na ideologia racial brasileira, ora para escamotear os problemas da sociedade, ora para combater as propostas de políticas afirmativas que beneficiam os que se assumem como negros.

O sincretismo cultural também é manipulado para se contrapor às políticas de conteúdo multicultural na educação. "Dizem" para nós que não há história do negro no Brasil, que não há cultura negra no Brasil. Há apenas uma única história e uma única cultura resultantes do sincretismo. Quem é negro no Brasil, um país mestiço e sincrético? Dos índios pouco é dito, como se todos os que vivem nas reservas e territórios étnicos delimitados fossem mestiços! Algo como se todos os gaúchos e descendentes de italianos nos estados do Sul do Brasil se considerassem mestiços. Já a questão "quem é branco no Brasil?" pouco entra nesse debate. Pois bem, se os intelectuais, jornalistas e políticos não sabem distinguir os negros dos demais brasileiros, evidencia-se que os policiais ou os zeladores dos prédios nunca tiveram dificuldade.

Podemos continuar a perambular sobre as peculiaridades do racismo à brasileira que, como todos os racismos, tem armadilhas que não podem ser evitadas totalmente quando não há consciência delas. Resumiria o racismo brasileiro como difuso, sutil, evasivo, camuflado, silenciado em suas expressões e manifestações, porém eficiente em seus objetivos, e algumas pessoas talvez suponham que seja mais sofisticado e inteligente do que o de outros povos.

Quando se põe a questão de saber como lutar contra as práticas racistas no Brasil, ou seja, como diminuir as desigualdades de oportunidade entre brancos e negros em matéria de acesso à educação superior de boa qualidade, empregos e cargos de comando e responsabilidade, em que os últimos são sub-representados, esbarra-se nas mesmas ambiguidades, pois tais desigualdades não são definidas por muitos em termos racistas. Os dez votos unânimes em favor da constitucionalidade das cotas, dados pelos ministros do STF, em 26 de abril de 2012, encerraram apenas uma dúvida legal, mas não derrotaram os argumentos dos que continuam a pensar que as cotas, em vez de corrigir desigualdades de oportunidade em matéria de acesso à universidade pública, introduzem um racismo ao contrário e incentivam conflitos raciais que o Brasil nunca conheceu. Parece que se mudou a definição do racismo, pois os negros não se porão em posição de superioridade racial pelo fato de serem beneficiados pelas cotas. Pois bem! Não vi ainda o menor indício de uma Ku Klux Klan à brasileira nos estados e nas universidades que implementaram as cotas. As previsões escatológicas serviram para colocar medo na sociedade brasileira mas, tudo indica, as especulações de alguns estudiosos e jornalistas não se sustentam nos fatos e na experiência de quase dez anos de prática de cotas nas universidades que as adotaram.

A atenção da demanda social que reivindica a implementação das políticas de ação afirmativa não se fundamenta no passado escravista. Ou seja, não se baseia na lógica da reparação coletiva como a que foi concedida ao Estado de Israel e aos judeus, vítimas das vexações nazistas, a partir da Declaração de Luxemburgo, de 10 de setembro de 1952. Ela se fundamenta, em meu ponto de vista, sobretudo na situação estrutural das relações entre brancos e afrodescendentes – coletivas e não individuais – que, segundo pesquisas estatísticas do IBGE e do Instituto de Política Econômica Aplicada (Ipea), apresenta um profundo abismo acumulado em matéria de educação que apenas políticas macrossociais ou universalistas jamais poderão reduzir. Não se trata somente de revelações estatísticas, bastando observar o cotidiano brasileiro em todos seus setores, que exigem formação superior para a ocupação de cargos de comando e responsabilidade, para perceber a invisibilidade dos afrodescendentes (negros e mestiços). Somente praticando política de avestruz e fingindo cegueira para a crua realidade essa situação deixa de ser visível! A mestiçagem, embora seja uma característica genética precursora da sociedade brasileira, não impede o observador atento de notar a posição ocupada pelos mestiços na situação estrutural e relacional existente. A exclusão econômica ou de classe atinge a todos, brancos, afrodescendentes e indígenas, apesar de, coletivamente, os dois últimos serem mais atingidos, sofrendo dupla discriminação, a menos que se neguem as práticas racistas e o racismo institucional, como me parece ocorrer no discurso de alguns setores do governo e da sociedade civil.

Os argumentos inteligentes e coerentes defendidos nesta querela maniqueísta representam visões de mundo, filosofias, formações e posições ideológicas diferentes. Esse pluralismo é saudável para a sociedade, na medida em que ajuda na conscientização sobre seus problemas e auxilia quem de direito a tomar decisões esclarecidas. Pensar que a única visão dos ensaístas "à moda" e dos estudiosos acadêmicos, os chamados especialistas do negro, é superior e tampar os ouvidos aos clamores das próprias vítimas do racismo por meio de seus movimentos sociais, ou temer erros e conflitos prováveis, porém, parece-me ser uma estratégia incorreta para uma sociedade que deseja mudar.

Referências Bibliográficas

FRY, Peter et al. *Divisões Perigosas: Políticas Raciais no Brasil Contemporâneo*. Rio de Janeiro: Civilização Brasileira, 2007.
KAMEL, Ali. *Não Somos Racistas: Uma Reação aos Que Querem nos Transformar numa Nação Bicolor*. 6. ed. Rio de Janeiro: Nova Fronteira, 2006.

MAGNOLI, Demétrio. *Uma Gota de Sangue*. São Paulo: Contexto, 2009.
MUNANGA, Kabengele. Mestiçagem Como Símbolo da Identidade Brasileira, In: SANTOS, Boaventura Sousa; MENESES, Maria Paula (orgs.). *Epistemologias do Sul*. São Paulo: Cortez, 2010.
NOGUEIRA, Oracy. *Tanto Preto Quanto Branco: Estudos de Relações Raciais*. São Paulo: T.A. Queiroz, 1985.
RIBEIRO, Darcy. *O Povo Brasileiro*. São Paulo: Companhia das Letras, 1995.
TURRA, Cleusa; VENTURI, Gustavo. *Racismo Cordial*. São Paulo: Ática, 1995.

2.
DESSEMELHANÇAS E PRECONCEITOS

Heidi Tabacof

> Cada qual considera bárbaro
> o que não pratica em sua terra.
>
> M. MONTAIGNE

O evento "O Racismo e o Negro no Brasil: Questões Para a Psicanálise", realizado em 2012 pelo Departamento de Psicanálise do Instituto Sedes Sapientiae e por ativistas do movimento negro de São Paulo, tinha como horizonte maior a promoção de um campo de estudos e pesquisas sobre o racismo e a psicanálise em seus aspectos clínicos, sociais e políticos. Fui participante ativa e parceira da organização, e é deste lugar que escrevo, dentro e fora do acontecimento, buscando descrever e refletir sobre o que nele houve de disruptivo e precisa ser retomado para que o trabalho prossiga. A iniciativa pretendia ser continuada no tempo, em sucessivas etapas, partindo da realização de um sociodrama para a mobilização das vivências de racismo de cada um e do grupo. A proposta era fundar o pensamento no corpo, na experiência, e daí seguir para as atividades no plano das palavras e imagens das conferências, dos filmes e dos debates.

Queríamos falar da dor condenada ao silêncio, da presença constante do racismo à brasileira, que – negado, feroz e naturalizado – tem efeitos na subjetividade de quem o sofre, de quem o atua e em todo o universo social que atravessa. O que a psicanálise teria a dizer sobre isso?

O sociodrama corria muito bem, com uma forte aliança entre os participantes, que inauguraram o trabalho compartilhando a evocação de situações vividas de choque racial: momentos em que a violência surge exposta e perde o habitual disfarce que a mantém latente e muda.

Cenas foram narradas, e algumas delas, dramatizadas; todas envolviam o preconceito contra a diversidade étnica que nos caracteriza e é descrita como democrática. Isso não corresponde à realidade enfrentada por cada um no cotidiano, condição que pôde ser compartilhada pelos integrantes do grupo com empatia e solidariedade.

Porém, eclodiu no final do processo, no momento do *sharing*, a fala grupal sobre as cenas, um confronto entre "negros e judeus", que comparavam suas histórias num mal-entendido crescente, cheio de hostilidade, confusão e medo que impediam o pensamento.

O eixo da discussão se deslocou de psicanálise e racismo para racismo e antissemitismo. O racismo fora definido pelos organizadores do evento como o preconceito apenas contra os negros, enquanto para alguns, o antissemitismo também era uma forma de racismo.

Elisabeth Roudinesco conceitua racismo e antissemitismo como manifestações distintas, em *Retorno à Questão Judaica*. Uma recai sobre uma alteridade manifesta, a outra, sobre uma alteridade sem estigmas aparentes, mas ambas sempre se juntam, ainda que por caminhos tortuosos.

Quando os judeus foram designados como uma raça semita, por volta de 1850, na Europa, o antijudaísmo deu lugar ao antissemitismo. Os judeus, todavia, continuaram sendo os primeiros pais, não só por terem gerado os outros monoteísmos – cristianismo e islamismo –, mas por terem se tornado o suporte original de todas as projeções raciais primárias.

A projeção,

no sentido propriamente psicanalítico, é a operação pela qual o indivíduo expulsa de si e localiza em outro, pessoa ou coisa, qualidades, sentimentos, desejos e mesmo objetos que ele desdenha ou recusa em si. Trata-se de uma defesa de origem muito arcaica que vamos encontrar em ação particularmente na paranoia, mas também em modos de pensar "normais" como na superstição[1].

Assim também ocorre com o preconceito, podemos acrescentar, uma vez que, mesmo irracional, é considerado um modo de pensar normal. A projeção das partes más do objeto parcial sobre o outro – tornado assim persecutório e abjeto – é a externalização de um conflito interno, como postulou Melanie Klein em seu trabalho com o conceito freudiano[2]. Origina-se no desvio da pulsão de morte para fora, contra a angústia que surge desde o início a respeito da sobrevivência.

Roudinesco propõe ainda que a passagem do antijudaísmo, referido à religião judaica, ao antissemitismo, relativo à raça semita, teve por corolário histórico a invenção do racismo, por sua vez popularizado pelo colonialismo.

Por caminhos tortuosos, portanto, mais uma vez racismo e antissemitismo se encontraram ao final do sociodrama, no conflito que continha uma indignação atribuída à desigualdade entre o preconceito contra os judeus e o preconceito contra os negros.

Se transformarmos indignação em indagação, ficaremos com a estranha pergunta: determinada forma de preconceito, e o sofrimento que acarreta, pode ser "maior" do que outra? A comparação entre a medida da dor e a dimensão de seus malefícios foi o estopim da explosão de sentimentos agressivos que abalaram os presentes, produzindo um estado de apreensão suspensa que atravessou as

1. J. Laplanche; J.-B. Pontalis, *Dicionário de Psicanálise*, p. 478.
2. Cf. R.D. Hinshelwood, *Dicionário do Pensamento Kleiniano*.

atividades seguintes e se explicitou outra vez, sem condições de debate, no encerramento.

E assim, no silêncio persistente que veio depois, impedindo o desejado desdobramento do trabalho, reproduziu-se o sintoma cuja investigação motivara o evento.

Para reafirmar o interesse em pensarmos o tema é necessário reconhecer a existência do conflito, suportar sua violência e encontrar palavras para falar sobre ele. Na contribuição que trago para isso, o ponto de partida será a narrativa, que fiz no sociodrama e reapresento a seguir, de um episódio de racismo inesquecível que vivi na passagem da infância para a adolescência.

Quando o conheci, Miltinho era alto e magro, um "mulato claro" muito refinado, de uma suavidade incomum nos rapazes da nossa idade – treze anos –, na Salvador do final da década de 1960. Tinha inteligência aguda e noções do mundo que nós, seus novos colegas, ainda não adquiríramos. Acabava de voltar de Paris, onde, com o pai, exilado político, passara os últimos dois anos.

Eu, neta de imigrantes judeus russos, vinha da Escola Israelita Yakov Dinesen, nome difícil de pronunciar e que causava expressões de incompreensão nas crianças que não eram da colônia judaica. Funcionava no prédio da Sociedade Israelita da Bahia (SIB), que a pequena congregação construíra no largo do Campo da Pólvora, para abrigar, além da escola primária, a sinagoga, o salão de festas laicas e religiosas, mais a sala de reuniões da diretoria. Embaixo, no fundo, havia as instalações onde moravam a jovem professora de hebraico, trazida de Israel; o velho *shokhet*, que organizava o serviço religioso e fazia o abate *kosher* das galinhas; e o zelador *gói*, com sua família.

Ali, havíamos estabelecido também a sede do movimento juvenil ligado à esquerda sionista, de forma que um universo inteiro se concentrava entre aquelas paredes brancas com detalhes em azul-celeste e uma estrela de David na fachada.

Além de colegas, Miltinho e eu nos tornamos grandes amigos, íntimos e fiéis como os amigos de adolescência costumam ser, e apaixonados pela descoberta de tantas coisas no processo de formação intelectual, política e afetivo-sexual. Era o final da década de 1960, um período de pujança cultural em Salvador: a Faculdade de Filosofia e as escolas de dança, teatro e música constituíam territórios de grandes experimentações, enquanto a luta dos estudantes contra a ditadura começava a se intensificar nas ruas, predominantemente naqueles mesmos lugares.

O Colégio de Aplicação, onde estudávamos, era anexo à Faculdade de Filosofia; nele, jovens professores engajados e corajosos instruíam politicamente seus alunos. Além disso, conduziam incursões de protesto e reivindicação à porta da reitoria, sistematicamente dispersas por bombas de gás lacrimogêneo. Era a construção de uma visão de mundo que vivíamos juntos, Miltinho e eu, críticos e sonhadores, atravessados por uma identificação implícita: éramos ambos estrangeiros, ele por ser negro, eu por ser judia.

Foi um episódio daquela época, envolvendo Miltinho, que me veio à cabeça no sociodrama de abertura do evento, mais de quarenta anos depois, quando o diretor nos convocou a memória.

Com a forte emoção gerada pela circunstância, contei a história, há muito não lembrada, do dia em que pedi ao motorista da família, funcionário público, que levasse Miltinho para casa depois de longas horas de trabalho de equipe, uma novidade pedagógica da época. Para minha perplexidade, o motorista disse que não o conduziria, porque ele mesmo era pobre, mas branco, e jamais serviria àquele neguinho. Respondi-lhe que sim, que o faria, porque eu era pequena, mas era a patroa e ele me obedeceria.

História chocante pela atitude dele e pela minha, menina de treze anos que, sem vacilar, para proteger o amigo, apelei à violência de classe para enfrentar a violência do racismo.

Violências Diversas, Ressonâncias Singulares

As diferenças entre o preconceito contra os judeus e o preconceito contra os negros surgiram no final do sociodrama a partir da inclusão de Freud e da psicanálise na cena, feita pelo diretor que, em determinado momento, designou-lhes uma cadeira.

A questão se tornou inabordável pela condensação e complexidade dos temas, combinadas à exiguidade do tempo e, principalmente, ao efeito surpresa que se produziu: até então trabalhávamos no plano das afinidades conscientes, parciais e verdadeiras.

O efeito do sociodrama consistiu em mobilizar o que estava além dos acordos racionais e nos confrontar com os conflitos latentes, até então não percebidos. Dar lugar a essas forças, não recuar diante dos demônios que nos dispomos a invocar, é a ética do nosso ofício.

Penso que minha identidade implícita com Miltinho passava pelo que Aimé Césaire chamou, em *Discours sur le colonialism* (Discurso Sobre o Colonialismo), de "reducionismo europeu", tendência que uma civilização eminente e prestigiosa tem de tornar (ou fazer parecer) vazio o seu entorno, ao reduzir abusivamente a noção de "universal" às próprias dimensões, ou seja, a pensar o universal a partir dos próprios postulados e através das próprias categorias. Isso tem como consequência separar brutalmente o homem de si mesmo, de suas raízes, do seu universo; separar o homem do humano e isolá-lo definitivamente num orgulho suicida, quando não em uma forma pretensamente racional e científica de barbárie.

Eis aqui, portanto, uma semelhança a explicitar: os dois grupos, judeus e negros, sofreram o impacto brutal do reducionismo europeu, motor de processos de colonização e de extermínio cultural e civilizatório.

Ainda segundo Césaire, o princípio da colonização não é a evangelização ou a catequização, nem a empresa filantrópica, nem a vontade de fazer recuar as fronteiras da ignorância, da doença e da tirania. Tampouco se trata da vontade de difundir a noção de Deus, nem de estender o Direito. De todos os estatutos coloniais elaborados, de todas as circulares ministeriais expedidas, de todo o acúmulo das expedições coloniais, não se pode obter sequer um valor humano. A colonização não é uma forma de colocar civilizações em contato, o que seria um bem. Uma civilização, seja qual for sua característica, ao se fechar em si mesma se degenera, sendo a troca, assim, oxigênio. Porém, colonização não é inclusão na civilização – é infinita a diferença entre ambas as possibilidades.

Césaire considera necessário estudar também como a colonização trabalha no sentido de descivilizar o próprio colonizador, embrutecê-lo, degradá-lo, despertando seus instintos soterrados, sua violência, seu ódio racial e seu relativismo moral. Afirma ainda que, ao se habituar a ver no outro a besta, ao tratar o outro como besta, o colonizador tende objetivamente a transformar-se em besta. É essa ação, esse choque, esse retorno da colonização que lhe importa assinalar.

Por fim, sua proposição mais surpreendente é que, além das incursões feitas pelos europeus nos territórios dos povos vermelhos, amarelos e negros, perpetra-se com o nazismo a maior ignomínia da Europa, seu crime mais inaceitável, por colonizar não terras distantes, mas conduzir no próprio território um processo devastador de erradicação de um povo agora branco, mas não europeu, o povo judeu.

Esse povo, vale lembrar, durante séculos embrenhara-se na cultura europeia, num processo de devir cidadão da Europa, implicando-se como protagonista importante, especialmente na realidade germânica. Em certo ponto do processo, o excesso de assimilação do estrangeiro mostrou-se menos aceitável do que a clara diferença previamente existente, como foi demonstrado pela "Solução Final" nazista, durante a Segunda Guerra.

Depois do Holocausto, possuir uma terra própria tornou-se para os judeus o objetivo supremo, de preço altíssimo, em detrimento muitas vezes de seus milenares e ancestrais valores supremos: o humanismo, a ética e a justiça.

Os negros, por sua vez, detentores de grandes territórios devastados por lutas imperialistas e fratricidas, enfrentam imensas dificuldades para combater a miséria, proteger-se da destruição de sua identidade e livrar-se da coerção à atividade servil a que foram e ainda são submetidos.

Nos dois casos, de formas diversas e geralmente opostas, há a presença determinante da potência militar e financeira de países da Europa e dos Estados Unidos.

Um campo imenso de problemas e questões se anuncia aqui, e não é nosso objetivo desbravá-lo, apenas situá-lo como pano de fundo sobre o qual se afirma a identidade de negros e judeus na experiência do horror e do extermínio, apesar das diferentes configurações de suas consequências sociais e subjetivas.

O brasileiro Cuti, poeta e ativista do movimento negro, como o francês martinicano Césaire, sugere uma dessas diferenças, ao dizer que "a literatura tem o poder de injetar em várias gerações a seiva de suas conquistas, ou o teor de suas misérias"[3]. Nesse sentido, há uma significativa diferença entre o destino dos judeus e o dos negros na construção de sua representação no mundo contemporâneo, efeito de características culturais às quais se agregaram fatores históricos e políticos.

Enquanto os judeus, "povo do livro", antigos conhecedores da cultura ocidental reconhecida e patrocinada, puderam produzir literatura – e muito cinema –, os negros, artistas sofisticados, de forte tradição de cultura oral, ainda não tiveram sua história suficientemente inscrita nos termos da cultura hegemônica, na qual puderam, no entanto, infiltrar sua expressão por meio das artes plásticas, da música e da dança.

A dor de uns não é maior que a dor de outros, mas quando a dor e a glória são narradas e transmitidas, é possível processar as experiências traumáticas e, em alguma medida, ultrapassá-las.

3. Cuti, Literatura Negra Brasileira, em Quilombhoje (org.), *Reflexões Sobre Literatura Afro-Brasileira*, p. 15-24.

No Brasil, a história da escravidão, cuja escrita foi, por muito tempo, proibida aos seus protagonistas negros, tem importantes ressonâncias subjetivas e sua ausência na pauta das pesquisas psicanalíticas indica que aí também prevalece o silêncio.

É preciso enfrentar o tema sem evitar, além da dor, o ódio que nele se entranha pela amálgama de cor e classe social no país dos "quase pretos de tão pobres"[4], síntese poética precisa de Gilberto Gil e Caetano Veloso.

Se o preconceito dominante é contra o pobre e atinge, sobretudo, o negro, certamente não é só disso que se trata. Há também o problema específico do preconceito de cor, como se evidencia na história do motorista em relação a Miltinho, quando tal relação se altera e o branco se vê na posição de servir ao negro.

Para romper mais uma vez o silêncio e avançar, precisamos dimensionar melhor a implicação inconsciente de brancos, negros e todos os demais no problema, considerando o peso da história e das histórias que ainda não puderam ser contadas com a dignidade devida. Em todos os casos, fundamental é livrar-se da alienação no outro, na busca do próprio valor em seu olhar e desejo, perspectiva infantil que engendra a submissão mais efetiva, por ser voluntária, ainda que inconsciente.

Quando soube da morte precoce de Miltinho, já não tínhamos contato há muito tempo. Morávamos em cidades diferentes e mal nos acompanhávamos à distância. Na época, ele ocupava um alto cargo no governo municipal da Bahia, não andava muito bem e, com os elementos fragmentários da nossa experiência juvenil, pensei muito sobre o que o atormentaria.

O que jamais percebera e só entendi, finalmente, ao refletir anos depois sobre o acontecimento, é que sua negritude era o nosso não dito. Aquilo de que nunca falamos, oculto sob o ser *gói*, simplesmente, mas não era só isso. Porque se fosse, o pai de sua primeira

---

4. Haiti, *Tropicália 2*.

namorada "séria", uma moça branca de nome russo que era nossa colega no ginásio, não a teria arrancado abruptamente no meio do ano letivo e exilado em Israel, mantendo-a isolada de todos os amigos durante os preparativos da viagem, feitos com urgência. Era tão inadiável para ele como inaceitável para nós a separação do casal. Outros pares adolescentes de judeu com *gói* eram comuns e precisavam ser escondidos, mas nunca receberam tamanha intolerância.

Para Miltinho, foi uma experiência de exílio às avessas. Agora porque era negro, antes porque o pai era comunista.

Mas isso nunca foi dito. Afinal, ele estava ali entre nós, um dos únicos negros naquela escola pública de difícil acesso. Qual é o lugar dos negros no Brasil quando conseguem romper as amarras do jugo social, intelectual e econômico? O que se passa no plano subjetivo? É possível generalizar esse processo?

Quando recebi a notícia de que aquele mesmo pai que extraditou a filha, tempos depois, morreu nos braços de sua amante mulata, clandestina, pensei na complexidade da trama edípica que o fizera não suportar na sexualidade da filha a emergência de algo próprio que precisava manter escondido.

Na mesa de encerramento do evento, apresentei-me como psicanalista judia branca com cabelo de preto, citando algo óbvio que ainda não sabia. Afinal, cabelos semitas e negros são parecidos e evidenciam os efeitos estéticos do reducionismo europeu nos corpos, quando são alisados, "domesticados", alterados em sua estrutura.

Querer parecer europeu – hoje, talvez mais norte-americano –, transforma em ato político o simples fato de portar uma cabeleira crespa.

Menos simples é reunir as forças políticas que se dispersaram depois do evento para criar dispositivos que favoreçam a reflexão e a pesquisa com a inclusão da subjetividade, do corpo e dos afetos transbordantes. Pensar o preconceito racial e seus efeitos com o instrumental da psicanálise, os aportes de outros saberes e os operadores simbólicos presentes em uma instituição comprometida com a liberdade e a justiça, poderá desfazer as falsas oposições e proporcionar uma experiência coletiva de construção do conhecimento.

No tempo da bem-vinda publicação deste livro, anos depois do evento, a violência associada à fragilização das instituições democráticas e à corrupção generalizada, marcas funestas da constituição do tecido social pela empresa colonial luso-brasileira, parece consumir tudo. Há uma crise profunda que coloca em xeque toda perspectiva ética, que intensifica a intolerância às dessemelhanças e aumenta o preconceito, mas que também atiça os impulsos de resistência que nos convocam à produção de novas ideias, de novos discursos e de novas práticas. Concluo, assim, minha contribuição para liberar as potências de negros, judeus e todos mais que desejem se engajar no trabalho clínico-político para o qual este texto é um convite.

Referências Bibliográficas

CÉSAIRE, Aimé. *Discours sur le colonialisme*. Paris: Présence Africaine, 2011. [Ed. original: Paris: Réclame, 1950.]

CUTI (pseudônimo de Luiz Silva). Literatura Negra Brasileira: Notas a Respeito de Condicionamentos. In: QUILOMBHOJE (org.). *Reflexões Sobre Literatura Afro-Brasileira*. São Paulo: Conselho de Participação e Desenvolvimento da Comunidade Negra, 1985. Disponível em: <http://www.cuti.com.br>. Acesso em: 7 dez. 2015.

GIL, Gilberto; VELOSO, Caetano. Haiti. *Tropicália 2*. CD. Rio de Janeiro: PolyGram, 1993.

HINSHELWOOD, Robert Douglas. *Dicionário do Pensamento Kleiniano*. Porto Alegre: Artes Médicas, 1992.

LAPLANCHE, Jean; PONTALIS, Jean-Bertrand. *Dicionário de Psicanálise*. 10 ed. São Paulo: Martins Fontes, 1988.

ROUDINESCO, Élisabeth. *Retorno à Questão Judaica*. Trad. Claudia Berliner. Rio de Janeiro: Zahar, 2010. [Ed. original: *Retour sur la question juive*. Paris: Albin Michel, 2009.]

II.
Cor e Inconsciente

3.
A VIOLÊNCIA NOSSA DE CADA DIA: O RACISMO À BRASILEIRA

Maria Beatriz Costa Carvalho Vannuchi

Este trabalho pretende pensar o racismo contra o negro como um sintoma coletivo, herança da escravatura das origens do Brasil e, como tal, atualização da violência constitutiva da sociabilidade brasileira.

Partirei da leitura dos chamados textos sociais de Freud e de alguns desdobramentos de seus argumentos para, em seguida, levantar ideias sobre a configuração que a violência racista ganha em nosso país.

Em *Totem e Tabu*, Freud nos apresentou um verdadeiro mito das origens: "o assassinato, ato único e singular, ao qual deu o estatuto de realidade como o marco zero da passagem da natureza para a cultura"[1]. Se antes havia a horda primitiva, com um chefe animal que tinha todo o gozo, com poder de vida e morte sobre os viventes, esse ato fundador teria gerado o contrato social. A premissa lógica é que o advento da cultura é fruto de uma conspiração e que o primeiro projeto comum entre os humanos foi articulado através do ódio contra um poder vivido como maléfico.

Freud propõe que da morte do tirano teria surgido o pai, a lei e os irmãos, sendo a tarefa da civilização regular os laços entre os

[1]. Cf. C. Koltai, *Totem e Tabu*.

membros da comunidade. Dizemos que essa narrativa é um mito porque as origens só podem ser figuradas na estrutura de um mito e não há a menor possibilidade de atestar a realidade dos fatos. Nesse mito, a figura do pai, ou Deus, encerra o elemento central da constituição simbólica, balizando as trocas libidinais e agressivas entre os semelhantes. Daí que os laços afetivos nos grupos seriam compostos pela submissão à lei e pela ligação amorosa entre os herdeiros desse crime. Disso resultam a culpa e o ódio recalcado. A com-paixão, propriedade tão frequentemente ressaltada para falar da relação entre irmãos, guardaria toda a dimensão de ambivalência do laço com o outro. Paixão compartilhada na cumplicidade amorosa, mas também no ódio.

As diversas formas de sociedade buscam dirigir e governar o exercício das trocas sexuais e agressivas, mas é impossível suprimir os excessos eróticos e a agressividade que coloca em risco a estabilidade dos vínculos. Cada cultura cria seus limites mas, na impossibilidade de eliminar as moções agressivas, as direciona para "fora" do grupo. A imagem do "estrangeiro" como o inimigo seria um artifício, modo de defesa das coletividades, criado para reforçar a reunião entre os pares. É o que Freud chamou de "narcisismo das pequenas diferenças". Cito Eugène Enriquez:

> A civilização adota, assim, uma dupla estratégia: impedir a agressividade de se exprimir entre os membros do grupo, reforçando, ao contrário, o vínculo libidinal e as identificações mútuas; e favorecer a manifestação da agressividade contra os outros grupos que, de adversários respeitáveis, tornam-se inimigos inferiores e causa de todos os males sofridos pelo grupo.[2]

Jurandir Freire Costa, em seu ensaio sobre a concepção psicanalítica do fenômeno da violência na clínica e na teoria, aponta para a importância de demarcar suas diferenças com relação aos

2. *Da Horda ao Estado*, p. 109.

conceitos de agressividade e de excesso pulsional. O fenômeno da violência não estaria restrito à manifestação da agressividade, mas consistiria numa formação que envolve o enlaçamento da disposição agressiva com as exigências narcísicas de eliminar o outro. Diz o autor que não poderíamos falar de violência "sem o desejo de destruição comandando a ação agressiva"[3].

Apoiados no argumento de Freud[4], podemos ir além e afirmar que violência social não é um dado natural, é uma construção a serviço das necessidades de autoconservação dos grupos. Volto a afirmar: os grupos, com sua escala de valores, sua definição do que é ser bom ou ser mau, geram suas com-paixões amorosas e odiosas, ou seja, criam vias para a expressão de amor, mas também da agressividade, a fim de fortalecer seus laços internos.

Até a instituição do Direito, que teria a função de regular os excessos e assegurar a igualdade, não alcança a inclusão de todos. Em primeiro lugar, porque a interdição à satisfação dos impulsos destrutivos nunca chega a eliminar sua pressão, pois o que é reprimido, retorna. Em segundo lugar, porque quem faz as leis são os homens e aqueles que têm maior visibilidade e força dentro de uma comunidade são os que legislam e executam as normas que protegem seus interesses. Portanto, a lei deixa sempre como resíduo a marca do exercício de dominação, que persiste como elemento irredutível nas relações humanas. Sempre uns têm mais proteção e pertença em detrimento de outros e isso gera, como consequência, a designação daqueles que valem e dos que não têm valor para o grupo, tornando estes últimos seus "bodes expiatórios". É contra estes que se permite a descarga de agressividade, pois os "sem direitos" passam a ser desprezados e, em seguida, rejeitados.

O que podemos depreender disso é que cada formação coletiva engendra seu alvo de violência, faz as suas vítimas. Nessa perspectiva, seria ingenuidade ou idealização pensar que haveria uma

---

3. *Violência e Psicanálise*, p. 43.
4. Por Que a Guerra?, ESB, v. 13.

proposta de organização social que pudesse erradicar o desprezo e a brutalidade entre os homens, mas isso não significa que não se possa intervir sobre os processos que levam a determinados modos e figurações que a violência toma nos diversos sistemas e formações sociais. Essa posição faz parte de uma ética que não naturaliza, não toma como imutáveis as produções humanas, o que nos leva a pensar em sua dimensão política.

Voltemos agora a refletir sobre a questão do racismo.

O psicanalista Jean-Bertrand Pontalis, pensando sobre a persistência das ideias e das práticas racistas no mundo de hoje, onde a noção de raça biológica está superada, radicalizou o argumento freudiano, articulando-o com os fenômenos do estranhamento. Sua contribuição é chamar atenção para o elemento passional desse fato social e, como tal, absolutamente refratário aos apelos da argumentação. O ponto de origem dessa paixão estaria nos fenômenos primitivos de estranhamento e angústia intrínsecos às formações de identidade:

> Quando é que intervém a angústia diante do estranho? Quando o outro é simultaneamente parecido e diferente. Por isso é que considero falsa, ou pelo menos incompleta, a ideia aceita de que o racismo seria testemunho de uma rejeição radical do outro, de uma intolerância essencial às diferenças etc. Ao contrário do que se acredita, a imagem do semelhante, do duplo, é infinitamente mais perturbadora do que a do outro.[5]

A angústia advém do encontro com os traços excedentes ao Eu, do outro lado do espelho, que são tidos como incompatíveis com o "si mesmo", e o racismo adviria da manifestação da angústia. Seria o efeito da transformação da angústia em ódio e projetado em um traço de diferença de um semelhante, naquele que porta o estranho e o familiar.

5. J.-B. Pontalis, *Perder de Vista*, p. 36.

Não odiamos os animais, ainda que eles nos produzam medo. Odiamos o mórbido, o feio, o sujo, o malvado, refletido no igualmente humano. O racismo se alimenta daquilo que aparece reproduzido, mas radicalmente recusado, na inscrição da própria identidade. Se a relação com o outro/semelhante é problemática para todos nós, humanos, o racismo faz da cisão do caráter paradoxal, sempre presente, entre a mesmidade e a alteridade, seu ponto de partida. Apresenta uma saída, na direção de desprezar, de expelir de si aquilo que causa desconforto e é vivido como sinistro.

Projetar o estranho é uma solução da economia psíquica e o mecanismo do ódio racista tem na estrutura da paranoia o seu modelo.

A rejeição a uma "cara que não agrada"[6], na qual não me reconheço, é uma estratégia de autopreservação ou do narcisismo, através do deslocamento na cena social daquilo que não é elaborado entre o "si" e o "si mesmo". Trata-se de um fenômeno de massa, em termos freudianos, ou em outros termos, de uma formação passional. A história é farta de situações que nos apresentam o poder de mortificação do ódio compartilhado.

Segundo Renato Janine Ribeiro, a formação do Brasil baseou-se em dois traumas coletivos: o primeiro estaria ligado à violência da exploração colonial e o segundo se refere à crueldade inerente à escravidão que sustentou o processo de formação do Estado nacional, no período imperial[7].

O fato de o Brasil, como nação, ter nascido dividido entre "homens superiores e livres" e "seres inferiores cativos" inscreveu uma marca. O outro, diferente pelos seus traços, pela cor, pelos cabelos, por sua origem geográfica, carrega um estigma instalado no lugar do estrangeiro e escravizado pelos " brasileiros" descendentes dos europeus.

Recorro às palavras do antropólogo Kabengele Munanga:

---

6. Título de um capítulo do livro já citado de J.-B. Pontalis.
7. Cf. R.J. Ribeiro, A Dor e a Injustiça, em J.F. Costa, *Razões Públicas, Emoções Privadas*.

Com o descobrimento da América e da África, os povos autóctones recém-descobertos receberam as identidades coletivas de "índios" e "negros". A questão colocada tanto pelos teólogos ocidentais dos séculos XVI e XVII quanto pelos filósofos iluministas do século XVIII, era saber se esses índios e negros eram bestas ou seres humanos como os europeus. Questão cuja resposta desembocou numa classificação absurda da diversidade humana em raças superiores e inferiores. Daí a origem do racismo científico ou racialismo, que interfere até hoje nas relações entre seres e sociedades humanos.[8]

No regime político, social e jurídico da escravatura, a violência contra o negro não só era permitida, mas recomendada. Tínhamos, então, uma configuração social onde havia homens livres e cativos, e "a lei" regulava os direitos de quem, inclusive, podia dispor integralmente dos corpos e das vidas dos cativos.

A escravidão do negro no Brasil foi oficial até 1888 e o processo de escravização se dava como uma política de desenraizamento, de dessocialização, que visava despersonalizar os escravizados[9].

No trecho a seguir, de Luiz Felipe de Alencastro, aparecem dois testemunhos do modo pelo qual os africanos eram recebidos em sua chegada:

> Desembarcado nos postos da América portuguesa, mais uma vez submetido à venda, o africano costumava ser surrado ao chegar à fazenda. "A primeira hospedagem que [os senhores] lhes fazem [aos escravos], logo que os comprados aparecem na sua presença, é mandá-los açoitar rigorosamente, sem mais causa que a vontade própria de o fazer assim, e disso mesmo se jactam [...] como inculcando-lhes que só eles [os senhores] nasceram para competentemente dominar escravos, e serem eles temidos e respeitados." Tal é o testemunho do padre e jurista Ribeiro Rocha,

---

8. *Diversidade, Etnicidade, Identidade e Cidadania*, p. 5.
9. Cf. M.A.C. Arantes. Configurações do Racismo no Brasil São Questões Para a Psicanálise?, *Boletim OnLine*, n. 20.

morador da Bahia, no seu tratado sobre a escravatura no Brasil, publicado em meados do século XVIII. Cem anos mais tarde, o viajante francês Adolphe d'Assier confirmava a prática de espancar os escravos logo de entrada, para ressocializá-los no contexto da opressão nas fazendas e engenhos do império. Método de terror luso-brasílico, e mais tarde autenticamente nacional, brasileiro, o choque do bárbaro arbítrio do senhor – visando demonstrar ao recém-chegado seu novo estatuto sub-humano.[10]

Nossa formação nacional, ou nossa representação de nação, foi marcada por uma sociabilidade e uma economia sustentadas na violência racista, como já descrito. Os escravizados eram sequestrados e vendidos nos portos e tratados como mercadoria e força de trabalho barata. Para isso, foram instituídos procedimentos de brutalidade que se constituíam em uma política de desumanização sistemática.

Passados mais de cem anos do final da escravidão, a ordem jurídica não mais sustenta a desumanização dos brasileiros negros, mas algo do estranho permanece projetado neles.

A abolição da escravidão trouxe um grande contingente de "novos brasileiros", ou seja, os ex-escravos foram incorporados à condição de brasileiros. Porém, isso se deu mediante uma política de miscigenação que se constituiu em poderoso instrumento de hierarquização e estratificação social.

A política do "embranquecimento" ou "branqueamento" da população, conduzida ativamente pelo Estado, estabeleceu uma nova modalidade do racismo à brasileira. No processo de transformação de sociedade rural em sociedade industrial, na república, tivemos o início de um processo irreversível até hoje, que permitiria a ascensão social desses "novos brasileiros", desde que assimilassem as condutas e atitudes da população branca, não só do ponto de vista estético, mas também cultural.

10. *O Trato dos Viventes*, p. 148.

Tendo como passado a longa e humilhante trajetória escravista, a assimilação dos comportamentos e estéticas do branco era vista pelos próprios negros como uma saída da condição de escravo e como oportunidade de mobilidade social, engendrando o desprezo à sua origem africana. Ou seja, ao assimilar os valores sociais e morais da ideologia de branqueamento, alguns negros avaliavam-se pelas representações negativas construídas pelos brancos.

A mistura racial com vistas ao branqueamento até hoje produz seus efeitos e ratifica a hierarquização e a valorização negativa da identidade negra.

Mais uma vez, palavras de Munanga:

> A história da emigração africana é uma história totalmente diferente da história dos emigrados europeus, árabes, judeus e orientais que saíram de seus respectivos países, de acordo com a conjuntura econômica e histórica interna e internacional que influenciaram suas decisões para emigrar. Evidentemente, eles também sofreram rupturas que teriam provocado traumas, o que explicaria os processos de construção das identidades particulares como a "italianidade brasileira", a identidade gaúcha etc. Mas, em nenhum momento, a cor de sua pele clara foi objeto de representações negativas e de construção de uma identidade negativa que, embora inicialmente atribuída, acabou sendo introjetada, interiorizada e naturalizada pelas próprias vítimas da discriminação racial.[11]

Ainda segundo o autor, o racismo à brasileira é hoje um crime perfeito. As crenças da democracia racial e da mestiçagem encobrem e mascaram a brutalidade do cotidiano. As representações negativas estão enraizadas no imaginário social, e os golpes sofridos no dia a dia por negros e não brancos frequentemente caem na condição da "não existência", pelo seu desmentido no discurso coletivo.

Além de tudo, a falta de nome e de admissão do racismo no Brasil confisca a condição de pensamento e até de defesa contra

11. Op. cit., p. 1.

as palavras e os gestos violentos. Resta em seus corpos a marca dolorosa e enclausurada da brutalidade. Marcas que reavivam as transmitidas pela memória de várias gerações de nosso passado escravocrata.

Somos todos, brasileiros, tanto brancos como negros ou de qualquer outra coloração, afetados pelos crimes do passado e os atuais. Mas, como pensar os efeitos mortíferos do pensamento racista sobre a subjetividade dos negros?

Outra vez Costa, em seu prefácio ao trabalho de Neusa Santos Souza, *Tornar-se Negro*, localiza justamente no âmbito da constituição de identidade e do valor atribuído a si mesmo, os transtornos pelos quais passam os negros numa sociedade que tem no branco o seu ideal[12].

Num país constituído por maioria negra ou mestiça, a branquitude faz da brancura uma imagem fetiche. O ciclo de violência se realiza com a introjeção desse ideal, que leva o sujeito negro a desejar um futuro identificatório antagônico em relação à realidade de seu corpo! Sendo o Eu antes de tudo uma representação corporal, como se constitui o projeto pessoal, o vir-a-ser de um sujeito que tem na realidade e na aparência do corpo os traços que visa apagar?

Diante do ideal branco, o corpo negro pode ser vivido como uma ferida aberta ou um objeto perseguidor. O crime perfeito se consuma justamente quando o negro busca se branquear, o que, no limite, é a negação de si mesmo. Um desejo que deságua no desejo da própria extinção.

A dor em carne viva desses traumas silencia, grita e chora. A estratégia de sobrevivência psíquica, muitas vezes, captura o pensamento no trabalho psíquico de afastar o sofrimento. Por outro lado, a denegação do racismo no discurso corrente também imputa a dúvida quanto à realidade da violência de gestos e falas

---

12. O texto foi republicado em seu livro *Violência e Psicanálise*.

cotidianos que reafirmam a estratificação social. O não dito, mas atuado nas ruas, nas portarias dos prédios, nos lugares restritos aos brancos, pela exclusão social, pode levar ao limite da experiência de desrealização. Falar disso e dar voz àquilo que está emudecido é movimentar a esfera das representações, da construção e desconstrução das imagens, testemunhar e tratar desse pesadelo social.

A violência nossa de cada dia, do "racismo cordial" típico da brasilidade, nega a negritude e mantém o negro na condição de vítima da violência.

As políticas dos movimentos negros, quando afirmam a negritude, apresentam um ponto de partida para a saída da condição de vítima. Estabelecem outras linhas de força para além da dor, pela adoção de um projeto de identidade através da valorização de seus traços.

Há um longo percurso a ser percorrido e esse caminho começa com o uso da palavra. Palavra para falar, testemunhar, ultrapassar a dor, usar a língua em sua função de ferramenta cultural, que pode desenhar outros destinos.

Termino tomando as palavras de Cuti, poeta negro, em seu testemunho em forma de poesia.

QUEBRANTO

às vezes sou o policial
que me suspeito
me peço documentos
e mesmo de posse deles
me prendo
e me dou porrada

às vezes sou o zelador
não me deixando entrar
em mim mesmo
a não ser
pela porta de serviço

às vezes sou o meu próprio delito
o corpo de jurados
a punição que vem com o veredito

às vezes sou o amor
que me viro o rosto
o quebranto
o encosto
a solidão primitiva
que me envolvo com o vazio

às vezes as migalhas do que
sonhei e não comi
outras o bem-te-vi
com olhos vidrados
trinando tristezas

um dia fui abolição que me
lancei de supetão no espanto
depois um imperador deposto
a república de conchavos no coração
e em seguida
uma constituição que me promulgo
a cada instante

também a violência dum impulso
que me ponho do avesso
com acessos de cal e gesso
chego a ser

às vezes faço questão
de não me ver
e entupido com a visão deles
me sinto a miséria
concebida como um
eterno começo

fecho-me o cerco
sendo o gesto que me nego
a pinga que me bebo
e me embebedo

o dedo que me aponto
e denuncio
o ponto em que me entrego.
às vezes!...[13]

Referências Bibliográficas

ALENCASTRO, Luiz Felipe de. *O Trato dos Viventes*. São Paulo: Companhia das Letras. 2000.
ARANTES, Maria Auxiliadora Cunha. Configurações do Racismo no Brasil São Questões Para a Psicanálise? *Boletim OnLine*, n. 20, 2012. Disponível em : <http://www.sedes.org.br>. Acesso em 16 mar 2017.
COSTA, Jurandir Freire. *Violência e Psicanálise*. Rio de Janeiro: Graal, 2003.
CUTI, Luiz Silva. Quebranto. *Negroesia*. Belo Horizonte: Mazza, 2007.
ENDO, Paulo César. Violência Infinita: Entre o Silêncio do Corpo e o Corpo das Palavras: Diálogos Entre Sigmund Freud e Giorgio Agamben. XV Jornada da Sigmund Freud Associação Psicanalítica: As Múltiplas Faces da Destrutividade, São Paulo, 28 agosto 2009.
ENRIQUEZ, Eugene. *Da Horda ao Estado: Psicanálise do Vínculo Social*. Rio de Janeiro: Jorge Zahar, 1990.
FREUD, Sigmund. [1912/1913]. *Totem e Tabu*. ESB [*Edição Standard Brasileira das Obras Psicológicas Completas de Sigmund Freud*], v. 18. Rio de Janeiro: Imago, 1996.
_____. [1932/1933]. Por que a Guerra? ESB, v. 13. Rio de Janeiro: Imago, 1996.
KOLTAI, Caterina. *Totem e Tabu: Um Mito Freudiano*. Rio de Janeiro: Civilização Brasileira, 2010. (Col. Para Ler Freud.)
MUNANGA, Kabengele. Diversidade, Etnicidade, Identidade e Cidadania. 1º Seminário de Formação Teórico-Metodológica, Ação Educativa, Anped, São Paulo, 2003. Disponível em: <http://www.acaoeducativa.org>. Acesso em: 16 jul. 2012.
_____. *Rediscutindo a Mestiçagem no Brasil: Identidade Nacional* Versus *Identidade Negra*. Petrópolis: Vozes, 1999.
PONTALIS, Jean-Bertrand. *Perder de Vista: Da Fantasia de Recuperação do Objeto Perdido*. Rio de Janeiro: Jorge Zahar, 1988.
RIBEIRO, Renato Janine. *A Dor e a Injustiça*. In: COSTA, Jurandir Freire. *Razões Públicas, Emoções Privadas*. Rio de Janeiro: Rocco, 1999.

13. *Negroesia*, p.53-54.

4.
RACISMO NO BRASIL: QUESTÕES PARA PSICANALISTAS BRASILEIROS

Maria Lúcia da Silva

Gba rá Lòjí ki
EsúLò bi wa
Ara e e[1]

Compartilhando uma Experiência

A participação na construção do evento "O Racismo e o Negro no Brasil: Questões Para a Psicanálise" foi uma experiência muito intensa e que me proporcionou muita alegria, por ser a possibilidade de aprofundar a reflexão sobre o tema à luz da psicanálise, uma contribuição há muito demandada por aqueles que veem na psicanálise um caminho para a transformação.

Incontestavelmente, era um evento de extraordinária relevância visto da plataforma de minha trajetória pessoal, social e profissional: mulher negra, ativista do Movimento Negro e do Movimento de Mulheres Negras, desde a década de 1970, integrante do Instituto AMMA Psique e Negritude, desde 1995 – organização dedicada a

---
1. Saudação a Esú, Nação Ketu: "Com minha fé lhe cumprimento / Esú venha até nós / Faça-se presente".

intervir sobre os efeitos psicossociais do racismo – e psicóloga, orientada pela prática de uma clínica política e psicanalítica.

Durante a minha permanência no Instituto Sedes Sapientae como integrante de cursos no Departamento de Psicanálise e estagiária da Clínica Psicológica, entre 2009 e 2012, meu comprometimento político, seja como ativista, seja como uma psicanalista em formação, possibilitou dimensionar o impacto das relações raciais no âmbito da instituição, tanto pela observação de seu cotidiano como no estabelecimento de relações com o corpo discente.

Por diversas vezes, percebi-me perplexa, tamanha a incompreensão, e me indagava diante da omissão concernente à reflexão sobre o racismo e a discriminação racial. Afinal, como uma instituição historicamente comprometida com as questões da sociedade brasileira podia ainda não ter pautado o tema? E a incompreensão aumentava ao constatar que, nas discussões em sala de aula e/ou na supervisão, todos eram unânimes no reconhecimento e na concordância de que o racismo promovia sofrimento psíquico e interferia na construção das subjetividades de brancos e de negros. Então, por que essa omissão e por que o desconforto em tratar o tema quando surge?

Além disso, minha observação mapeava, quase que involuntariamente, a disparidade étnico-racial entre docente/discente e a população atendida na Clínica Psicológica. Enquanto nesta a população atendida é representativa da sociedade brasileira, ou seja, uma clientela de múltiplas colorações e origens, incluindo a população negra, a composição se altera completamente quando se fala de professores e alunos, que são majoritariamente brancos.

A naturalização de algumas realidades sociais, assim como a invisibilidade da população negra em determinados setores da sociedade, causa perplexidade, levando-me a transitar nos tênues limites entre paranoia e realidade – uma realidade marcada por desigualdades sociais e raciais.

Minha experiência nesse espaço de formação onde, democraticamente, tudo se podia refletir, foi marcante. Numa atividade em sala de aula, uma discussão entre colegas deixou evidente como todos somos atravessados por uma ideologia em que estereótipos raciais sustentam preconceitos, nos fazendo ainda, por vezes, reproduzi-los. Do episódio, surgiu a ideia de realizar um evento para ampliar o debate no Departamento de Psicanálise.

Criada a comissão organizadora, o processo de construção me fez pensar nas entrevistas preliminares que realizamos quando recebemos um candidato à análise em consultório. Agora, uma "queixa" individual se transformara em "demanda coletiva".

Belíssimo foi o nosso percurso!

Fernando J.B. Rocha identificou um pouco do que significou a trajetória de construção coletiva do evento.

"O que será que faz alguém querer lançar-se numa viagem? O que será que faz duas pessoas acreditarem que serão capazes de compartilhá-la? Será que a decisão de se lançar nessa empreitada ocorre ao sabor dos ventos?", pergunta Sérgio Zaidhaft, no prefácio do livro *Entrevistas Preliminares em Psicanálise*, de Fernando Rocha, indagando sobre o processo analítico. E, fazendo uma analogia da análise com o mar, segue dizendo que "[...] não se trata de acreditar, que é possível combinar previamente por quais caminhos se seguirá, nem é possível estabelecer um acordo de que não haverá surpresas [...] uma coisa posso garantir: não haverá calmarias"[2].

Entre a queixa individual e a demanda coletiva vivenciamos momentos importantes que favoreceram, como é previsto nas entrevistas, uma abertura do inconsciente, fazendo emergir e possibilitando o resgate de histórias que estavam adormecidas.

Foi possível perceber, nas diferentes trajetórias, a intensidade do sofrimento psíquico provocado pelo racismo. E, assim, pudemos aceitar a nossa ignorância em relação ao tema, os nossos medos, a nossa necessidade de a todo tempo retomar o fio da meada, que

2. *Entrevistas Preliminares em Psicanálise*, p. 7.

muito facilmente era perdido, e também o nosso desejo de seguir a viagem juntos, atravessando e sendo atravessados por novas constatações e formulações.

Luís Hornstein diz que a psicanálise se caracteriza pelo fato de "converter a história em passado, já que esta não é passado até que se elabore, isto é, recordar para poder esquecer". E continua: "A recordação é o começo do esquecimento, na medida em que desatualiza o passado, temporaliza-o. A repetição, pelo contrário, é efeito da atemporalidade do inconsciente, é o passado que se dá como presente porque é esquecido como passado."[3]

O processo nos aqueceu e sensibilizou: queríamos, então, quebrar o ciclo das repetições. Queríamos tirar o tema do racismo de debaixo do tapete, mesmo que desconfortável fosse. Queríamos construir um caminho para temporalizar o passado. Estávamos dispostos a recordar para não precisar repetir.

As diferentes etapas nos colocaram em contato com a complexidade das relações raciais, e as feridas abertas deram real dimensão da dor e da urgência de acolhimento. Dificilmente houve quem não fosse tocado pelas vivências, enfrentamentos foram inevitáveis e a catarse, uma possibilidade.

O processo ainda nos ajudou a compreender melhor um fenômeno que afeta a todos, brancos e negros, e possibilitou o alargamento de nossa consciência crítica e política. Foi percorrido, sem pressa, o caminho que vai do coração à razão.

A manutenção ou a superação do racismo no Brasil, e seus efeitos perversos, depende de uma decisão coletiva, que implica corresponsabilidade. O propósito de recordar essa história visa à elaboração, na busca de caminhos de superação.

Mas como vencer as resistências ainda existentes?

Talvez possamos nos inspirar em Silvia Leonor Alonso:

3. *Introdução a Psicanálise*, p. 39.

Há acontecimentos da infância que se inscrevem difusamente, marcas psíquicas que ficam informes, indefinidas, à espera de um acontecimento e que só depois adquirem sentido. Temos então a ideia de um passado que não é fixo, mas que se ressignifica no presente.

Nesse "outro tempo" que não respeita a cronologia, nesse tempo do só depois, há movimento – que retranscreve, que articula novos nexos, rearticula as inscrições do vivido –, construindo sonhos no dormir, fantasias e pensamentos na vigília. Há movimento das dimensões pulsionais e desejantes que, misturando os tempos, produz novos sentidos. O tempo não passa no sentido do tempo sequencial, em uma direção irreversível, mas, na mistura dos tempos, as marcas mnêmicas nas mãos do "processo primário" condensam-se, deslocam-se e criam novos sentidos.[4]

Enfim, espero aqui expressar o desejo de compartilhar e estimular uma reflexão sobre o racismo e suas implicações na construção dos processos identitários e identificatórios, pois os atributos negativos, criados para legitimar a ideologia racista, definem os processos de identidade e identificação do povo brasileiro, produzindo marcas, rompimentos e sofrimentos psíquicos.

Certamente, o reconhecimento de que o racismo permeia as relações na sociedade brasileira indica a necessidade de se conhecer a história do nosso país para compreender como as relações estão estruturadas e para ouvir o outro a partir de seu contexto histórico.

E, assim, que possamos identificar as marcas em nós congeladas e que impedem o fluxo natural da nossa energia, na perspectiva de que a elaboração possa nos tornar sujeitos, mais criativos e mais espontâneos.

---

4. O Tempo Que Passa e o Tempo Que Não Passa, *Cult*, n. 101.

Psiquismo e História:
Breves Citações Com Marcas Duradouras

> [...] os homens não são criaturas gentis que desejam ser amadas e que, no máximo, podem defender-se quando atacadas; pelo contrário, são criaturas entre cujos dotes instintivos deve-se levar em conta uma poderosa cota de agressividade. Em resultado disso, o seu próximo é, para eles, não apenas um ajudante potencial ou um objeto sexual, mas também alguém que os tenta a satisfazer sobre ele a sua agressividade, a explorar sua capacidade de trabalho sem compensação, utilizá-lo sexualmente sem o seu consentimento, apoderar-se de suas posses, humilhá-lo, causar-lhe sofrimento, torturá-lo e matá-lo.
>
> S. FREUD, *O Mal-Estar na Civilização*.

Sigmund Freud tem como tema principal "o antagonismo irremediável entre as exigências do instinto e as restrições da civilização". Ao investigar as raízes da infelicidade humana, ele nos alerta sobre a impossibilidade de cumprimento da máxima "ama teu próximo como a ti mesmo", principalmente se o próximo for alguém desconhecido, que não ocupa nenhum papel em sua vida emocional; alguém que não faz parte de seus vínculos e que, portanto, não é digno desse amor. Na obra supracitada, Freud irá definir seus conceitos de Eu, Supereu, pulsões de prazer e de morte, o que nos dá a dimensão da cultura como um elemento fundamental na constituição do sujeito. Freud não opera a distinção entre cultura e civilização, ambas se articulam e se constituem no índice de diferenciação entre o homem e os outros animais.

Para refletirmos sobre o efeito do racismo, teremos de falar de história, teremos de levar em conta que as condições históricas são o pano de fundo sobre o qual se desenvolve a história pessoal e coletiva de um indivíduo ou grupo étnico, aspectos que dão a estrutura, a base sobre a qual será o indivíduo acolhido ou não em seu processo de desenvolvimento.

Segundo Eneida Iankilevich:

> Historizar vai além de simbolizar, ainda que esse seja seu fundamento. É contar e recontar, arranjar e rearranjar, fazer conexões constantemente, tecer os fatos em redes complexas e diversificadas, capazes de mudar, rearranjar-se para dar conta de novas experiências. Mudança que estabelece um novo quadro, uma "nova versão do mito", crescimento mental, capacidade de pensar, saúde mental.[5]

O povo negro é marcado pela experiência do racismo, que, segundo Ellis Cashmore,

> é um fenômeno ideológico complexo cujas manifestações, embora variadas e diversas, estão ligadas à necessidade e aos interesses de um grupo social de conferir-se uma imagem e representar-se. O racismo engloba as ideologias racistas, as atitudes fundadas em preconceitos raciais, comportamentos discriminatórios, disposições estruturais e práticas institucionalizadas que atribuem características negativas a determinados padrões de diversidade e significados sociais negativos aos grupos que os detêm, resultando em desigualdade racial, assim como na noção enganosa de que as relações discriminatórias entre grupos são moral e cientificamente justificáveis. O elemento central desse sistema de valores é de que a "raça" determina o desenvolvimento cultural dos povos. Deles derivaram as alegações de superioridade racial. O racismo, enquanto fenômeno ideológico, submete a todos e todas, sem distinção, revitaliza e mantém sua dinâmica de evolução da sociedade e das conjunturas históricas[6].

Para a Declaração Sobre a Raça e os Preconceitos Raciais da Unesco, de 27 de novembro de 1978, o racismo manifesta-se por meio

---

5. Apud R. Levy, História e/em Psicanálise?, *Revista Brasileira de Psicanálise*, v. 42, n. 2, p. 4.
6. *Dicionário de Relações Étnicas e Raciais*.

de disposições legais ou regimentais e por práticas discriminatórias, assim como por meio de crenças e atos antissociais. O racismo impede o desenvolvimento de suas vítimas, perverte quem o pratica, divide as nações internamente, constitui um obstáculo para a cooperação internacional e cria tensões políticas entre os povos; é contrário aos princípios fundamentais do direito internacional e, por conseguinte, perturba seriamente a paz e a segurança internacionais. Não se trata, portanto, de uma questão de opinião pessoal.

Para Colette Guillaumin, raça é um signo, cujo significado só pode ser encontrado na experiência do racismo[7]; é uma categoria que sustenta e é sustentada por mecanismos de controle social[8]. Portanto, é um signo vazio, preenchido apenas na experiência do racismo ou por meio dela – seja como sujeito de comportamentos racistas, ou como alvo ou objeto do racismo do outro[9].

A noção de raça tem, neste sentido, uma realidade social plena, e o combate aos comportamentos negativos que ele enseja é impossível de ser travado sem que se lhe reconheça a realidade que só o ato de nomear permite[10].

Não nos debruçaremos, aqui, sobre o processo da construção histórica do conceito de raça, no qual o racismo está amparado; porém, é importante citar que:

> A racialização tem início no século XIX, com a escola francesa, representada por Gobinou, que se utilizou da aparência física para estabelecer subdivisões, isto é, hierarquia entre a espécie humana, fazendo associação entre características físicas e psicológicas, morais e intelectuais e estabelecendo como modelo de

7. Apud OIT, *Manual de Capacitação e Informação sobre Gênero, Raça, Pobreza e Emprego*, Módulo 2, p. 20.
8. Cf. Allen apud OIT, *Manual de Capacitação e Informação sobre Gênero, Raça, Pobreza e Emprego*, Módulo 2.
9. OIT, *Manual de Capacitação e Informação sobre Gênero, Raça, Pobreza e Emprego*, Módulo 2.
10. Cf. A.S.A. Guimarães, *Racismo e Antirracismo no Brasil*, p. 9.

humanidade o homem branco europeu. Nasce com isso a ideia de grupos inferiores e grupos superiores, teoria utilizada largamente no Brasil, para justificar a escravidão e os maus-tratos em que vivia a população escravizada. Tanto é que, no Brasil, o que conta é a aparência e não a origem.[11]

A cor, uma marca visível, faz parte das características da pessoa, é um definidor de identidade e individualidade e, na espécie humana, a variação da cor da pele, do cabelo e dos olhos está relacionada com a quantidade de melanina existente no organismo, em função da necessidade de proteção orgânica diante das diferentes características climáticas presentes nas diferentes regiões do planeta.

Pensando que 128 anos de pós-abolição no Brasil representam um pequeno lapso, podemos dimensionar o efeito nefasto que essa história ainda exerce nas atitudes, crenças e valores dos brasileiros, quando o tráfico (e a escravização) transformou negras e negros africanos em objetos, com homens, mulheres e crianças rotulados de mercadorias, e de baixo preço. Assim, talvez, é desnecessário dizer que foi negado estatuto humano aos escravizados que, nos porões dos navios, não eram nem pessoas nem passageiros, e sim peças; que o menino escravo não era criança, simplesmente um moleque[12]. Mulheres africanas não tinham filhos, mas crias; pelo

---

11. CRI, *Identificação e Abordagem do Racismo Institucional*.
12. Origem da palavra "moleque": Do quimbundo, *mu'leke*, literalmente "filho pequeno" ou "garoto". O quimbundo é uma das línguas bantas (da família linguística nígero-congolesa) mais faladas em Angola, na África. O termo chegou ao Brasil por intermédio dos escravos africanos angolanos, que chamavam seus filhos de *mu'lekes*. Com o passar do tempo, a palavra começou a apresentar um significado pejorativo, em função do preconceito existente contra tudo o que era próprio dos negros, inclusive o modo como chamavam os filhos. Durante o período da escravidão, por exemplo, chamar um menino branco de "moleque" era tido como uma grande ofensa. Atualmente, a palavra é atribuída às crianças traquinas, sapecas ou desobedientes. Também pode ser utilizada como um adjetivo para qualificar a personalidade de uma pessoa brincalhona, que faz travessuras ou que não merece muita confiança (num sentido pejorativo). Algumas pessoas relacionam erroneamente a origem da palavra "moleque" com "*Moloch*", *do hebraico*, o nome de um deus amonita, um dos povos que habitava a península Arábica. ▶

menos nesse momento mudavam de condição: deixavam de ser coisa, objeto, para tornarem-se animais.

A história nos permite ainda afirmar que o processo de escravização possibilitou a construção de representações sociais negativas de negros e, em contrapartida, positiva de brancos, expressas hoje na polarização branco/negro e que permeiam o imaginário pessoal e coletivo, manifestando-se nas relações e materializadas nos estereótipos e atos de discriminação, com efeitos diretos no processo de constituição dos sujeitos brancos e negros. Para os negros, o impacto em suas vidas é devastador, nitidamente observável através dos prejuízos e privilégios evidenciados nos indicadores sociais.

Não podemos perder de vista que há uma recusa do país em discutir o legado da escravidão. Do passado escravocrata, só há ônus para o povo negro, mantendo a população não negra (branca) omissa e isenta de qualquer responsabilidade, desfrutando de privilégios simbólicos e materiais, do fortalecimento dos laços da branquitude e do monopólio dos lugares sociais de poder[13].

Portanto, o primeiro aspecto que a clínica psicanalista não deve negligenciar é que o racismo está na base do desenvolvimento do sistema capitalista moderno (a partir do século XVI), na estruturação da sociedade brasileira, consequentemente, nas estruturas de governo e nas formas de organização do Estado, no desenho e desenvolvimento das políticas públicas, beneficiando material e simbolicamente os grupos nomeados como brancos e que, obviamente, essa realidade determina a forma como as pessoas e os grupos se veem, pensam e relacionam.

▷ *Moloch* significa "rei" em uma tradução geral para a língua portuguesa. De acordo com os relatos bíblicos, os seguidores de *moloch* (ou "moloque", em português) ofereciam seus filhos em sacrifício ao deus. Os filhos sacrificados seriam chamados de moleques. No entanto, embora esta seja uma interpretação disseminada, é totalmente equivocada. Disponível em: <http://www.dicionarioetimologico.com.br/moleque/>.
13. Cf. M.L. Silva, Racismo, *Percurso*, n. 54, p. 116-117.

Identidade e Identificação

Renato Mezan define a identidade como um elemento que vai sendo adquirido aos poucos: "A identidade situa-se no ponto de cruzamento entre algo que vem de nós (o equipamento psíquico com o qual nascemos) e algo que nos vem de fora, isto é, da realidade externa." A identidade pessoal, para ele, se constrói no convívio com os outros. E segue argumentando que "como dizia Freud em *Totem e Tabu*, na realidade externa o que existe é a sociedade humana, com as suas instituições e as suas normas"[14].

O racismo, o preconceito, a intolerância estruturam a forma como as relações se estabelecem na sociedade brasileira; materializam-se no convívio social, assim como no acesso, permanência e mobilidade nas instituições que a compõem e irão provocar, nos indivíduos negros, registros afetivos adversos.

Maria[15], ao partilhar situações que estava vivendo na atualidade, recuperou o passado trazendo a criança de sete anos que vivia o medo e a solidão, assim como o desejo infantil de proteção. Na intensidade da marca que pulsava forte, relata como doía a lembrança

> das humilhações, do desprezo, da violência física e moral, do medo e da solidão que tantas vezes senti, pelos olhares, pelos xingamentos; várias vezes eu passava o recreio sozinha no pátio ou me trancava no banheiro para chorar.
>
> Eu lembro que um dia fiquei triste, porque fui calcular os dias em que me xingavam e [...] praticamente eram todos os dias [...]. Eu fiquei triste porque todos os dias tinha que lidar com as mesmas coisas. Minha mãe dizia que se a gente não desse bola, eles paravam. Quase nunca funcionava. Eu só tinha sete anos.

Essas experiências vividas, sem qualquer tipo de proteção, e os sentimentos que delas provêm, não ganham visibilidade, não são

---

14. Apud R. Mezan, *Psicanálise, Judaísmo*, p. 21.
15. Nome fictício.

percebidos e valorizados pelo outro concretamente, o que leva, na maioria das vezes, a que negras e negros tenham suas vivências e problemas banalizados, naturalizados. Os efeitos, quando muito, podem se manifestar ou aparecer tempos depois, traduzidos em sinais e sintomas que a própria pessoa nem sempre reconhece como tendo algum tipo de nexo causal com as experiências de humilhação, exclusão e discriminação.

A ambivalência, "presença simultânea, na relação com um mesmo objeto, de tendências, de atitudes e de sentimentos opostos, fundamentalmente o amor e o ódio"[16], é um componente que estrutura o racismo. Podemos considerar que a maior vitória do racismo está em sua dimensão psicológica, na medida em que sua lógica é reduzir, invisibilizar, criminalizar, subalternizar, inferiorizar pessoas, grupos e povos, reduzindo-os a uma condição sub-humana.

Por um lado, a sistemática negação e o afastamento de seus valores originais, levando o negro a tomar o branco como modelo de identificação, única possibilidade de tornar-se gente, tendo como consequência o custo emocional da sujeição, da negação e do massacre de sua identidade original, de sua identidade histórico-existencial[17]; por outro, a sistemática vivência e a incorporação maciça de padrões e valores eurocêntricos/exteriores à sua cultura e a constante expropriação de seus símbolos e suas criações.

Segundo Freud, os conflitos internos, muitas vezes transformados em sintomas, "têm um sentido e se relacionam com as experiências do paciente"[18]; portanto, o sintoma incide sobre um corpo passível de ser significado, um corpo que tem uma história, um corpo marcado pela cultura.

> O que mais me doía era ser chamada de macaca, os meninos imitavam um macaco quando eu passava ou ficavam em torno de mim

---

16. J. Laplanche; J.-B. Pontalis, *Vocabulário de Psicanálise*.
17. Cf. N.S. Souza, *Tornar-se Negro*.
18. O Sentido dos Sintomas, ESB, v. 16, p. 305.

fazendo isso. Um dia eu estava almoçando na escola e observei dois meninos de minha classe rindo e olhando para mim. De início não liguei, mas, como eles não paravam, me dei conta que eu comia banana nesse momento; a única coisa que consegui pensar era que me chamavam de macaca por que me viram comendo banana, eu pensei que se eu não comesse mais banana iam parar. A partir desse dia, nunca mais coloquei banana na boca. (Maria)

Para Freud, o sintoma é uma solução de compromisso entre o desejo (pulsão) e o recalque, este uma força psíquica para manter fora da consciência pensamentos, imagens, recordações, representações: é o arranjo possível encontrado pelo sujeito para não entrar em contato com a dor produzida por uma vivência; portanto, é possível concluir que o sintoma é tecido de lembranças, linguagem e fantasias[19].

No caso da criança, é importante salientar que ela já vem marcada pelas experiências de vida de seus pais. Para a criança negra, os significados do racismo estão inscritos em seu nascimento, ou seja, as pressões raciais já se iniciaram e estão inscritas, umbilicalmente, naquilo que a criança traz para sua existência material e emocional. Como diz Cristina Ocariz:

> Existem experiências que produzem excessos de excitação que o aparelho psíquico de crianças, a subjetividade ainda em formação, não consegue metabolizar de uma maneira que possibilite aliviar o estado de angústia e evitar a constituição de sintomas perturbadores de sua vida, patológicos, sintomas neuróticos já estruturados (dificuldade de aprendizagem, temores exagerados, dores físicas, ruminações obsessivas, crises de agressividade ou impulsividade etc.).[20]

Sabemos que o sujeito se constitui no olhar do outro. Podemos levantar como hipótese que o primeiro momento em que o

---

19. Cf. J. Laplanche; J.-B. Pontalis, op. cit.
20. *O Sintoma e a Clínica Psicanalítica*, p. 39.

bebê poderá se deparar com os efeitos do racismo é seu contato com o desejo e o olhar das figuras parentais, olhar que poderá ser continuamente reforçado pelos diferentes olhares que esse indivíduo irá encontrar ao longo de seu desenvolvimento.

O racismo ronda sua existência na condição de um fantasma desde o seu nascimento, ninguém o vê, mas ele existe; embora presente na memória social e atualizado por ação do preconceito e da discriminação racial, ele é sistematicamente negado, constituindo um problema social com efeitos drásticos sobre o indivíduo.

> O inconsciente do isso é o mais primário reservatório da energia psíquica, das pulsões de vida e de morte. Instância das tendências hereditárias, da herança arcaica, das determinações inatas e constitucionais, o que traz com o nascimento; das pulsões que provêm da organização corporal, que encontram no isso uma primeira expressão psíquica, cujas formas são desconhecidas.[21]

As influências que as representações negativas exercem sobre a psique da criança negra podem ser consideradas nocivas, pois imprimem nela um olhar negativo sobre si mesma. A psique existe dentro de um corpo que é atacado por todo tempo, por olhares, chacotas, brincadeiras, apelidos pejorativos, xingamentos e até agressões físicas.

Para muitos negros, o fato de ser negro é vivido com muita dificuldade, já que foram introjetadas imagens negativas, produzidas pelo poder discriminatório, veiculadas pelos discursos acerca do que "é" ser negro. Torna-se muito difícil conviver com um corpo tido como feio, um cabelo por definição "ruim", os lábios denominados beiços etc. Para que o trauma da discriminação possa ser assimilado, acomodações psíquicas devem ser feitas para que a vida se torne ao menos suportável[22].

---

21. Ibidem, p. 40.
22. R. Mezan, op. cit., p. 44.

O narcisismo da criança não é mais do que o resultado do narcisismo dos pais. Logo, perceber o papel primordial dos pais no processo de desenvolvimento do aparelho psíquico do bebê e no adulto que ele será, assim como considerar o lugar que a criança ocupou na *estrutura familiar*, é de extrema importância para compreender o sujeito em sua totalidade e não em parte; porém, isso é pouco para explicar o efeito e o impacto do racismo na construção da identidade e dos processos de identificação.

Para muitas crianças é possível que os primeiros processos e/ou experiências de discriminação tenham sido vivenciados em casa

> Não gostava do jeito que ela [a mãe] me tratava: sempre me depreciava, me chamava de negrinha; não sabia bem o que significava, mas odiava; parecia que [ela] só pensava o pior para mim. Só quando entrei na escola, *lugar que me dava muito medo e vergonha*, é que fui compreender o sentido do "negrinha", com as constantes vivências de humilhação, chacotas e piadas ligadas à minha cor [...] eu rezava para ficar invisível, não queria que ninguém me notasse. Não tenho lembranças boas da escola. Durante muito tempo sentia muita vergonha de estar em espaços coletivos, me sentia inferior a todos. (Raquel)[23]

Há um provérbio popular que diz que é *o uso do cachimbo que faz a boca torta*. Podemos aplicá-lo para ilustrar os efeitos do racismo: na constância e na repetição, certos atributos ganham significados e status de xingamento, determinando formas cristalizadas de atuar no mundo.

Não há relatos de humilhação racial que não sejam precedidos pelo sentimento de vergonha que, na maioria das vezes, impede a convivência. A escola tem sido o *locus* preferencial para o surgimento desse sentimento. Segundo Vincent de Gaulejac, a vergonha "incomoda, ela cria desconforto, é preferível evitá-la":

23. Nome fictício.

A vergonha é um sentimento doloroso e sensível sobre o qual é preferível não falar. Ela engendra o silêncio, o fechamento em si, até a inibição. [...] é preciso circunstâncias bem específicas para enfim ousar dizer, ousar contar. [...]. É preciso que uma das circunstâncias seguras para seu surgimento seja o *setting* analítico, caso contrário, a análise estará fadada ao insucesso e à reedição da violência vivida.[24]

Jurandir Freire Costa nos ajuda a compreender a questão, quando diz:

> As regras das identificações normativas ou estruturantes são uma barreira contra a perpetuação dessa posição imaginária da infância do homem. Acompanhando o desenvolvimento biológico da criança, elas permitem ao sujeito infantil o acesso a uma outra ordem do existente – a ordem da cultura –, onde a palavra "desejos maternos" não mais serão as únicas fontes de definição da "verdade" ou "realidade" de sua identidade. O dueto exclusivo entre a criança e a mãe é interrompido. Em primeiro lugar, pela presença do pai e, em seguida, pela presença dos pares, que serão todos os outros sujeitos exteriores à comunidade familiar.
>
> Estas instâncias vão mostrar ao sujeito aquilo que lhe é permitido, proibido ou prescrito sentir ou exprimir, a fim de que sejam garantidos, simultaneamente, seu direito à existência, enquanto ser psíquico autônomo, e o da existência de seu grupo, enquanto comunidade histórico-social. As identificações normativo-estruturantes, propostas pelos pais aos filhos, são a mediação necessária entre o sujeito e a cultura. Mediação que se faz através das relações físico-emocionais criadas dentro da família e do estoque de significados linguísticos que a cultura põe à disposição dos sujeitos.[25]

A clínica vai nos informando como os atributos construídos social e historicamente, ligados à sua condição racial e reconhecidamente identificados no imaginário social como pertencentes aos negros, os acompanham ao longo de suas vidas, construindo um ideal de ego incompatível com a dignidade humana, impedindo-lhes

24. *As Origens da Vergonha*, p. 17.
25. Da Cor ao Corpo, em N.S. Souza, *Tornar-se Negro*, p. 3.

mobilidade e produzindo diversas dificuldades, como: colocar à prova suas competências; envergonhar-se ao entrar/de estar em determinados lugares por achar que "não é o seu lugar"; conviver com um sentimento de não ter direito a ser, com a dificuldade de ocupar espaços de destaques etc., sempre se referindo a tais situações como ligadas à condição racial e vivenciadas em diferentes lugares e momentos de suas vidas.

E, por fim, o segundo aspecto que a clínica psicanalista não deve negligenciar é que a força dos atributos negativos produzidos pelo racismo e imputados aos negros, com base na força dos discursos produzidos pelos grupos hegemônicos, são elementos que irão compor os processos de identidade e identificação, determinando uma marca psíquica de impedimentos e de manutenção de um lugar social de subordinação e inferiorização no estabelecimento das relações sociais e pessoais, funcionando como indicadores de sofrimentos psíquicos.

É preciso a inauguração de uma psicanálise brasileira comprometida com a construção de uma clínica que não recuse a realidade histórico-social de nosso país e que leve em consideração o impacto dessa história na construção das subjetividades. Para tanto, também é preciso romper com o silenciamento.

>O Silêncio
>fere
>afasta
>arde
>corta
>esmaga
>oprime
>desgasta
>sangra
>grita ...
>grita ...
>ai ... o silêncio, faz um barulho imenso![26]

26. G. Adúm; M. Adúm; A. Alex (orgs.), *Ogum's Toques Negros*, p. 179.

Referências Bibliográficas

ADÚM, Guellwaar; ADÚM, Mel; RATTS, Alex (orgs.). *Ogum's Toques Negros: Coletânea Poética*. Salvador: Ogums Toques Negros, 2014.

ALONSO, Silvia L. O Tempo Que Passa e o Tempo Que Não Passa. *Cult*, n. 101, abril de 2006. Disponível em: <http://revistacult.uol.com.br>. Acesso em: 14 dez. 2016.

CARONE, Iray; BENTO, Maria Aparecida (orgs.). *Psicologia Social do Racismo: Estudos Sobre Branquitude e Branqueamento no Brasil*. Petrópolis: Vozes, 2002.

CASHMORE, Ellis. *Dicionário de Relações Étnicas e Raciais*. São Paulo: Summus, 2000.

CORREIA, Lepê; SILVA, Maria Lucia da. *Autoestima e Educação: Qualificação de Instrutores*. Uberaba: Centro Nacional de Cidadania Negra (Ceneg), 2002.

COSTA, Jurandir Freire. Da Cor ao Corpo: A Violência do Racismo. In: SOUZA, Neusa Santos. *Tornar-se Negro: As Vicissitudes da Identidade do Negro Brasileiro em Ascensão Social*. Rio de Janeiro: Graal, 1983.

CRI – Articulação para o Combate ao Racismo Institucional. *Identificação e Abordagem do Racismo Institucional*. São Paulo: Instituto Amma Psique e Negritude, 2007.

FREUD, Sigmund (1930 [1929]). *O Mal-Estar na Civilização*. ESB [*Edição Standard Brasileira das Obras Psicológicas Completas de Sigmund Freud*], v. 14. Rio de Janeiro: Imago, 1969.

_____. [1916-1917]. O Sentido dos Sintomas. Conferência XVII. ESB, v. 16. Rio de Janeiro: Imago, 1969.

GAULEJAC, Vicent de. *As Origens da Vergonha*. Trad. Maria Beatriz de Medina. São Paulo: Via Lettera, 2006.

GUIMARÃES, Antônio S. Alfredo. *Racismo e Antirracismo no Brasil*. São Paulo: Editora 34, 1999.

HORNSTEIN, Luis. *Introdução à Psicanálise*. Trad. Maria Ângela Santa Cruz. São Paulo: Escuta, 1989.

LAPLANCHE, Jean; PONTALIS, Jean-Bertrand. *Vocabulário de Psicanálise*. 4. ed. Trad. Pedro Tamen. São Paulo: Martins Fontes, 2001.

LEVY, Ruggero. História e/em Psicanálise? E Qual É o Papel do Historiador/Psicanalista ou da Dupla Analítica Nesta Construção? *Revista Brasileira de Psicanálise*, São Paulo, v. 42, n. 2, jun. 2008. Comentário à entrevista de Fernando Novais. Disponível em: <http://pepsic.bvsalud.org>. Acesso em: 28 dez. 2015.

LOPES, Fernanda (coord.). *Subsídios Para o Enfrentamento do Racismo na Saúde*. Brasília: Ministério do Governo Britânico para o Desenvolvimento Internacional (DFID), 2007.

MEZAN, Renato. *Psicanálise, Judaísmo: Ressonâncias*. Campinas: Escuta, 1986. Série Psicologia Psicanalítica.

OIT. *Manual de Capacitação e Informação sobre Gênero, Raça, Pobreza e Emprego: Guia Para o Leitor*. Brasília, Organização Internacional do Trabalho, 2005. Módulo 2, Disponível em: <http://www.oit.org.br>. Acesso em: 14 dez. 2016.

OCARIZ, Maria Cristina. *O Sintoma e a Clínica Psicanalítica. O Curável e o Que Não Tem*. São Paulo: Via Lettera, 2003.
POMPEU, Fernando (ed.). *Os Efeitos Psicossociais do Racismo*. São Paulo: Imprensa Oficial do Estado de São Paulo/Instituto Amma Psique e Negritude, 2008.
ROCHA, Fernando José Barbosa. *Entrevistas Preliminares em Psicanálise: Incursões Clínico-Teóricas*. São Paulo: Casa do Psicólogo, 2011.
SILVA, Maria Lúcia da. Racismo: Este Estranho Familiar. *Percurso*, São Paulo, a. XXVIII, n. 54, 2015.
SOUZA, Neusa Santos. *Tornar-se Negro: As Vicissitudes da Identidade do Negro Brasileiro em Ascensão Social*. Rio de Janeiro: Graal, 1983.

5.
RAÇA, COR E LINGUAGEM[1]

Lilia Moritz Schwarcz

Introdução:
Raça e Teorias do Social

Segundo o cientista político Benedict Anderson, uma nação é uma comunidade socialmente construída e imaginada por pessoas que se entendem e percebem como um grupo social, diferenciado dos demais e que, como tal, partilham valores, conhecimentos, símbolos, projetos[2]. Baseando-se em documentos como mapas, censos e, sobretudo, dados da imprensa e da mídia, Anderson mostra como projetos nacionais são coletivamente imaginados no sentido de dar veracidade a modelos baseados não em realidades individuais, mas antes naqueles que produzem a sensação de relações horizontais, a despeito de pautadas em contextos absolutamente desiguais e hierarquizados. Ou seja, nações passam a sensação de fraternidade para pessoas que podem matar ou morrer mediante esse limitado projeto, que não passa de construção socialmente imaginada.

---

1. Parte deste artigo é baseado em um texto de minha autoria, "Nem Preto, Nem Branco, Muito Pelo Contrário", em *História da Vida Privada no Brasil*.
2. Publicado pela primeira vez em 1983, o livro de B. Anderson, *Comunidades Imaginadas*, converteu-se logo em um clássico e ganhou capítulo extra, em 1991.

Pautado por um projeto marxista, mas influenciado pela teoria de Émile Durkheim, Anderson, entre outros, trazia para o debate contemporâneo uma perspectiva anunciada pela sociologia francesa, já em finais do século XIX. Em 1895, Durkheim publicava *As Regras do Método Sociológico*, com o objetivo de criar um campo singular e autônomo para as "ciências do social". Segundo ele, "fatos sociais devem ser tratados como coisas", afirmação taxativa e que anunciava uma episteme particular e procurava por seus fundamentos sólidos. Para ele, existiria uma distinção entre sociologia e psicologia tão sólida quanto entre biologia e as ciências da física e da química. O fato é que, segundo Durkheim, em *As Regras*, a consciência coletiva é distinta da consciência individual, "a soma dos indivíduos não é igual à lógica da sociedade".

Esse tipo de perspectiva estaria na base do pensamento sociológico atual, mas também nos aparatos de certa antropologia estrutural que se construiu a partir da análise sofisticada de mitos e rituais, e procurou neles a base para analisar um pensamento ameríndio, distinto do ocidental. Autores como Claude Lévi-Strauss mostraram como "os mitos falam entre si" e através dos homens, revelando como se constroem modelos e teorias, verdadeiras filosofias, pouco afeitas ao contexto mais circunstancial. De toda maneira, a aposta é de que há uma lógica social que é autônoma e exterior em relação aos indivíduos.

Não é o caso de ficar aqui acumulando citações e autores quando nosso objetivo é, antes, introduzir uma perspectiva e com ela apresentar um enfoque. Meu objetivo é apresentar o fenômeno do racismo, em especial no Brasil, como uma construção histórica e social que incide sobre os homens, por certo, mas que se fundamenta num projeto e num discurso coletivo. Por isso mesmo, o racismo como modelo científico tem data e contexto: nasce junto com os projetos nacionais e com a Revolução Francesa, a qual, num mundo pautado por hierarquias e projetos de diferenciação, introduziu o igualitarismo como ideologia. Em meio a um panorama profundamente desigual, o igualitarismo é que produziu a diferenciação e as teorias de diferença.

Argumentos de ordem racial ressurgiriam com força em finais do século XIX e, como mostra Leo Spitzer, criariam novas formas de hierarquia e estratificação. Depois de uma "era de libertações", da abolição de vários sistemas de servidão e de escravidão, o final do século XIX trazia agora o "embaraço da exclusão" e o retorno, em bases renovadas (porque biológicas), de modelos de diferenciação. Hannah Arendt chamou o liberalismo de uma "teoria do indivíduo", contraposta ao racismo científico, certamente um modelo em que o grupo era mais determinante. Para ela, portanto, o racismo seria "uma teoria de grupo", necessariamente paradoxal diante do predomínio das ideologias do indivíduo voluntarista, herdeiras da Ilustração francesa. Foi nesse sentido que Louis Dumont demonstrou como o racismo científico, recriado no início do século XIX, não representou um desvio do modelo igualitarista: foi, na verdade, "uma perversão" deste, já que apenas comprovou como a Revolução Francesa impôs uma ideologia igualitária em meio a sociedades profundamente hierarquizadas. O racismo seria assim sua decorrência lógica, não uma aberração.

É certo que, desde que a humanidade se conhece com tal, anota a diferença dos povos, grupos e culturas em termos hierárquicos. Na Antiguidade, bárbaros eram todos aqueles que não se encontravam nas fronteiras fortificadas da Grécia e, depois, de Roma. O Ocidente católico chamava de hereges os infiéis que não se guiavam pelo mesmo modelo religioso. Isso sem esquecer que, na época dos descobrimentos, diante de outra humanidade, sem pejas chamamo-los todos de "primitivos", porque primeiros, anteriores à nossa sociedade. Dizer que não lidamos bem com a diferença já é quase uma vulgata e, como disse Lévi-Strauss, em *Raça e História*, "bárbaro é aquele que acredita na barbárie".

Mas se tudo isso é verdade, nada elide o fato de que foi no século XIX, e após a vigência do modelo naturalista do XVIII, que a curiosidade geral frente ao diverso e desconhecido deu lugar a uma "ciência" do diferente. Projeto vitorioso da modernidade, como mostra Bruno Latour, em *Jamais Fomos Modernos*, a partir de então tratava-se de erradicar a diversidade e os "híbridos" e constituir projetos nacionais "homogêneos, entre iguais". Mas a América, com seus nativos a contrariar a regra e o padrão, sempre representou um lugar de projeção fundamental. No século XVI, acreditava-se que por lá moravam, nas palavras do viajante português Pero de Magalhães Gandavo, "esses homens sem F, L, R: sem fé, sem lei e sem rei". Ali reinariam os terríveis "canibais", polígamos e nus, como denunciavam textos ora mais críticos, como os de André Thevet, ora mais românticos, como os de Jean de Léry, ou mesmo céticos, como o famoso ensaio de Michel de Montaigne, de 1580. O fato é que não havia lugar na representação de época para homens tão diversos. Ou melhor, havia, se levarmos em conta, voltando ao início do texto, de que eles eram antes objeto de alteridade e imaginação europeias: ao constituir esse outro mais outro, acabavam por unificar uma cindida cristandade ocidental.

Tal perspectiva é particularmente clara se tomarmos o conceito vitorioso de "bom selvagem", idealizado por Jean-Jacques Rousseau, no século XVIII, sobretudo quando contraposto à noção de degeneração de Cornelius de Pauw. De um lado, temos a postura que anunciava a perfectibilidade humana, sem dúvida um dos maiores legados dos ideais da Revolução Francesa. Foi Rousseau que, em seu *Discurso Sobre a Origem e o Fundamento da Desigualdade Entre Homens*, de 1775, lançou as bases para se pensar na ideia da humanidade feita uma só e para a afirmação do modelo do "bom selvagem" como elemento fundamental para entender a nossa civilização decadente. Nessa versão humanista, a reflexão sobre a diversidade se torna central quando, no século XVIII, a partir dos legados políticos da Revolução Francesa e dos ensinamentos da Ilustração, estabelecem-se as bases filosóficas para se pensar a humanidade como totalidade. O bom selvagem era resultado de uma reflexão francesa sobre a diferença, que passava pelos escritos de Antoine de Léris e Montaigne até chegar a Rousseau. Mas não se tratava de conceito empírico, e sim de modelo para pensar, de maneira alterativa, as falhas da civilização ocidental.

Mas todo lado tem seu oposto. No mesmo contexto, tomam força as correntes pessimistas, que anunciam uma visão negativa sobre os homens da América. Em 1749, chegam ao público os três primeiros volumes da *Histoire naturelle*, do conde de Buffon, Georges-Louis Leclerc, que lança a tese sobre a "debilidade" ou "imaturidade" do continente americano. Partindo da observação do pequeno porte dos animais existentes na América e do aspecto imberbe dos nativos, o naturalista conclui ter encontrado um continente infantil, retardado em seu desenvolvimento natural. Assim, a designação Novo Mundo passa a se referir mais à formação telúrica da América do que ao momento da colonização.

Buffon não estava só. No ano de 1768, o abade Cornelius de Pauw editava em Berlim, *Recherches philosophiques sur les américans, ou Mémoires intéressants pour servir à l'histoire de l'espèce humaine*, obra em que retomava as concepções de Buffon, porém, radicalizando-as. O autor introduzia um novo termo ao utilizar a noção de "degeneração" para designar o novo continente e suas gentes. Assolados por uma incrível preguiça e pela falta de sensibilidade, instintos e fraqueza mental, esses homens seriam "bestas" decaídas, muito afastadas de qualquer possibilidade de perfectibilidade ou de civilização[3]. Também à época, incentivados pelo rei Maximiliano José I, da Baviera, o zoólogo Johann Baptiste von Spix e o botânico Karl Friedrich Philipp von Martius realizam uma grande viagem pelo Brasil, que se inicia em 1817 e termina em 1820, após terem sido percorridos mais de 10 mil quilômetros do território nacional. O resultado é uma obra de três volumes, intitulada *Viagem ao Brasil*, e vários subprodutos, como *O Estado do Direito Entre os Autóctones*

3. Cf. A. Gerbi, *A Descoberta do Novo Mundo*.

do Brasil, de 1832. Sobretudo nesse último texto, Martius desfila as máximas de Pauw ao concluir que "permanecendo em grau inferior da humanidade, moralmente, ainda na infância, a civilização não altera o primitivo, nenhum exemplo o excita e nada o impulsiona para um nobre desenvolvimento progressivo". Apesar do elogio à natureza tropical, contido nos relatos desses "viajantes filósofos", a humanidade daquele local parece representar algo por demais diverso para a percepção europeia, mais predisposta ao exótico do que à alteridade[4]. A América não é apenas imperfeita, como sobretudo decaída. Assim está dado o arranque para que a tese da inferioridade do continente, e de seus homens, viesse a se afirmar a partir do século XIX.

As posições com relação aos enigmas que o Novo Mundo continuava a representar permaneciam polarizadas e serviam de base para a criação de muitas teorias a respeito da humanidade e de suas diferenças. De um lado, as imagens depreciativas de Georg Wilhelm Friedrich Hegel, de outro a inversão representada por Alexander von Humboldt. Por uma parte, os teóricos do monogenismo – fiéis às Escrituras e à ideia de que a humanidade teria partido de um só núcleo original –, de outra, os adeptos do poligenismo, que advogavam a existência de diversos centros de origem, que por sua vez teriam levado a cisões fundamentais na humanidade.

A partir de meados do século XIX, ficam cada vez mais evidentes os avanços da burguesia europeia que, orgulhosa com suas conquistas, passava a repartir o mundo e a colonizar os pontos mais distantes a que a imaginação se permitia sonhar. Ninguém duvidava do progresso – linear e determinado –, assim como não se questionava a noção de que o único modelo de civilização era aquele experimentado pelo Ocidente. Como afirma em *A Era das Revoluções* o historiador Eric Hobsbawm, esse não era realmente

---

4. Também no artigo intitulado "Como Escrever a História do Brasil", de 1845, encomendado pelo Instituto Histórico e Geográfico Brasileiro, Martius reproduz esse tipo de percepção negativa com relação aos indígenas.

um bom momento para a filosofia e mesmo para a religião, que passavam a ser entendidas apenas em termos evolutivos. Também nesse contexto, e diante do crescimento das cidades e do afluxo de uma população muito misturada em sua origem social, as teorias das diferenças estabeleciam paralelos entre imigrantes e proletários urbanos ou civilizações perdidas do Novo Mundo.

E, em dois locais, o orgulho e a afirmação da burguesia europeia, cada vez mais ciente de seus feitos, se faziam presentes. Primeiro, no âmbito dos avanços tecnológicos, tão bem representados pela ferrovia, que era também conhecida pelo sugestivo nome de "os trilhos da civilização". Em segundo lugar, que nos interessa mais de perto, numa ciência positiva e determinista que se afirmava de maneira cada vez mais prepotente e determinista.

Sobretudo a partir de 1859, com a publicação de *A Origem das Espécies*, de Charles Darwin, colocava-se um ponto final na disputa entre monogenistas e poligenistas, além de se estabelecerem as bases para a afirmação de uma espécie de paradigma de época, com a noção de evolução. A novidade não estava tanto na tese anunciada[5], mas no modo de explicação e na terminologia acessível utilizada pelo naturalista inglês. Rapidamente, expressões como "sobrevivência do mais apto", "adaptação", "luta pela sobrevivência", escapavam do terreno preciso da biologia e ganhavam espaço nas demais ciências.

No que se refere ao estudo das humanidades, a penetração desse tipo de discurso era não só ligeira como vigorosa. Herbert Spencer, em *Princípios de Sociologia*, de 1876, definia que o que valia para a vida servia para o homem e suas produções. O passo seguinte era determinar que, assim como a natureza, a sociedade era regida por leis rígidas e que o progresso humano era único, linear e inquebrantável. Paralelamente, tomava força a escola

---

5. Segundo S.J. Gould, Darwin foi obrigado a publicar rapidamente suas conclusões, já que outros pesquisadores, como Alfred Russel Wallace, encontravam-se próximos de teses semelhantes. Cf. S.J. Gould, *The Mismeasure of Man*.

"evolucionista social", que marcava os primórdios e o nascimento de uma disciplina chamada antropologia. Representada por teóricos, como Lewis Henry Morgan, James George Frazer e Edward Burnett Tylor, essa escola concebia o desenvolvimento humano a partir de etapas fixas e predeterminadas e vinculava, de maneira mecânica, elementos culturais, tecnológicos e sociais. Tendo a tecnologia como índice de análise e comparação, para os evolucionistas, a humanidade surgia representada como uma imensa pirâmide – dividida em estágios distintos, que iam da selvageria para a barbárie e desta para a civilização –, na qual a Europa aparecia destacada no topo e povos, como os botocudos, na base, a representar a infância de nossa civilização[6]. Apresentando uma forma de saber comparativo, os evolucionistas sociais pareciam dialogar com seu contexto: como imperialistas, tal como Cecil Rhodes, afirmavam que pretendiam tudo dominar – dos países aos planetas; a utopia desses etnólogos sociais era tudo classificar.

O evolucionismo convertia-se num verdadeiro paradigma de época, de modo que, até no campo da religião e da filosofia, as influências eram evidentes. Esta era a época do positivismo francês de Auguste Comte, que pretendia uma subordinação da filosofia à ciência da imutabilidade. Com efeito, a partir dos três métodos de filosofar – teológico, metafísico e positivo – assumia-se que a humanidade evoluía a partir de formas predeterminadas de pensar, revelando-se, assim, uma clara correlação com as teorias hegemônicas da época. É necessário reiterar, entretanto, que essas escolas reafirmavam a noção iluminista, que previa e estabelecia que a humanidade era una. Muito diferentes eram, porém, certas teorias que, seguindo as pistas de detração, passavam a utilizar a noção da diferença entre os homens, dessa feita com a respeitabilidade de uma ciência positiva e determinista reconhecida e apoiada em novas instituições de pesquisa e saber.

6. Para uma análise da escola, G.W. Stocking Jr., *Objects and Others*, v. 5; A. Kuper, *A Reinvenção da Sociedade Primitiva*.

Longe de estar esgotada, a corrente poligenista tomava, portanto, uma nova força. Tais autores recuperavam as máximas de Darwin, destacando, porém, que a antiguidade na formação das raças era tal que possibilitava estudá-las como uma realidade ontológica. Partindo da afirmação do caráter essencial das raças – que as fariam diferir assim como eram variadas as espécies –, uma série de teóricos, mais conhecidos como "darwinistas sociais", passava a qualificar a diferença e a transformá-la em objeto de estudo, em objeto de ciência. Raça transformava-se, então, em conceito essencial e ontológico, e afeito à biologia. Por isso mesmo, mais regular e seguro do que as "subjetividades" da filosofia ou da psicologia dos povos.

Também conhecidos como "deterministas sociais", em função do caráter premonitório de seu conhecimento, as escolas vinculadas a esses novos modelos podiam ser divididas em duas: deterministas geográficos e deterministas raciais. Os primeiros pautavam sua análise em fatores de ordem geográfica – como o clima, o solo, a vegetação, o vento –, supondo que o futuro de uma civilização estava diretamente ligado a esses fatores. Henry Thomas Buckle, por exemplo, que escreveu uma vasta obra denominada *History of the English Civilization*, de 1845, dedicava algumas páginas ao Brasil, onde concluía que, nesse país, a vegetação era tão abundante que pouco lugar sobraria para os homens e sua civilização. O segundo grupo ficou conhecido a partir de suas conclusões deterministas raciais. Nesse caso, tratava-se de abandonar a análise do indivíduo para insistir no grupo, na medida em que o sujeito era entendido, apenas, como uma somatória dos elementos físicos e morais da raça à qual pertencia.

Assim, com o fortalecimento desses teóricos das raças, percebeu-se uma espécie de perversão e reversão bem no seio do discurso liberal. Longe do princípio da igualdade, pensadores como Gobineau (1853), Le Bon (1894) e Kid (1875) acreditavam que as raças constituíam fenômenos finais, resultados imutáveis, sendo todo cruzamento, por princípio, entendido como um erro, um mal, uma degeneração. As decorrências lógicas desse tipo de postulado eram duas: enaltecer a existência de "tipos puros" e compreender a miscigenação como sinônimo de degeneração, não só racial como social. Opondo-se à visão humanista, os teóricos das raças partiam de três proposições básicas. A primeira tese afirmava a realidade das raças, estabelecendo que existiria entre esses agrupamentos humanos a mesma distância encontrada entre o asno e o cavalo. A segunda instituía uma continuidade entre caracteres físicos e morais, determinando que a divisão do mundo entre raças corresponderia a uma divisão entre culturas. Um terceiro aspecto apontava para a predominância do grupo "raciocultural" ou étnico no comportamento do sujeito, conformando-se como uma doutrina da psicologia coletiva, hostil à ideia do arbítrio do indivíduo.

Esse saber sobre as raças implicou, por sua vez, um "ideal político" e um diagnóstico sobre a submissão ou possível eliminação das "raças inferiores", que se converteu numa espécie de prática avançada do darwinismo social – a eugenia–, cuja meta era intervir na reprodução das populações. O termo "eugenia"– *eu:* boa; *genus:* geração –, criado, em 1883, pelo cientista britânico Francis Galton, lidava com a noção de que a capacidade humana estava exclusivamente ligada à hereditariedade e pouco devia à educação[7]. Tornava-se predominante, pois, um tipo de modelo que, abrindo mão das vicissitudes do indivíduo, centrava-se apenas no grupo e em suas potencialidades (ou negatividades). É essa, por exemplo, a base da antropologia criminal, cujo pensador de maior eminência, Cesare Lombroso, em *L'uomo delinquente*, de 1876, afirmava ser a criminalidade um fenômeno físico e hereditário e, como tal, um elemento detectável nas diferentes sociedades. Partindo da teoria dos estigmas, a antropologia criminal acreditava poder capturar os criminosos antes que cometessem o delito, detectar o desviante

7. Cf. L.M. Schwarcz, *O Espetáculo das Raças*.

antes que praticasse o ato. Grande utopia de um saber de tipo determinista, as máximas da escola de criminologia italiana alardeavam a prevenção que se antecipava à contravenção.

Por outro lado, adeptos da frenologia e da craniometria como Paul Broca (1864) e Samuel George Morton (1844) estabeleciam, a partir da mensuração de crânios, correlações entre as potencialidades físicas e morais dos homens, dos povos e das civilizações. Enfim, em finais do século XIX, se a noção de evolução surgia, à primeira vista, como um conceito que parecia apagar oposições fundamentais entre os homens, na prática, ela acabava por reforçar perspectivas opostas: de um lado, os evolucionistas sociais, que reafirmavam a existência de hierarquias entre os homens, mas dentro de uma mesma unidade fundamental; de outro, os darwinistas sociais, que entendiam a diferença entre as raças como elementos essenciais. De toda maneira, há uma diferença fundamental a anotar: raça se transformou em conceito dos mais operantes e passou a funcionar como elemento a discriminar hierarquias entre povos, grupos, humanidades. Fermento para o discurso das nacionalidades, ela encontrou terreno fértil nesse ambiente dividido e marcado por muita rivalidade. Mais ainda, "naturalizou diferenças"; ou seja, tirou-as do âmbito da cultura ou da história para lhes dar o chão duro da ciência, da biologia ou da natureza; com quem não se discute.

Entretanto, é hora de pensarmos na nossa realidade e na formação de um racismo à brasileira. Se não existem bons racismos – todos são deletérios –, se seguirmos pela história e pela cultura de cada país veremos versões várias de um mesmo fenômeno. Em primeiro lugar, o país foi texto e pretexto para muita projeção. Sempre fomos "o outro": o canibal, o polígamo, o mestiço. Mais ainda, o Brasil foi o último a abolir a escravidão no Ocidente, só o fazendo em 1888, após Estados Unidos e Cuba. Com isso, formamos uma espécie de nova Roma, sem qualquer motivo de orgulho ou exaltação. O Brasil era visto como um "laboratório vivo de raças" e, internamente, oscilava na sua representação: ora éramos definitivamente degenerados, ora divinamente mestiços. Nem bem isso ou aquilo, por aqui formou-se um padrão de preconceito sempre adscrito ao outro. Significativo é nosso Hino da Proclamação da República que, um ano e meio após a abolição da escravidão, entoava: "Nós nem cremos que escravos outrora tenham havido em tão nobre país." A memória, diz o ditado, é com frequência curta e, mais uma vez, padecíamos de amnésia geral e contagiosa. Negar a história, negar o passado, negar o presente é modelo nativo, em que vigora, como diz, em *O Negro no Mundo dos Brancos*, Florestan Fernandes: "um preconceito de ter preconceito".

Racismo à Brasileira: Quem Vê Cor, Vê Coração

Racismo é uma forma de linguagem social e, por isso, começo por uma prática do coletivo: provérbios. Provérbios são ditos, frases e expressões populares que, em geral, visam transmitir conhecimentos ou boas mensagens sobre a vida e os costumes. A maioria deles é de origem anônima e carrega uma forma simples. Por isso, há provérbios para todas as situações e enredos. Mas o mais interessante é que, muitas vezes, os provérbios ganham tal realidade, como ditos do grupo, que perdem o seu sentido. Ou melhor, é difícil recuperar o que procuram dizer.

Passo aqui a listar, pois, alguns deles, que tratam do nosso tema: racismo. Vamos a dois: "De noite, todos os gatos são pardos" e "Eles que são brancos que se entendam". Complicado de explicar, o primeiro provérbio ganha logo sentido se o colocarmos em contexto, no contexto deste texto. "À noite, todos parecem pretos" parece ser uma boa tradução. Em países sem uma história de escravidão africana – como na Espanha, onde também vigora o mesmo provérbio –, o sentido poderia ser outro; quem sabe, "à noite, todos são igualados pela escuridão". Já no Brasil, onde a cor negra vem sempre repleta de significados simbólicos, a sentença ganha outra compreensão. Quem sabe, "à noite, todos são perigosos", até porque sabemos que, no Brasil, pardo – nosso *joker* da classificação – é, na verdade, sinônimo de negro ou mulato. Minha suspeita ganhou ares de certeza quando, certa feita, ouvi uma palestra do romancista da periferia, o Ferrez, na Flip (a Festa Literária de Paraty), que se saiu com a seguinte expressão: "De noite, na favela, até japonês é pardo!" Se juntarmos dois mais dois, veremos que, colocado em situação, o provérbio ganha novas conotações. Quando escurece, diante da polícia, qualquer um é negro e, portanto, suspeito. Não há por que desempatar essa parada ou concluir por uma só interpretação; pois, como a linguagem é viva, estamos sempre a conferir a ela novos significados. Porém, como só entendemos esse tipo de mensagem em relação a outras, nunca isoladamente, vale logo enfrentarmos nosso segundo dito popular: "Eles que são brancos que se entendam!" Dessa vez, creio que a frase faz muito sentido entre nós, ou em países marcados por dominação e supremacia brancas. Ora, diante de tantos problemas, quando a questão se limita aos brancos... eles é que se resolvam. Há de ser mais fácil... De um lado, o imprevisto e o perigo, sinonimizados na cor parda; de outro, a ordem refeita a partir do branco.

Impressionante a força das cores em nossas expressões e como elas fazem às vezes de dublês das raças. Por aqui, cor serve como uma forma de negociar com a "raça" ou a origem ou evitar o conflito explícito. Além do mais, esse tipo de negociação em torno da cor aponta para feições singulares do sistema brasileiro de marcação de diferenças. Em vez de definições precisas, usa-se muito mais da cor do que de conceitos como raça, ou delimitações de origem, quando se necessita identificar a pessoa alheia ou a si próprio. Na verdade, cor, no Brasil, é quase um vocabulário interno que abre para muitas derivações sociais. Como determinar a cor se, aqui, não se fica para sempre negro e/ou se "embranquece" por dinheiro ou se "empretece" por queda social? Como falar de raça se as pessoas mudam sua definição sobre si dependendo da circunstância, do momento e do contexto? Por aqui, ninguém é "definitivamente" preto ou sempre branco. Se, como diz o provérbio, "a ocasião faz o ladrão", no caso do nosso tema: "raça é coisa de momento ou de ambiente". Como dizem Lamartine Babo e os irmãos Valença em "O Teu Cabelo Não Nega" (1955): "O teu cabelo não nega, mulata / [...] Mas como a cor não pega, mulata / Mulata, eu quero o teu amor."

O fato é que a história de driblar o conflito formal, oficial e aberto, ao menos no que se refere à discriminação, já faz parte da nossa história e imaginação. Como mostra Benedict Anderson, em *Comunidades Imaginadas*, nada como mapas e censos para construir projetos nacionais e unificados em lugares marcados pela diferença e falta de unidade. E no Brasil, os censos tiveram função semelhante. Em 1900, por exemplo, diante da constatação de que este era mesmo um país mestiço e negro, preferiu-se, simplesmente, retirar o quesito "cor" do censo demográfico. Assim, embora os censos tenham sido realizados no Brasil em 1872, 1890, 1900, 1920, 1940, 1950, 1970 e 1980, o item "cor" não foi utilizado pelo menos em três momentos: 1900, 1920 e 1970. Nos dois primeiros levantamentos, de 1872 e 1890, deu-se mais ênfase à obtenção de informações sobre pretos, brancos e mestiços; no de 1872, os grupos eram ainda diferenciados segundo a condição de escravos e livres. O censo de 1950 distribuiu a população em quatro grupos, segundo a cor: brancos, pretos, amarelos e pardos, designação sob a qual reuniu aqueles que se declararam índios, caboclos, mulatos ou morenos ou não declararam sua cor. Em 1960, a pesquisa relativa à cor distinguiu cinco grupos: brancos, pretos, amarelos, índios e pardos, tendo divulgado, porém, as declarações que diziam respeito aos índios no grupo dos pardos. Por fim, em 1980, o IX Recenseamento Geral restringiu-se aos mesmos grupos do censo de 1950 e enquadrou no grupo dos pardos "os mulatos, os mestiços, os índios, os caboclos, os mamelucos, os cafuzos etc.".

Esse breve panorama permite algumas conclusões. Em primeiro lugar, o termo pardo surge como a "sobra do censo". Ou como um curinga: tudo o que não cabe em outros lugares encaixa-se bem aqui. Pardo funciona como uma espécie de "etecetera", ou "diferente dos demais", fora da classificação. Como pardo é sempre definição externa, o nome funciona como um tipo de: "nenhuma das anteriores". Ora, é importante questionar um sistema classificatório que, na impossibilidade de definir, cria um novo termo para dar conta do que escapa da seleção. Mais ainda, se tecnicamente o termo se comporta como um quinto elemento – dentre as categorias oficiais: branco, negro, amarelo, vermelho e pardo –, na intimidade ou no poderoso discurso do senso comum, pardo é moreno: essa cor que tem se destacado nos últimos censos mais contemporâneos. Pardo é, pois, um termo paradoxal e de difícil tradução. Na linguagem oficial, representa uma incógnita; já na popular, tem cor definida e é silencioso, à semelhança do racismo vigente em nosso país.

No entanto, os censos dizem mais. Falam de certa confusão nos termos, que se expressa de maneiras diversas, conforme a situação. Já durante o período escravocrata, fazia-se uma distinção semântica entre dois nomes aparentemente sinônimos entre si: negro era o escravo insubmisso e rebelde, preto era o cativo fiel. É isso que mostra a notícia que foi veiculada no jornal *Correio Paulistano*, em 1886, a qual altera os termos como se correspondessem a realidades distintas:

> Certo dia, o preto João Congo, estando tranquilamente a trabalhar na fazenda de seu senhor, notou que dois negros fugidos se aproximavam e que logo foram dizendo: "Sai dessa vida, preto velho, ela não serve para ti." Ao que o preto leal reagiu: "Eu não é que não vou ficar andando de par a par tal qual negro quilombola." Ao que os negros irados disseram: "Então, preto covarde, tu vais é morrer."

O resultado da nossa indeterminação nas distinções raciais faz com que o fenótipo, ou melhor, certos traços físicos, como formato de rosto, tipo de cabelo e coloração de pele, se transformem nas principais variáveis de discriminação. Oracy Nogueira, em 1954, já arriscava uma explicação para essa especificidade: teríamos um "preconceito de marca", por oposição ao "preconceito de origem", mais próprio ao contexto norte-americano, segundo o qual quem descende de uma família negra (há menos de três gerações), e a despeito da aparência, é sempre negro. No Brasil, a mistura de definições baseadas na descrição da cor propriamente dita e na situação econômica e social, teria gerado uma indeterminação clara, consolidada em 1976, quando o IBGE fez a Pesquisa Nacional por Amostra de Domicílio. De forma diversa à do censo, em que a cor é determinada pelo pesquisador, nesse caso os brasileiros se atribuíram 136 cores diferentes, reveladoras de uma verdadeira "aquarela do Brasil".

A pesquisa gerou uma quantidade razoável de reações, que variam entre a resposta positiva e direta, a visão negativa e até alguma ironia. Apesar de as categorias censitárias – branca, negra, indígena, amarela e parda – cobrirem cerca de 57% das respostas espontâneas da PNAD, o conjunto de nomes mostrou-se muito mais complexo. O resultado da enquete indica a riqueza da representação com relação à cor e o quanto a sua definição é problemática.

1.	Acastanhada	14.	Avermelhada	27.	Branca-sardenta
2.	Agalegada	15.	Azul	28.	Branca-suja
3.	Alva	16.	Azul-marinho	29.	Branquiça
4.	Alva-escura	17.	Baiano	30.	Branquinha
5.	Alvarenta	18.	Bem branca	31.	Bronze
6.	Alvarinta	19.	Bem clara	32.	Bronzeada
7.	Alva-rosada	20.	Bem morena	33.	Bugrezinha-escura
8.	Alvinha	21.	Branca	34.	Burro quando foge
9.	Amarela	22.	Branca-avermelhada	35.	Cabocla
10.	Amarelada	23.	Branca-melada	36.	Cabo-verde
11.	Amarela-queimada	24.	Branca-morena	37.	Café
12.	Amarelosa	25.	Branca-pálida	38.	Café com leite
13.	Amorenada	26.	Branca-queimada	39.	Canela

40. Canelada	72. Lourinha	105. Paraíba
41. Cardão	73. Malaia	106. Parda
42. Castanha	74. Marinheira	107. Parda-clara
43. Castanha-clara	75. Marrom	108. Parda-morena
44. Castanha-escura	76. Meio-amarela	109. Parda-preta
45. Chocolate	77. Meio-branca	110. Polaca
46. Clara	78. Meio-morena	111. Pouco clara
47. Clarinha	79. Meio-preta	112. Pouco morena
48. Cobre	80. Melada	113. Preta
49. Corada	81. Mestiça	114. Pretinha
50. Cor de café	82. Miscigenação	115. Puxa para branca
51. Cor de canela	83. Mista	116. Quase negra
52. Cor de cuia	84. Morena	117. Queimada
53. Cor de leite	85. Morena bem chegada	118. Queimada de praia
54. Cor de ouro	86. Morena-bronzeada	119. Queimada de sol
55. Cor-de-rosa	87. Morena-canelada	120. Regular
56. Cor-firma	88. Morena-castanha	121. Retinta
57. Crioula	89. Morena-clara	122. Rosa
58. Encerada	90. Morena cor de canela	123. Rosada
59. Enxofrada	91. Morena-jambo	124. Rosa-queimada
60. Esbranquecimento	92. Morena-escura	125. Roxa
61. Escura	93. Morena-fechada	126. Ruiva
62. Escurinha	94. Morenão	127. Russo
63. Fogoió	95. Morena-parda	128. Sapecada
64. Galega	96. Morena-roxa	129. Sarará
65. Galegada	97. Morena-ruiva	130. Saraúba
66. Jambo	98. Morena trigueira	131. Tostada
67. Laranja	99. Moreninha	132. Trigo
68. Lilás	100. Mulata	133. Trigueira
69. Loira	101. Mulatinha	134. Turva
70. Loira-clara	102. Negra	135. Verde
71. Loura	103. Negrota	136. Vermelha
	104. Pálida	

É possível dizer que a maior parte dos termos procura descrever a cor da forma mais precisa possível. "Amarela, verde, azul e azul-marinho, branca, bem branca ou branca-suja, café ou café com leite, chocolate, laranja, lilás, encerada, marrom, rosa e vermelha" são definições que buscam reproduzir quase didaticamente a coloração, numa clara demonstração de que no Brasil raça é mesmo uma questão de marca; marca física. Esse uso e a relação entre as cores não parece acidental. Como bem mostrou o antropólogo inglês Victor Turner, há elementos essenciais a serem retirados a partir de uma releitura das cores. Diz ele, em *Floresta de Símbolo*, que: "Entre os símbolos primordiais produzidos pelo homem estão as três cores – o preto, o vermelho e o branco – que representam produtos do corpo humano cuja emissão ou produção está associada com o incremento da emoção." Segundo ele, ainda, "a essas experiências corporais corresponde uma percepção de poder ou ao menos uma classificação de rótulo cromático". Por isso, diz o antropólogo que cores representam experiências físicas intensificadas e proporcionam classificações primordiais da realidade. O fato é que, para Turner, cores são antes de mais nada sínteses e condensações e o mesmo se pode dizer a partir do caso brasileiro. Cores, por aqui, representam uma forma de linguagem privilegiada que repercute cultural, econômica e socialmente. Definir a cor do outro ou a sua é mais do que um gesto aleatório; o ato vincula outros marcadores fundamentais para a conformação e o jogo de identidades. Pode-se avaliar, por exemplo, que a quantidade de variações em torno do termo branca ("branca, branca-avermelhada, branca-melada, branca-morena, branca-pálida, branca-queimada, branca-sardenta, branca-suja, branquiça, branquinha") demonstra que, mais do que uma simples cor, essa é quase uma aspiração social: um símbolo de inserção social. Percebe-se também o manejo com cores intermediárias, mostrando como se agencia o lugar social a partir da cor. Em entrevista recente com um dentista negro, feita numa cidade do interior de Minas Gerais, recebi uma resposta das mais significativas. Disse ele: "Quando eu era negro minha vida era muito difícil." Ocorre que esse profissional havia envelhecido, subira na carreira como dentista, seu cabelo havia ficado branco, ele entrara para uma espécie de Rotary Club local e, àquela altura, fumava cachimbos. Mas a resposta nada tem de ingênua ou de risível. Ela resume uma experiência social brasileira, sofrida, em que, durante muito tempo, foi bem melhor embranquecer, já que a mudança de cor resumia uma experiência de ascensão social.

Mas a PNAD permite pensar mais. Pouco se menciona origem: nenhum dos termos remete à África e, a não ser no caso de "polaca" e "baiano" (que, de fato, não são referências muito precisas e se comportam quase como qualificações), a descendência não é sequer citada. Como se vê, pelo menos até aquele momento, registros a locais de nascimento, como é uma constante no modelo classificatório norte-americano, parecem fora da lógica primeira de identificação. Chamam atenção também os nomes no diminutivo e no aumentativo: "branquinha, bugrezinha-escura, loirinha e morenão". Nesse caso, a delimitação revela certo jogo de intimidade, mas também a reprodução de estereótipos com relação à sexualidade: o diminutivo para as mulheres, o aumentativo para os homens. Marcadores de gênero misturam-se a marcadores de raça e cor, mostrando como os termos oscilam dependendo do sexo.

Outros termos demonstram ainda uma grande proximidade entre os atributos raciais e os fisionômicos. A cor do cabelo, por exemplo, passa a definir o entrevistado quando termos como castanha, ou loira, loira-clara ou loura sintetizam a condição. Uma nova série de denominações – "miscigenação, esbranquecimento, mista" – aponta de que maneira a imagem de uma nação mestiça e branqueada foi se tornando um grande senso comum. Não há como esquecer, por fim, os nomes que usam a raça como uma situação passageira, quase uma circunstância. "Queimada de praia, queimada de sol, tostada…" são definições que sinalizam como, no Brasil, muitas vezes não se é alguma coisa, mas se está. Por aqui a percepção geral é de que raça não é situação definitiva; por isso o termo cor (mais fluído em seu uso) se generaliza.

Sem a pretensão de ter analisado a totalidade de "relações" que a lista pode oferecer, o que se quer evidenciar é o seu caráter descritivo que, mais do que fornecer uma solução – já que, a partir dela, o IBGE voltou a optar pelo termo pardo, a despeito de mais recentemente vir selecionando "moreno" como classificação –, indica uma ambiguidade. Essa miríade de nomes, as diferentes denominações fenotípicas e/ou sociais presentes nos diversos nomes revelam um "cálculo racial brasileiro". O dado mais notável não é a multiplicidade de termos, mas a subjetividade e a dependência contextual de sua aplicação. De fato, a identificação racial é, basicamente, uma questão relacional no Brasil: varia de indivíduo para indivíduo, depende do lugar, do tempo e do próprio observador. Quanto mais claro aquele que pergunta, mais "escura" pode ser a resposta, e vice-versa. O mesmo entrevistado alterará sua formulação tendo em mente a pessoa – a cor e a posição social e cultural – que faz a questão. As definições são volúveis, tal como a subjetividade das situações. Como diz Caetano Veloso sobre si e em relação a outros: "Gil é um mulato escuro o suficiente para, mesmo na Bahia, ser chamado de preto. Eu sou um mulato claro o suficiente para, mesmo em São Paulo, ser chamado de branco. Meus olhos são, sem embargo, muito mais escuros do que os dele."[8]

Estamos falando de certo "uso social" da cor que não só leva a terminologia a se mostrar subjetiva como torna seu uso – em conversas, em documentos oficiais (como a certidão de nascimento e a de óbito) ou na vida privada – objeto de disputa. Com uma forte preferência pelo branco ou por tudo o que "puxa para o mais claro", joga-se o preto para o ponto mais baixo da escala social:

> Os negros que não querem se definir como "negros" e têm uma condição um pouco melhor tendem a se autodefinir como "escuros" ou, mais ainda, como "pardos" ou "morenos". Algo parecido acontece com os mestiços: aqueles com uma condição melhor na rua tendem mais a se autodefinir como brancos. Nesse sentido, o termo pardo forma uma categoria-resto que contém os mais

---

8. C. Veloso, *Verdade Tropical*.

escuros "sem jeito" – aqueles negros com renda, escolaridade e *status* baixos demais para se aventurarem no jogo dos códigos de cor e do *status*.[9]

Nesse "*status* racial", pardo não é preto nem branco já que, na prática, se aproxima – na representação popular – dos negros. Aqui temos, pois, um exemplo de categoria interna, oficializada pelo costume, tal qual provérbio.

Esse tipo de cálculo da identidade racial, é claro, não nasce no Brasil, tampouco no nosso século ou nos últimos anos. Em finais do século XIX, apostava-se no branqueamento da nação de forma científica ou apelando-se para a providência divina. É o que anunciava uma notícia de 1887, no jornal *Correio Paulistano*, que, com o sugestivo título "Milagre", documentava a "cura" de um escravo "que branqueava-se a olhos vistos". Na verdade, o cativo apresentava manchas claras pelo corpo – talvez sinais de uma doença hoje conhecida como vitiligo. No entanto, mal de uns, promessa para outros, no Brasil, a moléstia convertia-se em esperança de branqueamento. Certa negociação em torno da raça também pode ser atestada com base no relato do viajante francês, Auguste de Saint-Hilaire, que narra como em determinado dia teria visto um mulato-claro junto a uma tropa de burros. O próprio viajante se mostrara espantado ao ser informado de que aquele era o dono dos animais. De pronto, redarguiu: "Então ele não é mais mulato!!!" Também o inglês Henry Koster, que esteve no Brasil na época de D. João, nos idos de 1809, comenta sua surpresa ao encontrar pela primeira vez um soldado negro. Mais uma vez, a resposta que recebeu é reveladora: na opinião das testemunhas, não se tratava de um negro, e sim de um oficial. Esses exemplos, apesar de afastados uns dos outros no tempo, não parecem tão distantes quando comparados a casos recentes. Uma docente universitária estranhou quando o pesquisador do censo de 1980 anotou como branca a sua

9. Cf. L. Sansone, *Pai Preto, Filho Negro*; L. Sansone, *Nem Somente Preto ou Negro*.

raça. Quando reclamou, alegando que sua cor estava mais para o negro ou pardo, ouviu a seguinte resposta do profissional: "Mas a senhora não é professora da USP?"

"Raça social" é a expressão encontrada por Nelson do Valle e Silva para explicar esse uso travesso da cor e para entender o "efeito branqueamento" existente no Brasil. Isto é, as discrepâncias entre cor atribuída e cor autopercebida estariam relacionadas com a própria situação socioeconômica e cultural dos indivíduos. Enriquecer, ter educação superior, frequentar locais sociais de um estrato mais alto, destacar-se nos esportes ou na educação, tudo leva a certo embranquecimento. No país dos tons e dos critérios fluidos a cor é quase um critério de denominação, variando de acordo com o local, a hora e a circunstância. É isso também que faz com que "a linha de cor" no Brasil seja, no limite, um atributo da intimidade e fugidio, na qual se distingue "raça oficial" de "raça social". É pelo mesmo motivo, ainda, que os dados estatísticos provenientes do censo, no que se refere à raça, são quase irreais ou dificilmente interpretados. Dessa maneira é que pode ser entendida a campanha encabeçada pelo Ibase (Instituto Brasileiro de Análise Social e Econômica) que veiculou na mídia, em *O Estado de S. Paulo*, em 18 de novembro de 1991 – e em razão da "inflação branca" do censo –, a seguinte mensagem: "Não deixe sua cor passar em branco: responda com bom 'censo'."

De toda maneira, esse tipo de negociação em torno da cor aponta para outras feições singulares do sistema brasileiro de marcação de diferenças. Em vez das definições precisas, usa-se muito mais a cor do que conceitos como raça quando se precisa identificar a pessoa alheia ou a si próprio. Na verdade, cor, no Brasil, é quase um vocabulário interno que abre para muitas derivações sociais. Como determinar a cor se aqui não se fica para sempre negro, e/ou se se "embranquece" por dinheiro ou se "empretece" por queda social? Ainda mais, como falar de raça se as pessoas mudam sua definição sobre si dependendo da circunstância, do momento e do contexto? Por aqui, ninguém é "definitivamente" preto ou sempre branco. Se, como diz o provérbio, "a ocasião faz o ladrão", no caso do nosso tema: "raça é coisa de momento ou de ambiente".

Quando Inclusão Combina Com Exclusão: Omitir, Calar e Silenciar

O uso flexível e maleável da cor, associado a uma extensa propaganda oficial que, depois dos anos de 1930, transformou uma imagem negativa, por demais vinculada à mestiçagem, a uma visão absolutamente enaltecida, expressa pela imagem da "democracia racial", fez com que nossa "comunidade se imaginasse" sempre mais tolerante e avessa a demonstrações de racismo. De fato, amparada por intelectuais como Gilberto Freyre, mas também Arthur Ramos e Donald Pierson, certo projeto oficial de representação nacional, expresso pelo perfil mestiçado da população e pelo convívio cultural e esportivo, transformou a imagem do país de maneira que ele fosse reconhecido como um exemplo no convívio amistoso entre raças. Amparado por essa imagem é que, ainda nos anos de 1930, Walt Disney cria Zé Carioca: um simpático papagaio brasileiro, malandro, bom de samba, de capoeira e futebol. Era certa mestiçagem "inclusiva" nacional que ganhava o mundo sob a forma de um papagaio, animal que aparecia nos mapas sobre o Brasil desde o século XVI e que representa a alteridade nas suas cores vivas e na sua fala muitas vezes sem sentido. Também vinculada a esse desenho do país foi a ampla pesquisa promovida pela Unesco, nos anos de 1950, que elegeu o país como exemplo de convívio e de relacionamento racial.

Ora, hoje sabemos que raça é uma construção social e que nada na biologia ou na genética das populações ampara a concepção de que a humanidade tenha traços que a distinga, dividindo-a em espécies ou subespécies. Mas também sabemos que sociedades imaginam e inventam vocações, projetos e modalidades. Como diz o antropólogo Roy Wagner, em *The Invention of Culture*, não há outra saída senão inventar, e homens inventam culturas a todo tempo. Por isso, parece que, entre nós, o tema da cor acondiciona elementos socioeconômicos, regionais e estéticos, e também elementos interpretativos, acusatórios e estéticos, sempre diacríticos. Nesse sentido, vale pena, como observou Vincent Crapanzano[10], indagar sobre as condições pragmáticas por meio das quais as categorias de um sistema classificatório são definidas e aplicadas. Em vez de pensarmos em raça, gênero, sexo, idade, cor e classe como categorias normativas e monolíticas, cabe entendê-las, antes, como categorias empíricas e relacionais, que emergem de confrontações interpretativas, de diferentes modos de operar e atualizar sistemas de classificação social. Pensado nesses termos, o conceito de raça volta a ter importância como raça social, ou seja, uma categoria relacional refeita socialmente e por consenso. Assim, raça é ainda operante, uma vez que expressa o senso comum e a própria realidade cotidiana e social. Se o conceito científico já não se aplica, seu uso diário o refaz e essencializa a discriminação que se encontra escancarada em nosso cotidiano. Nos dados de emprego, de nascimento e morte, nas práticas de casamento, nos atos da justiça, no lazer, são muitos os índices que expressam, sem deixar margem para dúvida, como inclusão combina perversamente com exclusão social no Brasil. Não há como negar que, no futebol, na música popular, no teatro, no cinema, pipocam exemplos de ascensão social de afro-brasileiros. Ninguém desconhece, porém, a dificuldade de se encontrar negros (ou alguns poucos, só para confirmar a regra) nas salas de concerto, nos restaurantes elegantes, nos clubes paulistanos e assim vamos. Uma vez, perguntei a um líder do movimento negro na favela de Heliópolis se ele achava que a linha de cor no Brasil era mais flexível. Minha questão continha uma certeza,

10. Cf. Estilos de Interpretação e a Retórica das Categorias Sociais, em Y. Maggie; C.B. Rezende (orgs.), *Raça Como Retórica*.

logo dissuadida: "Professora, você pode não saber, mesmo sendo especialista, mas pergunte à polícia, eles na certa vão lhe explicar."

Comecei afirmando que racismo pode ser matéria de imaginação social, de construção social, e termino com a percepção sobre minha ignorância diante de outras *expertises* dadas pelo cotidiano. Uma amiga me disse, certa vez, que só quem não tem cor (os brancos) é que pode achar que aí não resida um problema. Pedagoga de ofício, afro-brasileira por definição e identidade, ela estudou os casos de discriminação na primeira infância. Não poder ser uma Branca de Neve ou um anjo no final do ano é uma marca que se inscreve na pele, assim como "raça"[11]. Talvez por isso, Franz Boas tenha dito que "cultura é como segunda pele"[12]; ela tem o efeito de naturalizar o que é do mundo da política, da sociabilidade, dos homens, da circunstância. Historiadora e antropóloga que sou, aprendi a mostrar como essa história tem uma história. Como conceitos assim jamais são ingênuos e acabam sendo construídos na longa duração, criando estabilidades onde há matéria para debate e dissenso.

Significativa é a agência que com frequência usamos quando o tema é discriminação ou racismo. No interior de um país em que, até há bem pouco tempo, a discriminação parecia estar naturalizada, como se as posições sociais desiguais fossem desígnio da natureza e atitudes racistas consideradas minoritárias e excepcionais, todo barulho é lucro. Afinal, na ausência de uma política discriminatória oficial, na ausência de registros no corpo da lei, andamos cercados por uma boa e falsa consciência que ora nega o preconceito, ora o reconhece como mais brando, ou afirma que ele existe, sim, mas na boca da pessoa ao lado. É só dessa maneira que se pode explicar uma pesquisa realizada em 1988, em São Paulo, na qual 97% das pessoas afirmaram não ter preconceito e 98% disseram conhecer outras pessoas que tinham, sim, preconceito. Ao mesmo

11. Cf. A.L. Lopes, *Negros e Mestiços nas Faculdades de Pedagogia*.
12. *Antropologia Cultural*, p. 25.

tempo, quando inquiridas sobre o grau de relação que possuíam com aqueles que consideravam racistas, os entrevistados apontavam, com frequência, parentes próximos, namorados e amigos íntimos. Conclusão imediata: todo brasileiro se sente como uma ilha de democracia racial, cercada de racismo por todos os lados.

Em 1995, o jornal *Folha de S.Paulo* divulgou uma pesquisa sobre o mesmo tema, com resultados semelhantes. Apesar de 89% dos brasileiros dizerem que há preconceito de cor contra negros no Brasil, só 10% admitiram tê-lo. No entanto, de maneira indireta, 87% revelaram algum preconceito ao concordar com frases e ditos de conteúdo racista, ou mesmo enunciá-los. A pesquisa foi repetida em 2009 e os resultados não diferiram nesse aspecto; ao contrário, pareceram indicar uma convivência ainda mais harmoniosa, a despeito de denunciarem-se, sempre, casos de discriminação "alheios".

As conclusões a que chegou o antropólogo João Batista Felix, em trabalho sobre os bailes negros em São Paulo (*Chic Show e Zimbabwe e a Construção da Identidade nos Bailes Black Paulistanos*), podem ser entendidas de forma inversa, mas simétrica. A maioria dos entrevistados negou ter sido vítima de discriminação, mas confirmou casos de racismo sofridos por familiares e conhecidos próximos. E mais, em investigações realizadas sobre a existência de preconceito em pequenas cidades, costuma-se apontar para a ocorrência de casos de racismo apenas nos grandes conglomerados (a atriz que foi barrada em uma boate; a filha do governador do Espírito Santo que não pôde usar o elevador social; o cidadão que foi impedido de frequentar um clube; o trabalhador que foi abusado pela polícia), mas o contrário também acontece – na visão dos moradores de São Paulo e do Rio de Janeiro – é no interior que se concentram os exemplos mais radicais de discriminação.

Isso para não falar no uso do passado. Quando entrevistados, os brasileiros jogam para a história, para o período escravocrata, os últimos momentos de racismo. E sem esquecer o uso perverso no cotidiano. Lembro-me de, numa aula recente, um aluno ter-me questionado, dizendo: "Vocês, historiadores, ficam sempre com a cabeça no passado. Fomos racistas, já não somos mais." Aparentemente distintas, as conclusões das diferentes investigações, assim como os comentários soltos, são paralelas: não se nega mais que exista racismo no Brasil, mas ele é sempre um atributo do "outro". Seja da parte de quem preconceitua ou de quem é preconceituado, o difícil é admitir a própria discriminação e não o ato efetivo de discriminar. Além disso, o problema parece se resumir ao gesto de afirmar oficialmente o preconceito, não reconhecê-lo na intimidade. Como diz mais um ditado, "de perto, ninguém é perfeito" e a máxima parece valer para a prática da discriminação privada. O resultado é um discurso que tende, se não a negar, ao menos a minorar a importância e a evidência do racismo entre nós.

A questão é polêmica e tem dividido os especialistas brasileiros entre os que se opõem a afirmar o lado singular e até positivo desse modelo miscigenado de convivência, e outros que mostram como cruzamento racial não quer dizer ausência de discriminação. De toda maneira, o que ninguém discute é a existência de desigualdades sociais. Tudo indica que estamos diante de um tipo particular de racismo; um racismo silencioso e ambivalente que se esconde por trás de uma suposta garantia da universalidade e da igualdade das leis, e que lança para o terreno do privado, para o vizinho, para o outro, o jogo da discriminação. Em uma sociedade marcada historicamente pela desigualdade, pela larga vigência da escravidão, pelo paternalismo das relações e pelo clientelismo, o racismo se afirma prioritariamente na intimidade ou na delação alheia.

Termino com um último caso. No ano de 2009, a mídia brasileira foi inundada por uma notícia que abalou a sensibilidade nacional. O episódio envolveu o jogador do São Paulo Futebol Clube, Grafite, e o zagueiro argentino, Desábato, o qual, no meio de uma partida, teria xingado o colega, chamando-o de "negro e macaco"; a ele e a toda a sua parentela. Tomemos o caso como um modelo exemplar. Afinal, por que o evento despertou tanta atenção e ressentimento? Com certeza não fora a primeira vez que alguém arregimentara a cor como categoria acusatória, ou lembrara da associação popular entre cor da pele e determinados atributos morais e culturais. Além do mais, como marcador social de diferença, "negro" pode ser termo negativo, e também positivo, até afetivo. Jamais neutro. O fato é que símbolos só podem ser entendidos de maneira situada e relacional e, no contexto em questão, não houve qualquer laivo de atitude carinhosa na expressão utilizada. Ao contrário, o que pareceu chamar à reação geral foi o lugar onde o conflito se explicitara: no *outro*. Quem sabe o caso do esportista argentino, que acabou na prisão, sirva como modelo para pensar no nosso jogo interno e perverso, que faz oscilar inclusão social com exclusão, percepção do outro e negação de si.

No entanto, os tempos são outros. Vivemos um momento em que políticas de ação afirmativa vêm, finalmente, tornando públicas diferenças construídas historicamente e presentes na atualidade. Diante disso, tem sido cada vez mais difícil desconhecer o preconceito ou tratá-lo como problema de menor importância. Por outro lado, a questão do uso de termos e nomes que aqui tratamos vem mudando de feição e formato; e, dia a dia, afirmar-se afro-brasileiro tem feito sentido político. Afinal, história não é destino, mas luta, conflito e mudança. Racismo, entre nós, é linguagem interna, do costume; até por isso, matéria velada e para pouca filosofia. Apresenta-se de maneira violenta nos pequenos e grande atos diários, nas políticas de humilhação, nas tentativas de admoestação, nas performances de poder e hierarquia. Quem sabe caiba a nós causar mal-estar, indagar o consenso ou tomar a história a "contrapelo", como quer Walter Benjamin[13]. Denunciar outras peles e outros usos da pele.

No Brasil, para o bem e para o mal, a mestiçagem é destino. Marca de identidade ou de sua falta, ela sempre deu muito o

---

13. Cf. Sobre o Conceito de História, *Obras Escolhidas I*, p. 222s.

que falar (e pensar). Nas palavras de Custódio Mesquita e Joacy Camargo, no samba "Mulata Brasileira", de 1944:

> Eram três os continentes
> E três raças diferentes
> A sonhar a noite inteira
> O silêncio era profundo
> Quando veio ao Novo Mundo...

Referências Bibliográficas

ANDERSON, Benedict. *Comunidades Imaginadas*. São Paulo: Companhia das Letras, 2004.
ARENDT, Hannah. *Origens do Totalitarismo*. São Paulo: Companhia das Letras, 2000.
BENJAMIN, Walter. Sobre o Conceito de História. *Obras Escolhidas I: Mágia e Técnica, Arte e Política*. São Paulo: Brasiliense, 1985.
BOAS, Franz. *Antropologia Cultural*. Rio de Janeiro: Jorge Zahar, 2002.
CHIAMPI, Irlemar. *O Realismo Maravilhoso*. São Paulo: Perspectiva, 1980.
CRAPANZANO, Vincent. Estilos de Interpretação e a Retórica das Categorias Sociais. In: MAGGIE, Yvonne; REZENDE, Claudia Barcelos (orgs.). *Raça Como Retórica: A Construção da Diferença*. Rio de Janeiro: Civilização Brasileira, 2002.
DUMONT, Louis. *Homo Hierarchicus*. São Paulo: Edusp, 1992.
DURKHEIM, Emile. *As Regras do Método Sociológico*. São Paulo: Abril Cultural, 1973. Coleção Os Pensadores.
FELIX, João Batista de Jesus. *Chic Show e Zimbabwe e a Construção da Identidade nos Bailes Black Paulistanos*. Dissertação (Mestrado em Antropologia Social), FFLCH-USP, São Paulo, 2000.
FERNANDES, Florestan. *O Negro no Mundo dos Brancos*. São Paulo: Global, 2009.
GANDAVO, Pero Magalhães. *Tratado da Terra & História do Brasil*. Org. de Leonardo Dantas Silva. Recife: Fundação Joaquim Nabuco/Massangana, 1995.
GERBI, Antonello. *A Descoberta do Novo Mundo*. São Paulo: Companhia das Letras, 1992.
GOULD, Stephen Jay. *The Mismeasure of Man*. New York: Norton, 1981.
GUIMARÃES, Antônio Sérgio Alfredo. Raça, Cor de Pele e Etnia. *Cadernos de Campo*. São Paulo, n. 20, 2011.
HOBSBAWM, Eric. *A Era das Revoluções*. Rio de Janeiro: Paz e Terra, 1977.
KUPER, Adam. *A Reinvenção da Sociedade Primitiva: Transformações de um Mito*. Recife: Editora da UFPE, 1978.

LATOUR, Bruno. *Jamais Fomos Modernos*. São Paulo: Editora 34, 1994.
LÉRY, Jean de. *Histoire dun Vouyage fait em la terre du Bresil*. Paris: A Lemerre, 1880.
LÉVI-STRAUSS, Claude. *Raça e História*. Lisboa: Edições 70, 1986.
____. *Pensamento Concreto*. Lisboa: Edições 70, 1983.
LOPES, Ana Lúcia. *Negros e Mestiços nas Faculdades de Pedagogia*. Tese de doutorado. Departamento de Antropologia. São Paulo, FFLCH/Universidade de São Paulo, 2005.
MONTAIGNE. *Os Ensaios*. São Paulo: Abril Cultural, 1972. Coleção Os Pensadores.
NOGUEIRA, Oracy. [1954]. *Tanto Preto Quanto Branco: Estudos de Relações Raciais*. São Paulo: T.A. Queiroz, 1985.
SANSONE, Livio. Nem Somente Preto ou Negro: O Sistema de Classificação Racial no Brasil Que Muda. *Afro-Ásia*, Rio de Janeiro, n. 18, 1996
____. Pai Preto, Filho Negro. Trabalho, Cor e Diferenças de Geração. *Estudos Afro-Asiáticos*. Rio de Janeiro, n. 25, 1993.
SCHWARTZ, Lilia Moritz. *História da Vida Privada no Brasil*. São Paulo: Companhia das Letras, 2000. V 4.
____. *O Espetáculo das Raças*. São Paulo: Companhia das Letras, 1993.
SPITZER, Leo. *Vidas de Entremeio*, Rio de Janeiro: Editora Uerj, 2001.
STOCKING Jr., George W. *Objects and Others: Essays on Museums and Material Culture*. Wisconsin: University of Wisconsin Press, 1988. V. 5.
THEVET, André. [1878]. *Cosmographe des derniers valois*. Genève: Librarie Drosz, 1991.
TURNER, Victor. *Floresta de Símbolos*. Niterói: Editora da UFF, 2005.
VENTURI, Gustavo; TURRA, Cleusa (orgs.). Racismo Cordial, a Mais Completa Análise Sobre o Preconceito de Cor no Brasil. São Paulo: Ática/Folha de S.Paulo/Datafolha, 1995.
VALLE e SILVA, Nelson. Uma Nota Sobre Raça Social no Brasil. *Estudos Afro-Asiáticos*. Rio de Janeiro, n. 26, 1994.
____. Aspectos Demográficos dos Grupos Raciais. *Estudos Afro-Asiáticos*, Rio de Janeiro, n. 23, 1993.
VELOSO, Caetano. *Verdade Tropical*. São Paulo: Companhia das Letras, 2000.
VON MARTIUS, Carl Friedrich P. Como Escrever a História do Brasil. *Revista do IHGB*, Rio de Janeiro, t. 6, 1844.
WAGNER, Roy. *The Invention of Culture*. Chicago: University of Chicago Press, 1981.

6.
COR E INCONSCIENTE

Isildinha Baptista Nogueira

> A despeito de sua condição econômica, social e intelectual, o negro quase sempre vive um processo de destituição do seu lugar ou de suas conquistas, porque o olhar do branco e o ideal de brancura não reconhecem como legítimas suas possibilidades e conquistas.

Ao receber o convite do Departamento de Psicanálise do Instituto Sedes Sapientiae para o debate "Cor e Inconsciente" – exatos quatorze anos depois da apresentação de meu trabalho de doutorado pela USP –, *Significações do Corpo Negro*, fiquei extremamente feliz. Finalmente, pensei, poderia fazer a relação direta sugerida no título do debate, inclusive porque fui aconselhada, na época do doutorado, a desistir do título original da minha tese, "A Cor do Inconsciente". Talvez uma provocação. Como o inconsciente não tem cor, argumentou-se, isso poderia causar polêmica. Mas não era na "cor" da instância psíquica que eu trabalharia – e efetivamente trabalhei –, mas sim na ideia de como o significante "cor negra" está inserido, evidente, num arranjo semântico, político, econômico e histórico. Como um "*apartheid* psíquico", uma forma de racismo, parafraseando o sistema político de desenvolvimento nacional que se instaurou e tem funcionado e se mantido de maneira tão eficiente na psique do negro por separar ou apartar, segundo a cor e a raça.

Refiro-me ao *apartheid* psíquico, porque, felizmente, nosso sistema político não é o que nos separa socialmente entre brancos e negros. E o racismo é crime no Brasil. Nós, os negros, vivemos uma segregação silenciosa, o que durante muito tempo funcionou como se tivéssemos um sentimento persecutório, uma vez que o preconceito era negado. Sentíamos uma perseguição sem razão. Isso vem mudando, atualmente, já que parece existir uma disposição maior da comunidade científica e da sociedade de expor a crueldade de um sistema que se diz "não racista", mas que ainda conserva e mantém atitudes racistas.

O negro pode ser consciente de sua condição, das implicações histórico-políticas do racismo, mas isso não impede que ele seja afetado pelas marcas que a realidade sociocultural do racismo deixou inscritas em sua psique. Embora juridicamente capazes de ocupar um espaço na sociedade, os negros foram, na prática, dela excluídos e impedidos de desfrutar de qualquer benefício social. Foram marginalizados, estigmatizados, marcados pela cor que os diferenciava e discriminados por tudo quanto essa marca pudesse representar.

Libertados do cativeiro, mas jamais libertos da condição de escravos. Por causa desse estigma, os negros têm sofrido toda sorte de discriminação, que sempre tem como base a ideia de serem seres inferiores e, portanto, não merecedores de possibilidades sociais iguais. Sabemos que as condições socioeconômicas e a ideologia moldam as estruturas psíquicas dos homens. Tal processo não é imediatamente verificável, porque as representações da estrutura psíquica dos homens não são puro reflexo das condições objetivas. As estruturas psíquicas são contaminadas pelas condições objetivas que receberão, no plano inconsciente, elaboração própria, a partir das quais são assimiladas e incorporadas, tornando os sujeitos cativos e mantenedores de tais condições. É o que analiticamente se dá no processo de identificação, em que o sujeito introjeta, parcial ou totalmente, por meio da imitação ou da incorporação, o objeto amado ou odiado, ou ambas as coisas simultaneamente, reagindo, assim, ao amor ou ao ódio pela incorporação das propriedades do objeto.

Esse mecanismo é o que a psicanálise caracteriza de identificação com o agressor. Dessa forma, o agressor é internalizado. Assim, não é necessária a presença física de um agressor, porque o negro passa a se autorrejeitar. O "ser negro" corresponde a uma categoria incluída num código social que se expressa dentro de um campo etno-semântico em que o significante "cor negra" encerra vários significados. O signo "negro" remete não só a posições sociais inferiores, mas também a características biológicas supostamente aquém do valor das propriedades biológicas atribuídas aos brancos.

Se o que constitui o sujeito é o olhar do outro, como fica o negro que se confronta com o olhar do outro, que mostra reconhecer nele o significado que a pele negra traz como significante?

Para além de seus fantasmas inerentes ao ser humano, resta ao negro o desejo de recusar esse significante, que representa o significado que ele tenta negar, negando-se dessa forma a si mesmo pela negação do próprio corpo. Negar e anular o próprio corpo nos torna o sujeito "outro", visto que só existimos como sujeito em relação ao outro, à alteridade. Ser sujeito é, portanto, ser outro. E ser outro é não ser o próprio sujeito, no caso do negro.

O que somos então nós, os negros?

Ser branco, afinal, significa uma condição genérica: ser branco constitui o elemento não marcado, o neutro da humanidade. Nasce em nós, portanto, o desejo de "brancura". Vista da perspectiva do olhar do negro oprimido, a brancura transcende qualquer falha do branco. A brancura se contrapõe ao mito negro. A ideologia racial, portanto, se funda e se estrutura na condição universal e essencial da brancura como única via possível de acesso ao mundo.

Embora o negro saiba que sua condição é o resultado das atitudes racistas e irracionais dos brancos, o ideal de brancura permanece. A "brancura" passa a ser parâmetro de pureza artística, nobreza estética, majestade moral, sabedoria científica etc. Assim, o *branco* encarna todas as virtudes, a manifestação da razão, do espírito e das ideias: a cultura, a civilização, a própria *humanidade*.

É, evidentemente, confuso o processo psicológico da ordem do inconsciente pelo qual os negros passam. Ser sujeito no outro significa não ser o real do próprio corpo, que deve ser negado para que se possa ser o outro. Mas essa imagem de si, forjada na relação com o outro – e no ideal de brancura – não só não guarda nenhuma semelhança com o real de seu corpo próprio, mas é por este negada, estabelecendo-se aí uma confusão entre o real e o imaginário.

Guardadas as devidas proporções, essa confusão leva o negro diante de um processo muito próximo do que se conhece por despersonalização, que é vivenciado de uma forma crônica como consequência da discriminação e que, estranhamente, não o leva às últimas consequências, ou seja, à loucura. Esse processo despersonaliza e transforma o sujeito num autômato: o sujeito se paralisa e se coloca à mercê da vontade do outro.

Assim fragilizado, envergonhado de si, ele se vê exposto a uma situação em que nada separa o real do imaginário. As fantasias estão simultaneamente dentro e fora. É justamente porque o racismo não se formula explicitamente, antes sobrevive num devir interminável como uma possibilidade virtual, que o terror de possíveis ataques (de qualquer natureza, físicos ou psíquicos) por parte dos brancos cria para o negro uma angústia que se fixa na realidade exterior e se impõe inexoravelmente.

Ainda que, lançando mão de um arsenal racional lógico, o negro possa desconsiderar tais ameaças racistas que parecem grotescas, absurdas, totalmente incabíveis legalmente – já que criminosas, em termos de "direitos civis" –, isso é mais forte que ele: o negro acaba por sucumbir a todo um processo inconsciente que, alheio à sua vontade, entrará em ação.

Ao colocar no papel essas reflexões acerca dos sentidos que a cor negra/corpo negro implicam no inconsciente, faço-o a partir da minha experiência clínica como analista, analista negra que, no processo de uma relação analítica paciente negro/analista negra, está sempre atenta às questões que atravessam esse problema e que se presentificam através do meu corpo, um corpo negro.

No limite, permanece o medo de romper a tênue linha da sensibilidade humana e me expor como personagem de meu drama pessoal, perdendo de vista a sensibilidade do analista que trabalha com sintomas que falam do paciente, mas também dele, que escuta.

Dentro dessa perspectiva, o negro, a despeito de sua condição econômica, social e intelectual, quase sempre vive um processo de destituição do seu lugar ou de suas conquistas, pois o olhar do branco nunca o vê como merecedor e não reconhece como legítimas suas possibilidades e conquistas.

Os negros sempre alforriados (dependendo do desejo do outro) seguem jamais libertos de sua condição de escravos, vivendo eternamente um terror interno face à eficiência do terror da ideologia racista, que subsiste no Brasil. Nunca exposto claramente, esse terror permanece escondido covardemente atrás do mito da democracia racial que, de modo eficaz, tem assegurado às gerações o lugar de conforto e domínio da população branca do país. Não é possível sermos cordatos e cordiais com esse lugar socialmente marcado, no qual somos persistentemente identificados. É preciso que tenhamos acesso a formas de fortalecimento de nossas estruturas psíquicas.

Minha tentativa – nesta breve reflexão acerca de questões tão complexas quanto as que envolvem o preconceito, a discriminação e o racismo em relação aos negros e aos direitos sociais e humanos – foi de contribuir, como psicanalista, com a exploração da maneira como a realidade sociocultural do racismo, do preconceito e da discriminação se inscreve na psique do negro.

Como profissional (e, particularmente, como negra), minha escuta sempre foi assim direcionada, até porque me "parece que as estruturas de poder e dominação não são alheias às psicanálises praticadas nos consultórios".

Referências Bibliográficas

NOGUEIRA, Isildinha Baptista. *Significações do Corpo Negro*. Tese de doutorado. Departamento de Psicologia Escolar e do Desenvolvimento Humano, São Paulo, Ipusp, 1988. Disponível em: <http://psicologiaecorpo.com.br>. Acesso em: 13 jan. 2016.

SCHWARCZ, Lilia Moritz. *O Espetáculo das Raças: Cientistas, Instituições e Questão Racial no Brasil, 1870-1930*. São Paulo: Companhia das Letras, 2001.

SODRÉ, Muniz. *Claros e Escuros: Identidade, Povo e Mídia no Brasil*. Petrópolis: Vozes, 2000.

VENTURI, Gustavo; TURRA, Cleusa (orgs.). Racismo Cordial, a Mais Completa Análise Sobre o Preconceito de Cor no Brasil. São Paulo: Ática/Folha de S.Paulo/Datafolha, 1995.

Educação e Humilhação Racial

7.
PSICANÁLISE E RELAÇÕES RACIAIS

Fúlvia Rosemberg

Participo desta mesa tanto como pesquisadora na área de educação e relações raciais no Brasil como no papel de coordenadora de dois programas de ação afirmativa na pós-graduação. Refiro-me ao Programa Internacional de Bolsas de Pós-Graduação da Fundação Ford (IFP) e ao Programa Equidade na Pós-Graduação, ambos destinados, prioritariamente, a negros e indígenas.

Às experiências recentes de ação social no âmbito da educação se agregam outras, mais antigas, que envolvem pesquisas que vêm tendo por objetivo descrições e interpretações de desigualdades raciais na interface com as de classe, gênero e idade na educação. Porém, a menina dos meus olhos são as políticas sociais para crianças pequenas, os bebês. Atualmente, estou muito empenhada, em pesquisa e ação política, no reconhecimento da cidadania dos bebês, tema complexo e bastante novo no país e que carrega vários problemas quando mencionado. Por exemplo, em alguns fóruns, os participantes relacionam bebê a embrião ou feto e procuram associar minhas reflexões à linha político-religiosa de manutenção das penalidades ligadas à interrupção voluntária da gravidez. Dessa forma, informo desde o início que, para nós, bebê é quem já nasceu.

Estamos pesquisando no Negri (Núcleo de Estudos de Gênero, Raça e Idade) da Pontifícia Universidade Católica de São Paulo, concepções, imagens, representações ou ideologia de atores sociais em relação à infância, um tema que hoje nos é muito querido. Assim, envolvemo-nos, ultimamente, no debate de como os atores sociais vêm tratando a infância e os bebês, particularmente.

Um dos textos recentes que publiquei – "A Criança Pequena e o Direito à Creche no Contexto dos Debates Sobre Infância e Relações Raciais" – enfoca o tema das relações adulto-criança no âmbito do movimento negro, artigo publicado no livro organizado por Maria Aparecida Bento, do Centro de Estudos das Relações de Trabalho e Desigualdades (CEERT)[1].

Por se tratar de uma reflexão em construção, em ebulição, a fala é um instrumento mais útil ou adequado que a escrita: ela permite que a reflexão seja pública, mas, também, mais "solta" ou ousada, podendo ser feita e refeita, isto é, menos controlada que a reflexão escrita. Por isso, achei bom ousar e compartilhar com vocês algumas reflexões em ebulição, mesmo que, posteriormente, se "desmanchem no ar".

Quando penso no racismo brasileiro, sobretudo no âmbito da pesquisa e da ação prática antirracista, tenho adotado uma conceituação que não se encaixa inteiramente no conceito/termo humilhação, tema desta mesa, mas que pode estabelecer com ele certa interconexão. Compartilho a visão de que as desigualdades observadas entre brancos e negros no acesso a bens materiais e simbólicos se devem ao racismo constitutivo de nossa sociedade. Ou seja, adoto a concepção de que o racismo brasileiro opera simultaneamente nos planos material e simbólico. No plano simbólico, vivemos em uma sociedade que produz e se sustenta em uma ideologia da superioridade natural dos brancos sobre os demais, inclusive dos negros. O racismo opera, ainda, via expressão aberta, latente ou velada, o preconceito racial, considerando o grupo social negro inferior ao branco. Esse plano do racismo

[1]. H. Silva, H.; M.A. Bento; S.P. Carvalho, *Educação Infantil e Práticas Promotoras de Igualdade Racial*.

é devastador, mas insuficiente para explicar toda a desigualdade racial brasileira. No plano material, negros (e indígenas), em seu conjunto, não têm acesso aos mesmos recursos públicos que brancos, recursos sustentados por políticas públicas, o que se deve à história da colonização e da escravidão e às condições atuais de repartição dos bens públicos.

Porém, considero que, para se chegar ao cerne da manutenção das desigualdades raciais no plano material, não se pode afastar a ideia de que, no país, um grande percentual de negros é pobre, e uma grande parcela dos pobres, negra. É necessário pensar, simultaneamente, em condição socioeconômica e pertença racial para entender o racismo estrutural/material e simbólico no caso brasileiro, pois não tivemos, após a abolição da escravidão, um sistema de classificação racial legal/oficial sustentando um sistema de segregação racial formal, legal.

Os recursos públicos daqui não são igualmente distribuídos para pobres e não pobres, e para as regiões mais ou menos pobres. Como esses recursos também não são igualmente distribuídos às diversas etapas da vida, crianças pequenas, crianças pequenas pobres e crianças pequenas negras (e indígenas) são intensamente discriminadas pela sociedade.

Concebendo o racismo como produzido e sustentado nos dois planos – material e simbólico –, as ações para seu enfrentamento devem se direcionar a ambos os planos. Em consequência, penso que, na atualidade, o combate ao preconceito e ao estereótipo racial na educação, dimensão importante na luta contra o racismo – seja em termos da produção acadêmica, seja da ação dos movimentos negros –, pode ser interpretado como estratégias de "transformar o estigma em orgulho, auxiliando na autoestima do grupo estigmatizado e, assim, abrindo perspectivas para a percepção da exclusão"[2].

---

2. P.S.C. Neves, Luta Antirracista, *Revista Brasileira de Ciências Sociais*, v. 20, n. 59, p. 87.

No entanto, ao enxergar o racismo em sua dimensão material, parece-me um equívoco crer que ele seja provocado exclusivamente pelo preconceito racial interpessoal. É possível conceber ações racistas que redundam em discriminação contra os negros, sem que se expressem preconceitos contra estes. Ao se alocarem verbas insuficientes para a creche pública de qualidade, mesmo que não seja uma ação específica contra negros, haverá um impacto na manutenção das desigualdades materiais/estruturais e simbólicas contra negros.

A dimensão estrutural/material tem raízes históricas (mas não se esgota na história): a escravidão e seus processos sociais peculiares, e altamente opressores, de negação da humanidade, de divisão social do trabalho e de repartição dos bens socialmente amealhados. A dimensão do racismo se integra à história da Europa Ocidental, mas também à própria história brasileira.

Todavia, não se restringe ao legado da escravidão, ao regime escravocrata. Ela inclui práticas de discriminação institucional que fazem com que negros e brancos não tenham acesso aos mesmos bens materiais e simbólicos. No Brasil, observa-se uma associação intensa entre racismo e desigualdade social: como se sabe, aqui pobreza tem cor.

Para apreender e entender o racismo no país, como ele produz e foi produzido historicamente pelo Estado e pela sociedade ampla – bem entendido, visando combatê-lo –, não é suficiente presumir práticas interpessoais de sua expressão, como o preconceito. Hoje, para além de suas intermediações interpessoais, o racismo é mantido e construído, igualmente, no âmbito das instituições. Por exemplo, uma questão que tem sido pouco discutida, mas é objeto de estudos há vários anos: a distribuição regional brasileira referente à população de brancos e negros é outra das explicações para as desigualdades raciais[3]. Isto é, ela é mais uma das responsáveis por

---

3. Cf. C. Hasenbalg; N.V. Silva, Tendências da Desigualdade Educacional no Brasil, *Dados*, v. 43, n. 3.

esse processo. Então, um ponto de partida é considerarmos que a desigualdade social no acesso a bens materiais e simbólicos entre brancos e negros também está associada às condições socioeconômicas históricas e atuais.

Em minha leitura, não é possível pensar que só a origem socioeconômica, ou apenas a pertença étnico-racial, seja, isoladamente, agente dessa desigualdade de acesso, pelo menos no âmbito da educação: é necessário refletir sobre a conexão entre ambas.

Vou me explicar melhor. Para captar desigualdades no acesso, permanência e sucesso na educação, estudos se apoiam em indicadores "objetivos" e públicos. Estes são construídos a partir de um poderoso instrumento usado por movimentos sociais, Estado, mídia, academia etc., que são os dados coletados pelo Instituto Brasileiro de Geografia e Estatística (IBGE). Logo, atualmente, quase todos aqueles que estão caracterizando a sociedade em termos de suas desigualdades baseiam-se em dados do IBGE, via coleta censitária decenal ou anual das Pesquisas Nacionais por Amostras de Domicílio (PNADs).

Esses instrumentos de coleta adotam a autodeclaração do respondente para cor/raça com cinco categorias: branca, preta, parda, indígena e amarela, que são denominações consagradas. Nós, que trabalhamos com a questão da desigualdade praticamente desde os anos de 1970, construímos uma categoria descritiva que corresponde ao conjunto de pretos e pardos: os negros. Quando analisamos dados educacionais de pretos e pardos, observamos que, de modo consistente, seus perfis de desvantagens (acesso, permanência e sucesso) convergem entre si, ao mesmo tempo que divergem dos de brancos, que apresentam melhor escolaridade. Por isso, a categoria negro, que agrupa pretos e pardos, constitui uma classe descritiva e analítica das desigualdades sociais. Ela não se refere à identidade negra, posto que é constituída a partir de termos de autodeclaração de cor/raça propostos nos questionários na pergunta: "Qual a sua cor ou raça?" Assim, posso levantar uma questão instigante:

pretos e pardos, que constituem a categoria negro via dados do IBGE, não são, obrigatoriamente, negros identitários. Isto é, podem não se reconhecer em uma cultura negra, em uma identidade social e política negra, afrodescendente ou afro-brasileira[4].

Tem-se, pois, que prestar atenção a essa diferença, uma das questões que hoje vem me ocupando, especialmente quando pensamos como construir um processo educacional no plano do seu conteúdo, de sua proposta, de seu ideário, que não seja racista e que fique atento ao fato de que negros (pretos + pardos) podem não se identificar com a "cultura afro-brasileira".

Outro alerta se refere ao termo negro como sinônimo de preto. É importante insistir nisso porque, no debate contemporâneo acirrado e hostil sobre ação afirmativa no ensino superior, as mídias têm criado uma cizânia ao confundir a denominação de preto com a de negro. O campo de pesquisas sobre declaração ou atribuição de cor/raça no país é complexo e muito interessante. Trata-se de tema inesgotável. Talvez não seja por acaso que um jornal como a *Folha de S.Paulo*, crítico da adoção de ação afirmativa no ensino superior, quando está se referindo a informações do IBGE, intitule negros os autodeclarados pretos. Primeiro, temos o que se convenciona chamar "etiqueta das relações raciais" no Brasil: para muitas pessoas brancas, preto seria um termo pejorativo. Porém, alguns de nós sabemos que pesquisas têm mostrado que o termo preto está em plena recuperação política, especialmente por jovens negros/apolitizados que, mesmo sendo fisionomicamente classificáveis como pardos, autodenominam-se pretos no sentido político[5]. Preta, como categoria de cor, e em termos estatísticos, corresponde a uma minoria. Então, tal "confusão" pode gerar "falsa"

4. Cf. artigos de S. Costa, A Mestiçagem e Seus Contrários, *Tempo Social*, v. 13, n. 1, p. 143-158; A Construção Sociológica da Raça no Brasil, *Estudos Afro-Asiáticos*, n. 1, p. 35-61; Unidos e Iguais?, *Pensamiento Iberoamericano*, v. 1, p. 231-250; e o de A.H. Ferreira, *Discursos Étnico-Raciais Proferidos por Candidatos/as a Programa de Ação Afirmativa*.
5. Cf. L. Sansone, *Negritude Sem Etnicidade*.

perspectiva analítica: se as pessoas pretas são minoria na população brasileira (podendo até justificar, em parte, sua reduzida presença no ensino superior), pessoas negras (pretas mais pardas) são maioria na população e minoria no ensino superior.

Ao reparar no fenótipo das pessoas que compõem o auditório no tocante à cor, observamos certa diversificação, maior presença de negros (pretos e pardos para "meus olhos") que a habitual em plateias seletas. Isso porque o tema referente às relações raciais mobiliza muito pouco as pessoas brancas, pois incomoda sua posição de privilégio na sociedade.

As desigualdades estruturais/materiais no âmbito da educação, por exemplo, podem ser atestadas em uma pesquisa extensa que coordenei, na Fundação Carlos Chagas, sobre a situação educacional de negros (pretos e pardos) no estado de São Paulo. Ela foi bastante importante, na época, em decorrência da escassez de estudos anteriores[6]. Observou-se que, em média, a escola frequentada por negros (pretos e pardos) não era exatamente a mesma frequentada por brancos. Um dos indicadores que utilizei, com minha falecida colega Regina Pahim Pinto (de saudade imensa), foi a média do número de horas escolares frequentadas pelos alunos no sistema público.

Durante um período na história da educação paulista, as escolas podiam ter até quatro ou cinco turnos, inclusive aquele denominado "turno do almoço", que funcionava das 11h00 às 13h00 ou 14h00. Algumas crianças podiam frequentar a escola no ensino fundamental apenas três horas por dia. Então, calculamos a média do tempo de permanência como um indicador de qualidade da oferta escolar. E, mesmo controlando as condições socioeconômicas da família, como a educação do pai e da mãe, a chefia de domicílio, a renda, ou seja, considerando-se iguais níveis de renda, encontramos diferenças na escola pública frequentada, em média, por crianças brancas e negras, no estado paulista. Avançamos na

---

6. F. Rosemberg et al., *Diagnóstico Sobre a Situação Educacional de Negros (Pretos e Pardos) no Estado de São Paulo.*

hipótese de uma segregação espacial informal: como os negros, em média, são pobres e os pobres, com mais frequência, negros, encontramos, possivelmente, mais população negra em regiões pobres também como uma maneira de enfrentar o racismo interpessoal, como uma estratégia de enfrentamento.

Realizamos outra pesquisa extensa, ainda com base em dados secundários, sobre a distribuição do saneamento básico, no Brasil, em zonas urbanas. Pois talvez não haja um bem público mais espacialmente determinado do que o saneamento básico. Quando, nos anos de 1980, ele tinha uma distribuição muito menos democrática do que a atual, analisando apenas as áreas urbanas, bem como controlando a renda, a educação e o tipo de chefia de domicílio, encontramos algo equivalente: em média, no país, famílias negras usufruíam de saneamento básico de pior qualidade do que famílias brancas comparáveis. Atribuímos tal diferencial à distribuição desigual pelo território urbano e nacional. Não estou querendo dizer que existam "território negros" identitários, mas sim que a distribuição pelo território não é democrática. Regionalmente, sabemos que o Nordeste, além de sua maioria negra, é historicamente mais pobre que as demais regiões. Carlos Hasenbalg e Nelson do Valle Silva sugerem que, após a abolição, a política de branqueamento promoveu uma imigração europeia, além de uma quase expulsão dos negros para a região Nordeste e dos brancos para as regiões Sul e Sudeste[7].

Portanto, de um lado, temos de pensar em estrutura social, em relações sociais para além da interpessoalidade, no racismo que é sustentado pelas instituições; de outro, temos de pensar na dimensão simbólica, na inferiorização do negro como povo e pessoa, no imaginário, nas relações interpessoais, na ideologia racista. Trabalho com o conceito de ideologia no sentido de um sistema de produções simbólicas que, sistematicamente, desumaniza, preconceitua, estereotipa, estigmatiza, inferioriza o outro.

7. Cf. C. Hasenbalg; N.V. Silva, Tendências da Desigualdade Educacional no Brasil, *Dados*, v. 43, n. 3, p. 10.

Na minha interpretação do Brasil, considero que compartilhamos uma ideologia racista que atribui à raça negra uma condição de inferioridade intrínseca com relação à raça branca, inferioridade que é transmitida intergeracionalmente. Tal ideologia é mostrada em múltiplas situações: nas mídias escrita, televisiva e radiofônica, nas mídias acadêmicas para adultos, crianças e adolescentes (não dispondo, ainda, de dados sobre as mídias para a terceira idade). Temos indicado, com as pesquisas, o quanto compartilhamos, no âmbito público, a ideia de que o branco é superior ao negro. Creio ser importante frisar que essa concepção de superioridade não necessita ser transmitida via hostilidade racial, o que, a meu ver, pode confundir os que supõem que o racismo interpessoal deva –se manifestar sempre assim. Privilegio o conceito do estigma quando se está pensando em ideologia, porque ele permite uma abertura para quem emite e para quem recebe formas simbólicas. Talvez seja o único conceito que nos permite efetuar uma mediação. Por exemplo, o preconceito é uma concepção para entender a produção do sujeito que emite humilhação, embora não permita que se apreenda o lado de quem sofre. Estigma, a partir da conceituação de Erving Goffman, em seu livro, *Estigma*, auxilia-nos a compreender o processo de construção, bem como seu impacto na recepção. Curiosamente, temos adotado muito pouco essa noção no âmbito das relações raciais. Ao adotar o conceito de estigma pode-se supor a não correspondência entre o ato de estigmatizar o outro e a percepção, ou a compreensão, de ser estigmatizado. Isso me leva a identificar outro aspecto das relações interpessoais: mesmo quando não existe a intenção de proferir algo racista, pode-se provocar discriminação, como quando a pessoa é pobre, pois a história de racismo vivida pela outra parte, pelo receptor, pode ressignificar aquele ato como sendo racista. Conforme o jagunço Riobaldo, "um sentir é o de sentente, mas outro é o do sentidor"[8].

8. J.Guimarães Rosa, *Grande Sertão*, p. 273.

Chego, enfim, a um ponto de minha reflexão em que faço uma aproximação com as questões relacionadas com a infância. O programa de ação afirmativa para a pós-graduação – para o qual recebemos quase nove mil candidaturas em oito seleções – previa um campo no formulário de inscrição que solicitava: "relate suas experiências étnico-raciais", sem explicitar o termo racismo. Detectamos, em muitos deles, que os interessados começavam relatando experiências de humilhação, estigmatização ou preconceito na infância.

Quando se situa, no Brasil, a infância no âmbito dos estudos das relações sociais, considero que se pode proceder a uma mudança de paradigma e pensar que a expressão interpessoal de racismo se configura de uma maneira diversa conforme as etapas da vida. E que a infância, de fato, constitui o momento na trajetória da vida humana mais vulnerável ao racismo: a criança tanto pode ser vítima de racismo de adulto como objeto de expressões de discriminação de criança. Em contexto social adultocêntrico, como o brasileiro, crianças dificilmente expressam injúrias raciais para adultos; adultos controlam mais a expressão de injúrias raciais para adultos em face de eventual resposta; crianças e adultos, tendencial e hipoteticamente, teriam menos controle para expressar injúria racial para ou diante de crianças.

Aqui, destaco a lacuna no plano do conhecimento, pois, quando voltamos nossa atenção para as crianças pequenas, o que sabemos sobre seu processo de autoidentificação de cor/raça? E de heteroidentificação, seja por coetâneos ou pessoas maiores, familiares ou não? Os modos como a família, a creche, a pré-escola, os pesquisadores identificam cor/raça de uma criança pequena, de um bebê, de uma criança maior, são os mesmos? Encontramos entre as professoras de educação infantil os mesmos processos de "contaminação" da avaliação na atribuição de cor/raça para seus alunos(as), conforme observações de Hédio Silva, Maria Aparecida Silva Bento e Sílvia Pereira de Carvalho[9]? Persiste, ainda, a obser-

---

9. Cf. H. Silva; M.A. Bento; S.P. Carvalho, *Educação Infantil e Práticas Promotoras de Igualdade Racial*.

vação de Elza Berquó e colaboradoras sobre uma tendência entre autodeclarados pretos e pardos de atribuição de uma cor mais clara aos filhos pequenos[10]? Avançamos na descrição e na compreensão dos achados de Eliana de Oliveira sobre a intensa discordância na classificação da cor de bebês efetuada, na época, por educadoras de creches públicas paulistanas[11]? Sua observação de pequena diversidade de cor/raça entre as crianças, com predomínio de crianças pretas e pardas nas creches públicas paulistanas, se mantém? Tais conclusões são válidas para outras regiões? Afinal, como propor diretrizes curriculares para a educação visando a promoção da igualdade racial com tantas brechas no conhecimento? É possível transpor para a educação infantil e para a creche a mesma dinâmica de relações raciais observadas em outras instituições sociais?

Ao silêncio dos movimentos sociais sobre a educação da criança pequena se associa um intenso desconhecimento de nós, pesquisadores, sobre as relações raciais que se constroem no âmbito da creche e da pré-escola e da pequena infância. Não raro, preenchemos este desconhecimento com aproximações sobre o que ocorre nos outros níveis ou etapas da escola, com as crianças maiores.

Tenho muitas dúvidas com referência ao momento da vida humana a partir do qual podemos afirmar que a pessoa é racista. Ao conceber o racismo em sua dimensão simbólica como sendo produção ideológica, a questão em relação às crianças é: como os movimentos sociais, a pesquisa e a educação estão tratando a infância no âmbito das relações raciais? Pessoas destituídas de poder político legal, que estão sob tutela, como as crianças, podem compartilhar uma ideologia no sentido restrito do conceito aqui utilizado, do ponto de vista pejorativo? Teriam elas condições de possuir uma teoria social sobre a inferioridade intrínseca dos negros e a superioridade "natural ou intrínseca" dos brancos? É, de fato, um ponto de interrogação. Não estou advogando que as crianças

---

10. Cf. E. Berquó et al., *Estudo da Dinâmica Demográfica da População Negra no Brasil*.
11. Cf. E. Oliveira, *Relações Raciais nas Creches do Município de São Paulo*.

sejam puras, ou anjos, que não possam expressar atos recebidos como de humilhação por outras crianças negras (ou por adultos idem). Entretanto, não creio ser suficiente para considerá-las racistas quando do uso do conceito e da teoria de ideologia, concepções forjadas no universo adulto do racismo. No plano estrutural, se despojadas de poder político, as crianças participariam da construção de sociedades racistas?

Referências Bibliográficas

BERQUÓ, Elza et al. *Estudo da Dinâmica Demográfica da População Negra no Brasil.* Campinas: Nepo/Unicamp, 1986.

COSTA, Sérgio. Unidos e Iguais? Antirracismo e Solidariedade no Brasil Contemporâneo. *Pensamiento Iberoamericano*, v. 1, [s.l.], 2007.

____. A Construção Sociológica da Raça no Brasil. *Estudos Afro-Asiáticos*, Rio de Janeiro, a. 24, n. 1, 2002.

____. A Mestiçagem e Seus Contrários: Etnicidade e Nacionalidade no Brasil Contemporâneo. *Tempo Social*, São Paulo, v. 13, n. 1, maio de 2001.

FERREIRA, Antônio Honório. *Discursos Étnico-Raciais Proferidos por Candidatos/as a Programa de Ação Afirmativa*. XI Congresso Luso Afro-Brasileiro de Ciências Sociais: Diversidades e (Des)igualdades. Salvador, UFBA, 7 a 10 agosto 2011.

GOFFMAN, Erving. *Estigma: Notas Sobre a Manipulação da Identidade Deteriorada.* [S.l: S.n.],1981.

HASENBALG, Carlos; SILVA, Nelson do Valle. Tendências da Desigualdade Educacional no Brasil. *Dados*, Rio de Janeiro, v. 43, n. 3, 2000.

MACHADO, Elielma Ayres; BARCELOS, Luiz Claudio. Relações Raciais Entre Universitários no Rio de Janeiro. *Estudos Afro-Asiáticos*, Rio de Janeiro, v. 23, n. 2, 2001.

NEVES, Paulo Sérgio Costa. Luta Antirracista: Entre Reconhecimento e Redistribuição. *Revista Brasileira de Ciências Sociais*, São Paulo, v. 20, n. 59, out. 2005. Disponível em: <http://www.scielo.br>. Acesso em: 9 nov. 2016.

OLIVEIRA, Eliana. *Relações Raciais nas Creches do Município de São Paulo*. Dissertação (Mestrado em Psicologia Social), PUC-SP, São Paulo, 1984.

ROSA, João Guimarães. *Grande Sertão: Veredas*. 15. ed. Rio de Janeiro: José Olympio, 1992.

ROSEMBERG, Fúlvia et al. *Estudos Afro-Asiáticos*, Rio de Janeiro, v. 23, n. 2, 2001.

____. *Diagnóstico Sobre a Situação Educacional de Negros (Pretos e Pardos) no Estado de São Paulo*. São Paulo: Secretaria de Educação do Estado de São Paulo, 1986.

ROSEMBERG, Fúlvia; BAZZILI, Chirley; SILVA, Paulo Vinícius Baptista. Racismo em Livros Didáticos Brasileiros e Seu Combate: Uma Revisão da Literatura. *Educação e Pesquisa*, São Paulo, v. 29, n. 1, jan./jun. 2003.

SANSONE, Livio. *Negritude Sem Etnicidade: O Local e o Global nas Relações Raciais e na Produção Cultural Negra do Brasil*. Salvador/Rio de Janeiro: Edufba/ Pallas, 2004.

SILVA, Hédio; BENTO, Maria Aparecida; CARVALHO, Silvia Pereira. *Educação Infantil e Práticas Promotoras de Igualdade Racial*. São Paulo: Centro de Estudos das Relações de Trabalho e Desigualdades: CEERT/Instituto Avisa Lá: Formação Continuada de Educadores, 2012. Disponível em: <http://www.avisala.org.br>. Acesso em: 14 dez. 2016.

SILVA, Paulo Vinicius Baptista; ROSEMBERG. Fúlvia. Brasil: Lugares de Negros e Brancos na Mídia. In: DIJK, Teun A. van (org.). *Racismo e Discurso na América Latina*. São Paulo: Contexto, 2008.

8.
A DOMINAÇÃO RACISTA: O PASSADO PRESENTE

José Moura Gonçalves Filho

Parto do trabalho de Fúlvia Rosemberg[1], que assim posso resumir: o racismo contra os negros brasileiros não se apresenta apenas em práticas interpessoais visíveis, uma ostensiva manifestação de grupo contra grupo e, finalmente, de indivíduo contra indivíduo. A subordinação impingida sobre africanos e afrodescendentes formou uma herança que se cristalizou em instituições, formou procedimentos muito automáticos e mais invisíveis de rebaixamento e segregação. A burocracia, habitualmente, participa dos preconceitos racistas e os vem reiterar, movimentando-os de modo mais ou mesmo mecânico, impessoal. Chega a parecer que o racismo não dependeria mais dos seus praticantes e que, por assim dizer, funcionaria por si só, quase dispensando nossa consciência e nossa motivação.

Todavia, essas instituições, para serem derrubadas ou superadas, dependem de práticas que constituam um contrapoder. E, nas horas de constituição e exercício de um contrapoder, tudo o que estava institucionalmente amortecido reaparece de modo vívido: os antagonismos voltam a manifestar-se ativamente.

Basta lembrar o que, com frequência, acontece com a discussão da tese de cotas para estudantes negros na universidade. Essa

---

1. Ver supra, capítulo 7.

discussão, que pode começar como se se tratasse de um mero debate sobre o direito e as chances de ingresso na universidade, acaba assumindo o aspecto de uma luta política. Voltamos então a sentir que as instituições, aparentemente neutras e capazes de mecanismos anônimos, seguem todo o tempo dependentes de nós como seus fiadores. As instituições racistas apoiam-se em nossas práticas racistas, tenhamos ou não consciência disso. O racismo se faz de racistas sonolentos, mas que as ações despertam.

Preparei esta reflexão para falar justamente sobre tais práticas. Porém, como fui instigado pela conferência de Fúlvia e sua ênfase sobre o racismo institucional, pretendo não faltar com esse ponto de vista, embora aplicando-me em também relativizá-lo.

Ou seja, pensemos o modo como as práticas racistas, antes tão ardentes, congelaram-se; pensemos nas heranças congeladas que trazemos conosco, sem perceber; ao mesmo tempo, pensemos também o quanto o congelamento depende ativamente de nós e o quanto a energia de muito esfriar e de muito aquecer são reversíveis.

Vou concentrar-me no tema da humilhação racial. E terei em mente o cidadão negro, brasileiro. No entanto, a dominação é uma legião. A experiência da dominação é múltipla e parece que há sempre alguma comunicação, possível e sempre muito profunda, entre todos os grupos que foram historicamente abalados por dominação de outros grupos.

O cidadão negro, no Brasil, sofre o golpe prolongado do racismo. Sofre o racismo disparado agora e o de antes. Sofre o golpe direto, o golpe próximo, o golpe que o atinge aqui e ao redor. Sofre na cidade, no trabalho. Sofre o racismo contra os seus familiares, contra seus companheiros de raça. E sofre o golpe antigo, disparado contra seus ascendentes, o golpe operado contra seus ancestrais e que segue operando, à distância, a partir de um ponto muito distante, lá atrás, que recua e que pode recuar no passado, mas que volta por herança.

O presente e o passado entram em duríssima comunicação e a força do golpe cresce. Quando se trata de racismo, não se deve subestimar a descoberta freudiana da transferência e das prolongadas operações do passado. Um golpe antigo, em certas circunstâncias, pode golpear mais ainda no presente. A pessoa desprevenida recebe um golpe e fica desnorteada sem saber o que a atingiu, de onde surgiu o ataque, aparentemente sem fonte e sem sentido. Vem, por exemplo, por dentro, como uma angústia. Vem pelo sono, como um pesadelo, e é incrível como, às vezes, o recurso histórico ao passado pode ajudar a interpretar sonhos.

O escravismo colonial abrangeu povos africanos muito diversos. Pessoas diversas, falando idiomas muito diversos e, no entanto, unificadas como uma nação de inferiores que prestava igualmente para a moenda nos engenhos. A pluralidade dos dominados ficou invisível e só um traço – o corpo negro – entrou em superexposição. O corpo foi substancializado, como que separado da pessoa. E rebaixado, observado sob um ângulo muito abstrato e como signo de inferioridade. Houve um abstrato nivelamento de culturas, um abstrato nivelamento social e, da mesma forma, um golpe psicológico de despersonalização. Assim, hoje, quando ouvimos cidadãos negros declararem que se sentem invisíveis na cidade e no trabalho, não deveríamos ligar o presente e o passado? Não deveríamos opinar em favor de determinações antigas, e não apenas recentes, históricas e biográficas, para a compreensão do sentimento de invisibilidade pública?

Eliane Sílvia Costa, pesquisadora do Laboratório de Estudos em Psicanálise e Psicologia Social (Lapso), do Instituto de Psicologia da Universidade de São Paulo, ouviu uma declaração com um sentido aparentemente oposto ao de quem diz que se sente invisível. Antônio Lima, um senhor de 67 anos do Quilombo Maria Rosa, sul do estado de São Paulo, disse-lhe o seguinte: "Preto, tem. Branco, não existe."[2] Os brancos não são percebidos por um

2. Cf. E.S. Costa, *Racismo, Política Pública e Modo de Subjetivação em um Quilombo do Vale do Ribeira.*

só traço e um traço rebaixado. Repito: "Preto, tem. Branco não existe." Essa substancialização de um traço, isolado e rebaixado, é notável na dominação de classes: "os empregados". É também notável no machismo e nos outros modos da dominação. A invisibilidade e a superexposição por um só traço identitário são como duas faces de um só golpe.

O golpe do racismo parte do que se vê e do que se perdeu de vista; parte do que se ouve e do que não se ouve mais, mas que foi ouvido pelos avós, ou pelos avós dos avós. Não vi e não ouvi, mas foi visto e ouvido por meus antepassados. Faço uma ideia vaga ou estranha ideia do que eles viram e ouviram. Chega a ponto de não querer ver e ouvir, de não querer fazer ideia nenhuma do que eles viram e ouviram. São horas que, algumas vezes, podem dar em negação do que vejo e ouço ou do que se viu e ouviu antes de mim.

Está além da imaginação a força psicologicamente corrosiva de um golpe assim. É um golpe que atinge e excede a percepção. Um golpe que fere a memória e supera a memória. Um golpe que exige a imaginação tanto quanto desarma a imaginação. Começa, então, a correr a todo vapor, um processo primário a descarrilar. Um sonho comuta-se, facilmente, em pesadelo difícil de lembrar, não só por causa do eventual horror que levantou, mas por causa da falta de ligações que a elaboração onírica supôs. Um devaneio pode assaltar em plena luz do dia alguma fantasia obsedante, hipnótica. Vivo como se mais um golpe estivesse sempre à espreita e pudesse sair a qualquer instante, de qualquer lugar e de qualquer um. O golpe vem de muitos lados, é uma legião de golpes que não poupa nada: atinge a linguagem. O golpe fica sem nome, sem palavras, porque o golpe racista frequentemente emudece e fica sem pensamento. O golpe atinge o corpo, até no caso de não ser aplicado por agressões físicas: o corpo treme, agita, aperta, endurece.

Ninguém deve duvidar de que o nome para tudo isso é angústia, o mais estranho dos sentimentos humanos. Valendo-me de Jean Laplanche, em *Problemáticas I* e *Problematiques IV*, ela o é porque partiu dos mais estranhos gestos ou palavras de um agressor. O golpe prolongado do racismo é de tal modo perturbador, desconcertante, aparentemente invencível, que a pessoa marcada pode inclinar-se a tomar a coisa como uma forma de violência sem explicação. Uma "explicação fácil" não deixa de ofender a pessoa ofendida, por exemplo, que se inclina mais a achar que àquilo não cabe explicação, sendo brutal e ubíquo como é.

A pessoa pode, algumas vezes, decidir que o que a violou é monstruoso, irracional. Porém, há ocasiões em que pode concluir que o desencadeador da agressão é alguma coisa nela, na própria pessoa golpeada, algo tão duradouro e permanente quanto a violência que não para. "É meu corpo, o motivo. Sou eu, o motivo. Sou negro. E fui agredido porque sou negro. É isso." Ela julga que bastou nascer, bastou que seu corpo existisse para ser agredido. Mas a impressão de um golpe instantaneamente estimulado pelo próprio corpo (ou existência) formou-se, primeiro, do lado do agressor, que pareceu não ter hesitado quando produziu a agressão.

A licenciosidade do racista sempre é chocante. Mas o impulso racista só parecerá instantâneo depois de sua produção histórica, de sua instituição social, de sua longa e extensa distribuição e cristalização. O começo de tudo fica perdido, fica perdido o ato social e inaugural de dominação histórica que se abateu contra os africanos, a dominação racista.

Racismo é dominação racista. Os dominadores sempre se organizam por violenta comunicação com a realidade dos dominados e, afinal, por perda de contato com essa realidade. Na guerra, é dito ser preciso não olhar o rosto da pessoa que se quer alvejar, caso contrário essa visão pode levar o agressor à hesitação, correndo o risco de ser alvejado. Em muitos casos, ainda na guerra, o olhar pode não atrapalhar, desde que o agressor olhe para o alvo como para uma coisa ou uma caça. Pode-se dizer o mesmo da dominação, essa espécie de guerra mais ou menos velada: é preciso não olhar para o rosto dos subordinados a nosso serviço, ou basta olhar como quem vê inferiores. Quanto mais nos servem e quanto mais nos desobrigamos de também servi-los, mais parecerão desprezíveis os subordinados, mais desprezíveis e feios seus corpos, seus movimentos, sua fala, sua alegria, sua tristeza, até revoltantes os modos de sua gente comer, festejar, brincar, dançar, cantar e rezar, seus modos de amar, de viver, adoecer e enterrar os mortos, seus modos de pensar, interpretar e julgar.

O racismo é, eminentemente, um fenômeno histórico, e os fenômenos históricos são eminentemente sociais. É uma luta de grupo contra grupo. A humilhação de um negro é praticada de modo nunca destinado apenas a ele. O ataque a "um negro" é sempre um ataque "aos negros". O ataque racista deve valer a muitos, a todos os negros. É um ataque exemplar, contra um grupo, e que representa os interesses do grupo atacante.

Vamos tomar um caso concreto que, aliás, não põe em cena um problema de violência contra negros, mas a ele aparentado. O episódio dos cinco jovens de Brasília que, por diversão de rua, queimaram Galdino Jesus dos Santos, um indivíduo da nação indígena pataxó, que dormia num ponto de ônibus. Atearam fogo na roupa do homem desprevenido, achando graça. E o fato horrível prosseguiu quando um deles, acreditando ingenuamente atenuar sua falta, seu crime, declarou ao delegado ou aos jornalistas que não sabiam tratar-se de um índio e que o supunham um mendigo.

É muito importante considerar esta suposição: a visão de um mendigo dormindo – tal como foi alegada – bastou para que o agredissem por diversão. O que se poderia depreender disso? Que explicação seria possível?

Nenhuma interpretação seria necessária, caso julgássemos que a mera visão de um mendigo pudesse por si só deflagrar diversões sádicas. Por outro lado, seria pensar muito depressa se julgássemos que os rapazes são monstros ou – o que dá no mesmo – que o crime representou um ato que podemos, indiscriminadamente, esperar do sadismo humano. Seria pensar o sadismo sob forma muito geral, muito abstrata: o sadismo como um impulso que pode assaltar qualquer um, em qualquer lugar e que pode ser dirigido a qualquer outro de nós. Um impulso terrível, é verdade, mas próprio da sexualidade humana. Haveria quem não hesitasse e já citasse a maldade humana. Quem talvez falasse em pulsão de morte: ela, então, uma força cosmológica ou endógena, uma força que, no universo, rege todo o mecanismo destrutivo ou que, no interior de nós, rege a crueldade humana.

Um fato que admite percepção social e histórica – cinco jovens abastados queimam, por diversão, um mendigo – ficaria ligado a uma percepção fisicalizante do crime – sua fonte estaria no universo, entrópico, destrutivo, bem fora de nós – ou a uma percepção biologizante do crime – sua fonte estaria em nós, bem dentro, à maneira de um instinto homicida.

O impulso dos cinco agressores, entretanto, foi explicado por um deles como endereçado a um mendigo. Esse impulso, então, não partiu simplesmente de dentro de cada um dos jovens e caiu incidentalmente contra um homem qualquer que, por acaso, dormia num ponto de ônibus. Não se trata de um impulso cego, de um impulso físico, de um impulso instintivo que caiu sobre Galdino, tomado como mendigo, como poderia ter caído sobre outro homem qualquer. O golpe foi especificamente estimulado e disparado contra um mendigo. Foi ele quem estimulou a diversão criminosa. E a estimulou sem o saber, desavisadamente, passivo, sem nada fazer. O coitado do homem dormia e os cinco rapazes, bastando percebê-lo mendigo, resolveram brincar com sadismo.

O que aconteceu tampouco dependeu de qualquer conflito iniciado ali e que tivesse preparado a iniciativa de um golpe de fogo ou de uma brincadeira maliciosa. Não houve qualquer contato anterior e direto entre os cinco e Galdino: o ataque brincalhão, o crime lúdico, a diversão idiota, isso não foi preparado por qualquer discussão, ofensa, provocação. Não houve nenhuma participação ativa do índio no crime inusitado, praticado e gozado à sua custa.

Tudo indica, no entanto, que o crime foi preparado muito antes daquela hora e bem longe dali. Tudo sugere que o que ocorreu ali foi tanto um crime pessoal como social. Um crime preparado pelo antigo antagonismo entre o grupo a que os jovens pertencem e o grupo dos pobres. O golpe partiu de um grupo, encarnado e representado naqueles jovens, soubessem eles disso ou não. E dirigiu-se não simplesmente ao homem específico que ali estava, mas ao grupo ao qual se julgou pertencer aquele homem, o grupo dos mendigos. O golpe não foi desorientado, dirigido para qualquer um, em qualquer lugar: ele foi orientado para um mendigo que estava dormindo num ponto de ônibus. Poderia ter encontrado outra orientação, mas seria sempre dirigido para onde quer que se encontrasse o homem de um grupo abaixo.

O desejo de dominar se forma em grupo e segundo o modelo de uma necessidade grupal. Conhecemos, em psicanálise, os avatares, as vicissitudes da tendência suscitada pelo desejo: o desejo, impulso que o outro levanta em mim é um impulso centrífugo, orientado pelo outro; esforçamo-nos para torná-lo impulso levantado por mim mesmo, um impulso centrípeto, orientado para mim, como para uma necessidade minha. Inclinamo-nos nessa tentativa de domar o desejo, controlá-lo, administrá-lo; buscamos nos livrar desse desconcertante movimento definido a partir do outro e para o outro. O desejo é impulso no sujeito, mas radicalmente dele descentrado e nele descentralizador. E, desde Jacques Lacan, reconhecemos o caso assíduo das furiosas tentativas de vivermos o desejo segundo o modelo e a algema da necessidade.

Mas, no quadro do fenômeno que examinamos aqui – a dominação –, o modelo de necessidade que regula e orienta, que articula e quer amarrar a economia do desejo é o modelo de uma necessidade grupal, não meramente individual. São os interesses de um grupo que a estão regulando, orientando, articulando, amarrando. Um indivíduo nunca é capaz de, por si só, no isolamento, chegar à economia do desejo de dominação.

O termo necessidade descreve um impulso cujo objeto é visado como aquilo que irá alimentar e reiterar a vida do indivíduo, sua forma, sua energia, seus modos próprios, suas inclinações, seus interesses. O objeto da necessidade é para ser assimilado, deixando de contar à distância e separado: é para ser integrado ao indivíduo, o que põe o sujeito contra o objeto, inclina o indivíduo contra toda e qualquer resistência do objeto ou oposição. Entre os humanos, há mais do que a necessidade: há o desejo da necessidade, o amor da necessidade, a necessidade erotizada. Quando abrigada em grupo, a necessidade pode ganhar um grau extraordinário de motivação erótica, impossível de ser atingido por indivíduos isolados, mas apenas por indivíduos associados e cúmplices. A motivação erótica da dominação faz a vontade de riquezas e de servos, assim como de bens e meios para o atendimento da necessidade.

O sujeito, em associação com outros sujeitos, concebe uma oportunidade inimaginável para o indivíduo isolado e uma oportunidade incomparável de atendimento das necessidades de seus integrantes: formar um grande organismo, senhores e subordinados nele integrados como um só indivíduo! E essa imagem pode fascinar.

Os dominados são os rebaixados: são todos aqueles que fixamos em trabalhos indispensáveis, mas de cujo exercício nos dispensamos, trabalhos simples, frequentemente árduos e que estão na base de nosso consumo, conforto ou rendimentos.

E a dominação não se perfaz sem desejo e fantasia. Não é fenômeno diretamente retirado de causas econômicas, mas feito pelo amor da necessidade e pela fantasia de formarmos, senhores e subalternos, um só grande animal invencível. Trata-se da motivação que certamente ganhou o espírito dos dominadores e pode ganhar o espírito dos dominados. É daí que, no século XVI, Étienne de La Boétie, no *Discurso da Servidão Voluntária*, recomendava aos servos de espírito não servil, o amor da amizade e a luta pela liberdade contra a dominação.

Para o desejo de dominar é preciso reunir os dominadores ligados por cumplicidade. E o desejo de dominação toma sempre como objeto um que é vivido como objeto de satisfação, de assimilação: um objeto que é para o grupo, para servir ao grupo, nunca um objeto que retira o grupo de si mesmo e o leva a servir ao objeto.

Isso, em política, chama-se idiotia. Aliás, historicamente, a origem do termo é política. A idiotia, do grego *ídion* (próprio), implica viver para o próprio, viver do que é próprio. Um fenômeno, sobretudo coletivo. Não há um idiota: este geralmente precisa de apoiadores para aparecer como idiota. Para aparecer como alguém concentrado no próprio interesse, formou-se antes como alguém apegado ao interesse de um grupo próprio, um grupo fechado, privatista. O próprio interesse é o interesse de um grupo, contra o qual os demais grupos são reconhecidos como abaixo, a seu serviço, antagonistas. O idiota não atina com a *polis* e com o sentido das causas públicas. A sua entrada na cidade visa à consecução e à facilitação de seus interesses privados.

Comentários em Plenário

Sobre o Curta-Metragem Um Passo Para Ir de Eliane Caffé

Esse tão bonito curta-metragem é um documentário sobre João Batista dos Santos, todo orientado pelo depoimento do protagonista. Chama atenção a coerência entre o começo e o fim do discurso, algo que a diretora deixou agudamente emoldurado. A voz intensa abre o filme e João Batista começa com uma declaração cheia de energia: descobriu ser ele um descendente de quilombolas. Fecha o filme com outra fala igualmente enérgica e ficamos sabendo por qual traço o protagonista alcançou o orgulho de negros: "O negro é um lutador", diz ele. Isso parece ter alinhavado o depoimento, tal qual a vida do depoente. O tecido de uma vida e o do filme parecem urdidos por este argumento. Impressiona muito que a identidade do negro seja julgada por João Batista sob ângulo político: o negro é tomado por esse brasileiro como um guerreiro, um bravo. O negro é quem, para caminhar, precisa abrir caminho; para agir, precisa reagir. Alguém que, impedido, não só resiste, mas afinal fura o impedimento.

Ouvimos dele: "Fui pobre, depois rico e pobre outra vez." O que nunca mudou foi o lutador. Houve os que lutaram por ele: quando rico, por exemplo, aqueles que o adotaram como filho, um amparo que tanto pode estabilizar e confortar como imobilizar e desagradar, neutralizando o lutador. O negro que, para afirmar-se, precisou vencer obstáculos e afirmar-se radicalmente como um lutador, viveu a unidade entre personalidade e luta. Não pôde, sem mal-estar, viver uma disjunção entre a condição humana e a condição de lutador. A dignidade de alguém depende de ação, e a ação depende de luta contra o servilismo.

João Batista tornou-se pobre outra vez porque praticou uma inesperada guinada: deixou a casa adotiva, soltou-se dos que haviam lutado por ele. Devolveu-se à incerteza das ruas, como que atendendo a uma profunda necessidade de reconciliar-se com a figura do homem de ação: desprendido de apoios, agarrou-se como nunca à condição originária de desabrigado, tornou-se temporariamente um guerreiro sem morada para tornar-se outra vez um guerreiro. A vontade de errar pela cidade – o que lhe valeu até encarceramento prisional – rendeu-lhe, afinal, uma profissão, talvez definitiva e muito ligada à identidade de um lutador: ele é, hoje, um boxeador. A condição de pugilista e treinador de aspirantes estendeu um traço trazido de antes e de fora do ringue, um traço que João Batista sentiu, sente e, afinal, julga à altura dos negros: o negro é um lutador.

No debate com o auditório, ao lado da diretora Eliane Caffé, a manifestação de João Batista incluiu uma desconcertante e intrigante objeção ao retrato dos negros como afrodescendentes. Ele opinou que o termo, que lhe parece pomposo, pode reunir-se ao uso de outros tantos que, ao invés de revelar, escondem. "Sou negro, não um afrodescendente, nome chique", disse ele, com a irreverência de um homem independente, outra vez livre, agora para pensar. A afirmação levantou risos e reflexão. Há nela um humor de tipo político que, outra vez, faz o ângulo pelo qual assume inequívoco sentido. O retrato do negro brasileiro como afrodescendente enfatiza, sobretudo, a identidade cultural, mas não é sob essa perspectiva que o negro é valorizado por João Batista. A apresentação de nossos negros como afrodescendentes atende a preocupações muitíssimo importantes. No entanto, de um ângulo propriamente político, que podemos e devemos conjugar com o ângulo cultural, importa não subestimar o despojamento sofrido. E o decisivo é que o negro apareça e seja notado como quem luta e age.

A ação, tal como Hannah Arendt tantas vezes frisou, brota como um ato cheio de originalidade: aparece como uma iniciativa e empenha voz própria. Retira do passado um novo relacionamento entre nós e com o mundo, um relacionamento que o passado nunca traria por si próprio. A ação traz um relacionamento com o mundo nunca alcançado mecanicamente, sempre surpreendente, nunca assegurado pelos automatismos da vida social. A iniciativa e a voz isoladas são muito vulneráveis, mais ou menos impotentes. Quando ganham acolhimento e adesão de outros agentes, quando reúnem outros iniciadores e várias vozes, constituem um poder. A ação pessoal e finalmente compartilhada traz, necessariamente, oposição a tudo que impede ou constrange os agentes, traz um poder que é um contrapoder: promessa ou cumprimento de uma reação eficaz contra a dominação.

A atenção política faz atentar para o negro no Brasil como quem foi socialmente acertado pela dominação: um soco prolongado. Levou a nocaute ou a reações. O rapaz que é afastado e protegido das condições em que viver depende de lutar, sente-se paradoxalmente afastado de si mesmo: o negro é um lutador. O remédio que lhe vale isoladamente, sem poder valer para todos os negros, foi possivelmente sentido como postiço e mascarador. Um luxo artificial? Sua sorte e seu azar estão unidos à sorte e ao azar dos que lutam. Há uma comunidade de destino ligando os lutadores. Nenhum chegará satisfeito chegando sozinho.

Sobre o AMMA

O trabalho e a convivência com psicólogas do Instituto AMMA – Psique e Negritude corresponde a uma aprendizagem impossível de recensear e obriga a mencionar os nomes de todas elas: Jussara Dias, Maria Lúcia da Silva, Marilza de Souza Martins, Maria Aparecida Miranda, Maria Cristina Francisco, Marisa Corrêa da Silva e Clélia Rosane dos Santos Prestes. AMMA é nome de uma divindade malinesa. O instituto dedica-se à solução de problemas políticos, vividos pessoalmente e institucionalmente por cidadãos negros no Brasil, enfrenta temas e problemas ligados à formação e aos efeitos psicossociais do racismo, organiza serviços de psicoterapia individual e grupal, colabora com a elaboração de políticas públicas, desenvolve cursos e oficinas de vivência. Trata-se de uma organização não governamental cujas atividades são coordenadas e sustentadas por um coletivo de sete mulheres. Sou ligado ao instituto como um de seus assessores.

Sobre a Relação Entre Psicanálise e Racismo

Acho muito importante a experiência do racismo em psicanálise. A experiência do racismo é sempre muito singular e, numa análise individual, pode tornar-se decisiva no curso da transferência e da elaboração da angústia. Não se acompanha bem um caminho pessoal com base na consideração do que, em geral, o racismo faz com a pessoa: o que importa é considerar o que singularmente o racismo faz com alguém e o que alguém faz com o que o racismo lhe fez. Só então uma fisionomia geral do racismo vai se deixando encontrar sob formas menos abstratas e mais pertinentes.

A afirmação de que o inconsciente não é negro ou branco, em certa medida, é compreensível. Sobretudo quando nos pronunciamos mais estruturalmente, o que pode, às vezes, querer dizer esquematicamente. Inclino-me a valorizar a tese contrária e também válida: o inconsciente é negro, é ianomâmi, é judeu; o inconsciente, decisivamente, é João, é Maria, recolhe signos e enigmas que marcam fundo a biografia e deitam raiz em histórias e na História, orientando e dividindo a transferência pelo que é mais significativo e o que é mais enigmático.

O inconsciente, dependendo justamente de como seja tomado, prática e teoricamente, é fenômeno bem diverso de um sistema igual para toda a espécie humana. Mostra uma operação que se deixa descrever segundo certos mecanismos peculiares de simbolização: a descrição de tais mecanismos (o deslocamento, a condensação, a figuração, o trabalho secundário de organização) é parte do resultado dessa obra extraordinária e imprescindível que é *A Interpretação dos Sonhos*. Mas o inconsciente conta ali, justamente, como uma operação de tipo onírica, mais ou menos estruturada. Esse "mais ou menos" tornou-se núcleo da afirmação laplanchiana de que o inconsciente é como uma linguagem, mas não estruturada; um fenômeno de sentido, mas confundido e despolarizado por enigmas inter-humanos.

O inconsciente se faz por histórias e por História (que, por sua vez, pode também admitir e até exigir o plural: Histórias); é feito de história significativa, enigmática, encontrada e perdida, compartilhada e muito pessoal, tudo operado sob maneira e circunstâncias muito singulares, mais ou menos sóbrias, angustiantes e hipnoides.

Há muitos ângulos pelos quais o problema das relações entre psicanálise e racismo deve ser considerado. Um deles, um ângulo teórico, embora de origem prática, pode ser colocado nesses termos:

as teorias de psicologia ou psicanálise que tenham uma orientação instintualista ou biologizante parecem guardar um compromisso com o racismo não direto, e sim o indireto: aumentam enormemente os obstáculos contra a tarefa de compreendermos a História na subjetividade.

Uma psicanálise que não tenha aprendido a compreender a pulsão, o desejo e a sexualidade humana, fenômenos eminentemente histórico-subjetivos, serve ao racismo, em específico ao racismo como ideologia, que sempre abrigou ficções eugenistas.

Em contrapartida, uma psicanálise que tenha descoberto a dialética entre História e subjetividade faz um grande serviço, ainda que indireto, para a superação do racismo. É um grande problema o psicologismo no exame do racismo, um problema que de fato se torna expediente de racismo. Não leva a cura alguma, não conjuga saídas transferenciais e políticas, transforma um estrondoso problema político num problema dentro de mim, desde sempre dentro de mim; não mais um problema em minha biografia, originário e historicamente dividido com parceiros de destino, uma comunidade de destino.

Sobre o Racismo e a Dominação de Classes

Para muitos militantes e pesquisadores, a rígida associação entre dominação racista e dominação de classes pode tornar-se altamente reducionista e simplificar nossa compreensão do racismo. Muitos sustentam, com razão, que algumas vezes representou uma associação feita no sentido de diluir a consciência e o problema do racismo. Como se o racismo fosse conceito sem poder heurístico e que só devêssemos falar em dominação de classes. Pessoalmente, não imaginava que o ponto fosse tão polêmico quanto parece ter se tornado entre vários militantes e pesquisadores. É que opinaria no sentido de que a rígida associação representa enorme problema tanto para a compreensão da dominação racista como para a compreensão da dominação de classes.

A investigação que assuma as diferenças, a meu ver, é a que melhor se desenvolve, mas, ao mesmo tempo, alcança sempre a hora internamente exigida de uma comunicação entre os dois casos – não apenas ali onde se faz imprescindível – e que corresponde ao caso dos negros brasileiros no capitalismo, egressos do escravismo.

Não me parece contar, no núcleo desses fenômenos, outra coisa que não a dominação. E a dominação, quando se arma, não vem sob forma geral e só depois se torna machista, racista ou classista. A dominação vem já sob forma concreta que envolve o rebaixamento de um grupo: se veio aqui como machismo, veio desde o início; se veio ali como racismo, veio desde o início. A dominação ganha inteligibilidade pela comunicação e estudos cruzados, desde que assentados sobre informações as mais específicas e detalhadas.

Há quem admita, para o caso dos nossos negros, o vínculo entre dominação racista e capitalista, mas apenas a partir de certo ponto histórico, precisamente aquele em que esse vínculo toma e supera o vínculo mais originário, mais antigo, entre dominação racista e dominação colonial escravista.

O conceito de dominação não está vinculado apenas à luta entre classes patronais e assalariadas. A dominação é mais antiga do que o capitalismo, embora a compreensão de sua forma capitalista seja, para nós, hoje, indispensável. Mas, provavelmente, é mal compreendida a dominação capitalista no Brasil, especialmente o modo como atingiu os negros, quando não nos é exigido compreender nosso capitalismo a partir do escravismo colonial.

A respeito do tema, não hesitaria recomendar a obra de Jacob Gorender, em especial o título *O Escravismo Colonial*. Os militantes e pesquisadores não podem deixar de levar em conta a posição desse diligente historiador, mesmo que decidam não acompanhá-lo. Gorender aborda o escravismo colonial como um modo de produção não capitalista, mas também não pré-capitalista. O escravismo praticado no Brasil colonial estava orientado para o mercado europeu e suas primeiras formas capitalistas, não se assentando, todavia, sobre mão de obra assalariada. Tantos são aí os aspectos que carregam traços psicológicos que nossa psicologia e nossa psicanálise não os podem ignorar para a compreensão da humilhação racial. O estudo do escravismo colonial é imprescindível para a compreensão dos brasileiros, dos negros e dos brancos no país.

Referências Bibliográficas

BOSI, Alfredo. *Dialética da Colonização*. São Paulo: Companhia das Letras, 1992.
CAFFÉ, Eliana. *Um Passo Para Ir*. Aurora Filmes.
COSTA, Eliana Silva. *Racismo, Política Pública e Modo de Subjetivação em um Quilombo do Vale do Ribeira*. Tese de doutorado. São Paulo, Instituto de Psicologia da Universidade de São Paulo, 2012.
GORENDER, Jacob. *O Escravismo Colonial*. São Paulo: Ática 1992.
LA BOÉTIE, Étienne de. *Discurso da Servidão Voluntária*. São Paulo: Brasiliense, 1982.
LAPLANCHE, Jean. *Problemáticas I: A Angústia*. São Paulo: Martins Fontes, 1998a.
_____. *Problematiques IV: L'Inconscient et le ça*. Paris: Quadrige/PUF, 1998b.
_____. *La Révolution copernicienne inachevèe*. Paris: Aubier, 1992.
LÉVINAS, Emmanuel. *Humanisme de l'autre homme*. Paris: Fata Morgana, 1972.

9.
RACISMO, UMA LEITURA

Moisés Rodrigues da Silva Júnior

> Digo com franqueza, cem anos que viva eu, nunca poderá apagar-me da minha memória essas humilhações que sofri. Não por elas mesmo, que pouco valem; mas pela convicção que me trouxeram de que esta vida não vale nada, todas as posições falham e todas as precauções para um grande futuro são vãs.
>
> LIMA BARRETO, *Os Bruzundangas*

A primeira lição do corpo em sociedade é: em nenhum lugar do mundo, até hoje, o corpo biológico é o corpo social. O corpo sempre tem um sujeito, está inserido em alguma comunidade, grupo, etnia ou nação. Ele sempre é marcado pela história e pelas convenções culturais de um grupo humano. Somos seres corporais, e são as marcas inscritas no corpo que singularizam o grupo étnico a que o indivíduo pertence. E é justamente apoiado na singularidade de um grupo humano que cada indivíduo pode aprender a desenvolver e a expressar a própria individualidade. São essas marcas, impressas temporária ou definitivamente em nossa pele biológica, a primeira pele, que conformam nossa segunda pele, a que nos faz seres humanos para os outros seres humanos.

Para entender a consolidação de um ideário que hierarquiza seres humanos com base no compartilhamento da crença na inferioridade dos negros, investigaremos o processo histórico de formação das identidades e os impactos que a violência determina na perpetuação das relações de dominação e opressão.

O racismo constitui uma realidade multifacetada de fatores históricos, econômicos, geopolíticos, sociais, institucionais, culturais e subjetivos, que se manifestam por depreciação do outro, inferiorização do outro e exclusão dos bens materiais e simbólicos capazes de lhe garantir uma existência digna.

Durante os séculos de formação e evolução de nossa sociedade, até hoje, jamais nos afastamos da hierarquização dos diversos grupos populacionais que formaram e construíram nosso país, onde o padrão de excelência de civilização é dado pelo branco europeu. Como resultado dessa formulação ideológica, todos os que não apresentavam tais características, necessariamente, se afastavam da apreensão solidária de humanidade[1].

De acordo com Serge Moscovici, em *Representações Sociais*, as representações sociais emergem a partir dos pontos duradouros de conflito, dentro das estruturas representacionais da própria cultura, como na tensão entre o reconhecimento formal da universalidade dos "direitos do homem" e sua negação a grupos sociais específicos, como os negros. Essas representações e teorias organizam os afetos, cuja forma obsessiva e irracional conduz à elaboração de estereótipos que definem tanto os alvos como os portadores do racismo. A combinação de práticas, discursos, representações e estereótipos afetivos vai explicar, ao mesmo tempo, a formação de uma "comunidade de racistas" entre os quais existem laços de imitação, e a pressão que leva as vítimas do racismo a se aperceberem uma comunidade.

---

1. Cf. D.L.L. Bertúlio; P.V.B. Silva (coords.). *Cotas Raciais no Ensino Superior*, p. 31.

Os olhos do homem branco destroçaram o corpo do homem negro e, nesse ato de violência epistemológica, seu quadro de referência foi transgredido, seu campo de visão, perturbado[2].

Escravidão, Fenômeno Histórico

A escravidão está presente desde a fase final do Neolítico até períodos bastante recentes. Porém, há muita dificuldade em obter um consenso quanto à sua origem ou ao seu início.

Karl Jacoby argumenta que o processo de domesticação de animais teria servido de modelo para a escravização de seres humanos após o surgimento da agricultura, que teria gerado a necessidade de mão de obra, obtida por meio dos prisioneiros de guerra[3]. Teriam-lhes sido então aplicadas as mesmas formas de domesticação de animais.

Discordando dessa tese, Alberto da Costa e Silva propõe o inverso: primeiro o homem escravizou o outro, depois domesticou os animais, e a experiência obtida na escravização teria sido aplicada na domesticação. Acrescenta que os dois processos podem ter ocorrido concomitantemente em algumas culturas, como nos povos da América e nos povos antigos da África subsaariana. Assim como teria ocorrido com os animais que, ao se aproximarem dos homens para comer restos de alimentos, acabaram acomodando-se a eles. Sobreviventes de guerras, ao ficarem sem amparo e sem ter aonde ir, muitas vezes juntavam-se ao grupo vencedor, reduzidos ao estado servil[4].

Em outra análise, Carlos Moore Wedderburn diz que, uma vez quebrada para sempre a miríade de redes de comando coletivo, de solidariedade social e de assistência mútua nas sociedades ditas

---

2. H.K. Bhabha, *O Local da Cultura*, p. 73.
3. Cf. A.C. Silva, *A Manilha e o Libambo*.
4. Ibidem.

"primitivas", abrem-se as portas para uma existência baseada na desigualdade e na opressão de alguns seres humanos por outros[5].

O autor destaca como elemento fundador das desigualdades socioeconômicas o surgimento de um excedente social e sua apropriação por um grupo organizado e poderoso: afinal, onde há concentração de riqueza e poder há exploração do homem pelo homem.

Assim, o aparecimento de uma elite – que tem interesses divergentes dos da maioria da sociedade e que detém dispositivos de coerção e estruturas político-administrativas de comando – deu origem à divisão da sociedade em categorias diferenciadas e antagônicas, as classes, produzindo então a escravidão e seus mecanismos, que restringem a liberdade do ser humano[6].

Por um meio violento, geralmente a guerra, é que tinha início o processo de escravização, que também se dava por ataques predatórios, sequestros e emboscadas. Podia ainda ser decorrente de castigos penais a crimes como assassinato, furto, adultério ou dívidas. Ou ser voluntária, quando havia ameaça de morrer de fome. Assim, a relação que se estabelecia entre o escravo e seu senhor era de violência, desde a origem até o desfecho, em que o escravo se tornava socialmente morto, por ser arrancado de seu meio e transferido para outro lugar, distante, com outros costumes, outra fé e outro idioma. Concebido como distinto e inferior, desenraizado e só de modo lento – e quase sempre incompleto – inserido no novo conjunto social. Reduzido à condição de estrangeiro, etnicamente diferente, negando-se a ele direitos e privilégios existentes naquela sociedade que, diante desse contexto, poderia explorá-lo[7].

Na busca de um reexame do racismo à luz dos modelos de relações raciais, são fundamentais as teses de Cheikh Anta Diop. Pai do pan-africanismo, precursor da egiptologia na África e um

5. Cf. C.M. Wedderburn, *O Racismo Através da História*, p. 161.
6. Ibidem.
7. Cf. P.E. Lovejoy, *A Escravidão na África*.

dos maiores pesquisadores do continente do Egito Antigo e dos impérios negros primordiais, que sobrevivem no inconsciente coletivo. A perspectiva historiográfica de Diop se situa no extremo oposto da estabelecida posição eurocêntrica e seu livro *The Cultural Unity of the Black Africa* foi a primeira obra a estudar a África anterior ao tráfico negreiro árabe e europeu.

As ideias de Cheikh Anta Diop com relação ao desenvolvimento social e cultural das sociedades africanas e europeias são sintéticas:

> A história da humanidade teria sido muito mais complexa e problemática do que os textos históricos surgidos na modernidade induzem a supor, e parte da restituição dessa complexidade do acontecer histórico é a recolocação dos povos africano, dravidiano, melanésio, num lugar central, como atores essenciais de toda a trama humana.[8]

Diop esclarece que, na Antiguidade, ante o desenvolvimento econômico, científico, cultural, tecnológico e militar dos impérios constituídos pelos povos melanodermes da época – Egito, Meroé, Elam, Suméria, Mohenjo-Daro –, o racismo não poderia ser expresso da mesma maneira que na época moderna:

> Quando evocamos o racismo na Antiguidade, é importante entender que o racismo como o conhecemos em nossos dias não poderia ser expresso da mesma maneira em relação aos negros, pela simples razão de que eram os negros que haviam monopolizado o conhecimento técnico, cultural e industrial até então. As outras raças tinham que modelar seu desenvolvimento tecnológico, cultural e religioso segundo a tecnologia, a ciência, a cultura e a arte egípcias. Os gregos foram forçados a vir beber na fonte da cultura egípcia. Por conseguinte, naquela época, era imenso o respeito devido ao homem negro. [...] Portanto, na Antiguidade, racismo, no sentido moderno da palavra, não podia ter sido exercido pelos brancos contra os negros da mesma maneira. [...]

---

8. *The Cultural Unity of the Black Africa*. (Tradução nossa.)

Somente por volta de 356 a.c., depois de quase dois mil anos de invasões, o Egito finalmente foi conquistado pelo incipiente Império Romano, sob comando de Alexandre. Diop aponta essa conquista e colonização como um evento que definiu as relações raciais na Antiguidade. A ocupação romana teria inaugurado as práticas de *apartheid* racial contra os negros egípcios em seu próprio território.

[...] egípcios eram até barrados de entrar em Alexandria e de viver em certas áreas residenciais. Existiu segregação residencial nessa época, afirmada ao longo de linhas raciais. Gregos e romanos aplicaram isso aos egípcios. Fica explícito na legislação colonial daquela época. Portanto, existiu racismo na Antiguidade, do período greco-romano até a Idade Média; podemos documentar sua progressão.[9]

Racismo, Ideologia e Expansionismo Religioso

Para entender como se deu a consolidação de uma visão do negro como outro, recorre-se a um estudo desenvolvido por Andreas Hofbauer, *Uma História de Branqueamento ou o Negro em Questão*, em que se historiciza o processo de construção de uma alteridade subalterna não branca diante da expansão do mundo árabe-muçulmano. A difusão e a ampliação do reino islâmico tornaram esse povo pioneiro na construção de uma rede de tráfico de escravos de longa distância, fazendo chegar a suas terras, como escravos, pessoas oriundas da Ásia, Europa e África. O confronto com outra alteridade fez emergir uma nova autoimagem árabe-muçulmana.

De acordo com Hofbauer, processos de exclusão rígidos, sentimento de desprezo exacerbado e até ódio contra pessoas de pele escura surgiram e consolidaram-se com o movimento expansionista do mundo islâmico. Nesse contexto, a cor branca passou a fazer

9. Ibidem, p. 386-387

referência a árabes, persas, gregos, turcos e outros povos europeus, reservando-se a cor negra – com nítida conotação pejorativa – para os povos ao sul do Saara. Um trecho do *Alcorão* liga a cor escura à tristeza, ao mal e à falta de fé, enquanto o branco representa o bom, o divino, a fé verdadeira.

Islâmicos e cristãos compartilhavam a crença de que a forma legítima de escravidão estava na captura de infiéis em guerras justas. Nessa lógica, desenvolveram um sistema eficiente de troca de escravos, no qual cada segmento religioso tentava libertar irmãos de fé escravizados pelo inimigo. Diante dessa realidade, em Portugal, nos séculos XII e XIII, o estereótipo do escravo eram os mouros, praticantes do Islã, povo oriundo do norte da África, nomeadamente do Marrocos, da Argélia, da Mauritânia e do Saara Ocidental. Tais povos consistiam nos grupos étnicos berberes e árabes, que constituem o âmago de etnicidade da África Setentrional.

Antes de apelar para a cor da pele, era a dimensão religiosa a responsável por determinar aos portugueses quem era escravo. O termo "mouro" como sinônimo de escravo referia-se, então, a adeptos de religiões muçulmanas e demais povos não cristãos. No século XV, com a expansão portuguesa no continente africano, após a tomada de Ceuta, "mouro" passou a ser substituído pela palavra "escravo" e a não ter mais seu significado social atribuído em virtude de questões religiosas. Hofbauer afirma que "a partir do século XVI a palavra 'preto' começou a ser usada para designar escravo batizado provindo da África pagã, em oposição ao escravo mouro (ou mouro branco), o escravo muçulmano"[10].

Hofbauer lembra a reinterpretação de um trecho do *Antigo Testamento* – a lenda de Noé e a maldição de Cão:

> E os filhos de Noé, que da arca saíram, foram Sem, Cão e Jafé; e Cão é o pai de Canaã. Estes três foram os filhos de Noé; e destes se povoou toda a terra.

10. Ibidem, p. 77.

> E começou Noé a ser lavrador da terra, e plantou uma vinha. E bebeu do vinho, e embebedou-se; e descobriu-se no meio de sua tenda.
> E viu Cão, o pai de Canaã, a nudez do seu pai, e fê-lo saber a ambos seus irmãos no lado de fora.
> Então tomaram Sem e Jafé uma capa, e puseram-na sobre ambos os seus ombros, e indo virados para trás, cobriram a nudez do seu pai, e os seus rostos estavam virados, de maneira que não viram a nudez do seu pai.
> E despertou Noé do seu vinho, e soube o que seu filho menor lhe fizera. E disse: "Maldita seja Canaã; servo dos servos seja aos seus irmãos."
> E disse: "Bendito seja o Senhor Deus de Sem; e seja-lhe Canaã por servo. Alargue Deus a Jafé, e habite nas tendas de Sem; e seja-lhe Canaã por servo" (*Gênesis* 9, 18-26).

A maldição de Noé – que condenou Canaã por causa de um comportamento imoral de seu filho, Cão, o qual passa a ser "o último dos servos dos seus irmãos!" – relacionou culpa e imoralidade ao longo da Idade Média e estabeleceu uma ligação direta entre imoralidade, culpa, escravidão e cor preta. O impacto desse ideário na construção das relações raciais no Brasil pode ser entendido pelo contato direto entre Península Ibérica e mundo árabe para o comércio de escravos.

Essa construção ideológica, que tendia a igualar o "ser escravo" com a "cor preta", não era usada exclusivamente para caracterizar as populações do continente africano. Quando os indígenas do Novo Mundo foram vítimas de escravizações, eles eram qualificados não apenas de "índios" ou "gentios", mas também chamados simplesmente de "negros". A denominação "negro" para indígenas foi inicialmente usada também pelos jesuítas, como consta em cartas e textos escritos por Manuel da Nóbrega, nos quais ele chega a apoiar "guerras justas" contra populações indígenas.

Quando o tráfico triangular assumiu formas mais sólidas e os jesuítas começaram a exercer o papel de protetores dos índios, mudou também o discurso dos padres. Antônio Vieira, por exemplo, já não relacionava a maldição de Cão com os índios. "E ainda recriminava severamente os senhores pelo fato de chamarem os indígenas de 'negros' com o único intuito de justificar a sua escravização."[11]

Raça, Racismo

Desde a Antiguidade, o racismo sempre foi uma realidade social e cultural pautada exclusivamente no fenótipo, linha de demarcação entre os grupos raciais como ponto de referência em torno do qual se organizam as discriminações. A partir do século xv, o racismo passou a ser a sistematização de ideias e valores do europeu acerca da diversidade racial e cultural dos diferentes povos quando, pela primeira vez, a Europa entrou em contato com eles. A partir daí, o racismo passou a ser entendido como resultado do conceito de "raça", termo que significa categoria e espécie, no sentido do famoso naturalista sueco Carl von Linné. Para Hofbauer, foi com Linné que teve início a era da classificação propriamente dita. O cientista subdividiu o grupo *Homo* em quatro categorias, juntando-lhe ainda dois grupos misteriosos, denominados *ferus* e *monstrosus*.

1. *Europaeus albus*: engenhoso, inventivo; branco, sanguíneo; governado por leis.
2. *Americanus rufus*: contente com sua sorte, amante da liberdade; moreno, irascível; governado pelos costumes.
3. *Asiaticus luridus*: orgulhoso, avaro; amarelo, melancólico; governado pela opinião.
4. *Afer niger*: astuto, preguiçoso, negligente, negro, fleumático; governado pela vontade arbitrária de seus senhores.

11. Ibidem, p. 70-71.

5. *Ferus* (*Homo ferus*): quadrúpede, mudo, cabeludo.
6. *Monstrosus*: homens gigantes e anões.[12]

Trata-se, aqui, de valorizar a importância do surgimento da categoria raça como condicionante de nossas interpretações contemporâneas do racismo, de observar que o projeto científico de compreensão sistemática e racializada, operada nos séculos XVIII e XIX, foi possível em função de ter se estabelecido o critério fenotípico em escala planetária.

Diop concorda com as abordagens segundo as quais na base do racismo há um "reflexo de medo" vinculado a reações especificamente xenofóbicas. Em sua obra, o pesquisador assegura que as sociedades europeias da Antiguidade eram dominadas pelo medo generalizado do "forasteiro". Contra este último, explica, concentrava-se todo tipo de hostilidade e de agressividade[13].

O racismo teria sua origem nesse "reflexo xenofóbico" fixado na corporeidade do "forasteiro" como "reflexo de medo", suscitador da xenofobia e causador de um protorracismo com base no fenótipo diferente.

A distinção de características físicas passou a fazer parte do cotidiano dos escravizados, que eram bem diferentes de seus senhores. Assim, elas passam a evidenciar a condição servil, e aqueles que as carregavam eram tidos como "escravos por natureza". Tratava-se de um ser humano diferente, um estrangeiro por natureza, que perdeu a família, a vizinhança, os amigos, a pátria e a língua, e a quem se nega um passado e um futuro – o que permite a redução de pessoa a algo que possa ser possuído.

12. Ibidem, p. 104.
13. Cf. C.A. Diop, op. cit.

Sobre o Estranho:
O Olhar da Psicanálise

O termo "estrangeiro" deriva do latim *extraneus*, que significa "vindo de fora". Mas foi apenas a partir do Império Romano que estrangeiro adquiriu conotação política. Até o século XIV, em francês, a palavra *estrange* – que havia aparecido no século XII – designava tudo aquilo que não fosse comum ou que não se oferecesse à compreensão. No francês atual, *étrange* (estranho) faz parte da raiz de *étranger* (estrangeiro) – atributo tanto de quem é estranho como de quem vem do *extérieur*. No inglês do século XVI, *strange* dizia respeito tanto à mulher adúltera como aos elementos bastardos de uma família ou, em outros termos, a tudo o que não fosse reconhecidamente familiar. Só depois do século XVIII passou a significar uma pessoa, um objeto ou um ser oriundo de outro país. No *Oxford Advanced Learner's Dictionary* lê-se que *foreigner* é uma pessoa de um lugar outro que não o seu país, ou alguém que não tenha vínculo de pertencimento a uma comunidade, *a stranger or an outsider*. Em alemão, *fremd* relacionava-se, primeiramente, com o não familiar. O sentido de ser estrangeiro agregou-se, mais tarde, à palavra *Ausländer*.

Consideremos assim que, do ponto de vista da língua, e por extensão do pensamento, o conceito de estrangeiro transformou-se de algo não familiar em uma categoria sociopolítica, com tudo o que isso comporta. Seria analogismo exagerado pensar que algo semelhante acontece com o indivíduo?[14]

Em "O Estranho", Freud faz um fascinante estudo da palavra *unheimlich*, buscando verificar as possibilidades de sua tradução em outras línguas. Para ele, em muitas línguas não haveria nenhum bom termo que pudesse traduzir o significado que teria o termo em alemão[15].

---

14. Cf. C. Koltai. *Política e Psicanálise*, p. 23.
15. O Estranho, ESB, v. 17.

A fim de compor esse desejo coletivo de estar junto em um corpo social, o estranho faria retornar tudo o que precisou ser deixado ou alienado. O estranho escapa à localização, sua presença está destinada a ser apenas sentida, dado que não se submete a racionalidade de nenhum tipo.

Por princípio lógico, o estranho jamais é assimilável (quando o é, deixa, obviamente, de sê-lo); mantem-se lá, no lugar onde tivemos de o submeter a todos esses rituais necessários ao convívio civilizado. E, por isso, quando o pressentimos no exterior, habitando corpos, incomodamo-nos tanto com ele.

Identificação: Desejando Ser Como Ele

A identificação é um processo que transforma o externo em interno – um dos conceitos fundamentais da metapsicologia freudiana. A questão da relação do Eu com o objeto foi reelaborada em diferentes momentos do percurso freudiano até os textos que introduzem a segunda tópica, momento em que a identificação torna-se o mecanismo privilegiado da constituição do Eu.

A partir de então, pode-se dizer que a identificação é um processo através do qual o sujeito assimila um ou mais traços de outro indivíduo, integra-os ao Eu, modificando-se de acordo com os modelos em causa, desejando ser como ele. Fenomenologicamente, a identificação se diferencia da escolha de objeto, na medida em que escolher um objeto é desejar tê-lo.

Freud distingue três tipos de identificação: a relação afetiva mais precoce com outra pessoa, anterior à escolha de objeto; a identificação regressiva, posterior à escolha de objeto e, em particular, ao abandono desse objeto; por fim, a identificação parcial com um traço de outro indivíduo, pelo qual se procura imitá-lo em determinados aspectos de sua personalidade ou conduta. Em todos os casos, a identificação proporciona uma modificação no Eu, equivalendo a uma operação de abertura à realidade externa.

O processo identificatório que Freud descreve considera a ordem lógica da constituição do sujeito, em que a identificação caracteriza-se como primordial, não se realizando a partir de um investimento de objeto, porque este não é reconhecido como tal.

Num segundo tempo, já se é capaz de reconhecer o outro, ao mesmo tempo que se é reconhecido. Embora o *infans* não seja capaz de se reconhecer imediatamente como inserido na ordem simbólica e numa cadeia geracional, tem de ser reconhecido por ela para tornar-se humano.

Piera Aulagnier elege o conceito de identificação como fio condutor de suas construções teórico-clínicas: "os fenômenos psicopatológicos que encontramos sob diferentes formas na prática clínica são a consequência e a manifestação de um conflito que opera em nível dos investimentos do Eu e, portanto, em sua economia identificatória"[16].

Objeto Obrigado, Prazer Obrigado e, Sobretudo, Vida Imposta

Piera Aulagnier circunscreveu um destino particular dos investimentos: alienar o pensamento à ideologia identificatória defendida por outro, tomando para si novas referências, cujo investimento seria mais seguro e constante, à custa de desinvestir os próprios projetos e ideais. Isso implica retração dos investimentos no futuro, acompanhada de idealização maciça de um projeto já realizado.

O desejo de alienar, assim como o desejo de autoalienação, tem uma dupla fonte, a esperança de tornar menos insistente e dramática a experiência da dúvida e do conflito entre o Eu e seus ideais.

16. *A Violência da Interpretação*, p. 20.

O preço pago para conseguir esse feito é que "o Eu é obrigado a entregar à morte as partes de sua própria atividade de pensamento que lhe permitem diferenciar-se daquilo que seria apenas uma atividade de repetição, de memorização e de retomada em eco de um já pensado de maneira definitiva por outro"[17].

Para aqueles que são obrigados a viver no nível da necessidade e do imediato, torna-se fonte de intenso sofrimento pensar-se escravo, puro instrumento a serviço de outro sujeito, destituído de todo direito à palavra e ao pensamento. Esse sofrimento pode conduzir o Eu ao desinvestimento de si e na atividade de pensar em prol do investimento, num discurso que decidirá quem é esse Eu e que lhe imporá a escolha de seus ideais.

Sándor Ferenczi se refere a fenômenos defensivos de automutilação que certos animais adotam para garantir a sobrevivência:

> O animal desprende-se de seu corpo, ou seja, "deixa cair" literalmente, por meio de movimentos musculares específicos, aqueles de seus órgãos que estiveram submetidos a uma irritação intensa ou que, de alguma forma, o façam sofrer. Todo mundo sabe com que facilidade o lagarto perseguido abandona sua cauda nas mãos do adversário para, em seguida, regenerá-la[18].

Ferenczi relaciona essa proteção animal com um mecanismo defensivo utilizado pelo homem: fuga psíquica diante de acontecimentos demasiado intensos de desprazer. A autotomia é uma forma de cisão diante de ameaças à integridade do corpo e do psíquico advindas originalmente do ambiente externo.

Essa via é imposta ao sujeito pelo excesso de violência, que tornou impossível qualquer resposta que não seja marcada pela erosão que a alienação efetua na atividade de pensar, em busca de um estado sem conflito, "através da abolição de todas as causas de

---

17. Ibidem, p. 15.
18. *Thalassa*, p. 276.

conflito entre o Eu e os seus ideais, o que implica a abolição de qualquer conflito entre o Eu, seus desejos e os desejos dos outros"[19].

O Eu traumatizado pode ser capaz de renunciar à sua imagem idealizada, mas preservará "em suspenso" a idealização da imago parental, que será projetada sobre outro que aparecer na cena da realidade. A alienação, em sua forma mais radical e mais trágica, acarreta desrealização do percebido, muito parecido com o que ocorre na psicose.

A diferença é que a psicose faz apelo às representações fantasmáticas, enquanto a alienação faz apelo ao que Piera Aulagnier designou "representações discursivas", que implicam, simultânea e dialeticamente, práticas sociais como maneiras de interagir, de representar e de se identificar no mundo.

A noção de alienação articula o individual e o coletivo sustentada no desejo de abolir toda situação de conflito e, portanto, o sofrimento compartilhado por todos os sujeitos: o estado de alienação é aquele que representa um limite extremo, determinado pela morte efetiva do pensamento e, com ela, do sujeito.

Relação Alienada: Relação de Assimetria

A definição de Aulagnier de relação alienada não comporta recíproca: "o Eu situa o Eu do outro como objeto de necessidade, tornando, portanto, o seu próprio Eu privado daquilo que apenas este objeto poderia tornar possível"[20].

Para que o Eu possa projetar esse poder desmedido e alienante no outro, é necessário que o outro se apresente revestido de onipotência e desprovido de qualquer falta. Enfim, ao transformar o

19. P. Aulagnier, op. cit., p. 37.
20. Ibidem, p. 180.

objeto de prazer em objeto de necessidade e, mais ainda, de uma necessidade cuja satisfação é vital, o Eu termina destituído de suas possibilidades.

Se exigirmos do sujeito um investimento em ações que ele recusa, o sujeito não terá mais objetivos para oferecer a Eros, deixando livre o caminho para Tânatos. Estabelece-se uma desfusão entre o desejo de não desejo e a necessidade de investir e preservar-se vivo. No entanto, "a força alienante tem a estranha característica de satisfazer, simultaneamente, os objetivos de Eros e os de Tânatos, tornando possível uma temporária e sempre precária fusão pulsional que impõe silêncio ao conflito"[21].

Aulagnier extrai duas consequências da função do objeto alienante: a primeira deve-se ao fato de que seu sucesso conduz a uma aliança entre o investimento do espaço psíquico e o investimento do espaço corporal, entre o funcionamento do pensamento e o funcionamento do corpo, acompanhada de redução ao silêncio do conflito que redundaria na antinomia própria a Eros e a Tânatos.

Na cena psíquica de alienação, o Eu tem a incumbência de administrar parte da energia libidinal de que ele pode dispor e também parte de sua possibilidade de experimentar prazer sem excesso de sofrimento pela situação conflitual, o que pressupõe que ele conseguiu preservar o investimento dos dois lugares e das duas formas de prazer "fusionado", o prazer e o espaço do pensamento, o prazer e o espaço do corpo[22].

Cena Final

Desvalorizado em sua singularidade, o sujeito não encontra mais sentido no social e em si mesmo. Ressoa Lima Barreto:

21. Ibidem, p. 14.
22. Ibidem, p. 186.

Digo com franqueza, cem anos que viva eu, nunca poderá apagar-me da minha memória essas humilhações que sofri. Não por elas mesmo, que pouco valem; mas pela convicção que me trouxeram de que esta vida não vale nada, todas as posições falham e todas as precauções para um grande futuro são vãs.[23]

O submetimento entrava e espolia a subjetividade, interditando a capacidade psíquica de reflexão e a relação consigo e com o outro. Assim, uma experiência de intenso sofrimento pode levar ao encolhimento do espaço interior, atingindo o núcleo mais profundo de si, seu sentimento de identidade e de existência: miséria psíquica e social.

Referências Bibliográficas

AULAGNIER, Piera. [1979]. *Um Intérprete em Busca de Sentido*. São Paulo: Escuta, 1986. V. 1.
____. *Os Destinos do Prazer*. Rio de Janeiro: Imago, 1985.
____. *A Violência da Interpretação: Do Pictograma ao Enunciado*. Rio de Janeiro: Imago, 1979.
BARRETO, Lima [1956]. *Os Bruzundangas*. São Paulo: Atica, 2010.
BERTÚLIO, Dora Lúcia de Lima; SILVA, Paulo Vinícius Baptista da (coords.). *Cotas Raciais no Ensino Superior: Entre o Jurídico e o Político*. Curitiba: Juruá, 2008.
BHABHA, Homi K. *O Local da Cultura*. Belo Horizonte: Editora da UFMG, 1998.
BRASIL, Ministério da Educação. *Diretrizes Curriculares Nacionais Para a Educação das Relações Étnico-Raciais e Para o Ensino de História e Cultura Afro-Brasileira e Africana*. Brasília: Ministério da Educação, 2005.
DIOP, Cheikh Anta. *The Cultural Unity of the Black Africa*. Trenton: Karnak, 2000. (Series Karnak History)
FANON, Frantz. *Pele Negra, Máscaras Brancas*. Rio de Janeiro: Fator, 1983.
FERENCZI, Sándor. [1924]. *Thalassa: Ensaio Sobre a Teoria da Genitalidade*. São Paulo: Martins Fontes, 1993. V. 3.
FREUD, Sigmund. [1919]. O Estranho. ESB [*Edição Standard Brasileira das Obras Psicológicas Completas de Sigmund Freud*],v. 17. Rio de Janeiro: Imago, 1996.
____. [1923]. *O Ego e o Id*. ESB, v. 19. Rio de Janeiro: Imago, 1996.

23. Cf. L. Barreto, *Os Bruzundangas*.

HOFBAUER, Andreas. *Uma História de Branqueamento ou o Negro em Questão*. São Paulo: Editora da Unesp, 2006.

JODELET, Denise. A Alteridade Como Produto e Processo Psicossocial. In: ARRUDA, Angela (org.). *Representando a Alteridade*. Petrópolis: Vozes, 2002.

____. *Representações Sociais: Um Domínio em Expansão*. Rio de Janeiro: Eduerj, 2001.

KOLTAI, Caterina. *Política e Psicanálise: O Estrangeiro*. São Paulo: Escuta, 2000.

LOVEJOY, Paul E. *A Escravidão na África: Uma História de Suas Transformações*. Rio de Janeiro: Civilização Brasileira, 2002.

MOSCOVICI, Serge. *Representações Sociais: Investigações em Psicologia Social*. Petrópolis: Vozes, 2009.

SILVA, Alberto da Costa e. *A Manilha e o Libambo: A Escravidão na África de 1500 a 1700*. Rio de Janeiro: Nova Fronteira/Editora UFRJ, 2003.

VIOLANTE, Maria Lucia Vieira (org.). *Desejo e Identificação*. São Paulo: Annablume, 2010.

WEDDERBURN, Carlos Moore. *O Racismo Através da História: Da Antiguidade à Modernidade*, 2007. Disponível em: <www.abruc.org.br>. Acesso em: 15 fev. 2016.

Cinema e Literatura

10.
BUSCANDO BAOBÁS NA ARIDEZ DO ASFALTO: INSTAURANDO ORIGENS[1]

Miriam Chnaiderman

Em um muro de uma esquina da árida e cinza cidade de São Paulo, lemos: "Todo camburão tem algo de navio negreiro." Essa marca da humilhação e da submissão ligada a uma história de luta e revolta permeia a história da negritude em nosso mundo. Até hoje.

É tocante a fala de Valter Silvério no documentário *Sobreviventes*, que dirigi com Reinaldo Pinheiro. Ele, um senhor negro, nos mostra a sua dor e relata uma infância marcada por discriminação e preconceito:

> *Várias das situações que eu tinha vivido, desde criança, passando pela adolescência e início da vida adulta, eram situações de discriminação racial. Eu comecei a ter percepção dessas situações, sem saber nomeá-las, muito cedo. E eu queria entender, eu brigava muito na escola e os apelidos de negrinho sujo, então tudo isso era um ambiente em que eu me rebelava o tempo todo.*
>
> *Eu vivi várias situações de discriminação na rua. Quando me chamavam de negrão, com botina de soldado ou macaco [...] eu brigava.*

Em seguida, o choro explode, em um dolorido relato de uma situação escolar, já na adolescência:

---

1. Originalmente publicado em *Revista Eletrônica de Educação*-REVEDUC, v. 9, ago. 2015.

> *Talvez a situação que tenha me marcado mais profundamente foi um professor no colégio [...] esse professor, ele disse que eu era muito inteligente, mas era uma pena que eu era negro. Isso foi um momento de [...] Isso mudou a minha vida. Eu [...] eu não respondi [...] Mas meus colegas responderam. Nós passamos a assistir aula de costas.*

Nessa situação, Valter atualiza toda sua luta para se constituir como sujeito psíquico. Há algo de inaugural nisso que é reexperienciado naquele momento. "Todo processo de constituição de subjetividades é deflagrado, segundo Laplanche, pelo encontro da criança com a *alteridade do adulto*, com o adulto em sua *estranheza*."[2] Frantz Fanon afirma que "o homem só é humano na medida em que ele quer se impor a um outro homem, a fim de ser reconhecido"[3].

No momento descrito por Valter, um outro invasivo e cruel introduz uma violência atroz. Algo que a criança negra, em nosso mundo ocidental, vive desde o momento em que é concebida.

Se a subjetividade, em todos nós, se constitui a partir de um outro, se o mundo adulto propõe sempre algo que o bebê ainda não consegue decodificar, o negro, em nosso mundo, parece estar condenado a viver esse momento permanentemente. O mundo de brancos é estranho, a constituição de sua imagem corporal se dá por caminhos tortuosos.

Isildinha Nogueira nos mostra como "a criança do projeto e do desejo da mãe certamente não está representada no pequeno corpo negro, que o olhar materno, inconscientemente, tende a negar. A mãe negra deseja o bebê branco, como deseja, para si, a brancura". A criança negra vai sempre lutar com ter uma imagem de si que "não corresponde à imagem do desejo da mãe"[4]. A identificação imaginária vai ser sempre atravessada pelo ideal da brancura.

---

2. L.C. Figueiredo, A Questão da Alteridade nos Processos de Subjetivação e o Tema do Estrangeiro, em C. Koltai (org.), *O Estrangeiro*, p. 73.
3. F. Fanon, *Pele Negra, Máscaras Brancas*, p. 180.
4. I.B. Nogueira, *Significações do Corpo Negro*, p. 108.

Afirma Fanon: "O negro, em determinados momentos, fica enclausurado no próprio corpo."[5] Sueli Carneiro nos mostra como "vem do tempo da escravidão a manipulação da identidade do negro de pele clara como paradigma de um estágio mais avançado de ideal estético humano"[6]. Todo negro deveria buscar o embranquecimento.

Tal como diz Jurandir Freire da Costa, citado por Sueli Carneiro, "ser negro é ser violentado de forma constante, contínua e cruel, sem pausa ou repouso por uma dupla injunção: a de encarnar o corpo e os ideais de ego do sujeito branco e a dor de recusar e anular a presença do corpo negro"[7].

Nogueira, também citada por Carneiro, sustenta que:

> à medida que o negro depara com o esfacelamento de sua identidade negra, ele se vê obrigado a internalizar um ideal de ego branco. No entanto, o caráter inconciliável desse ideal de ego com sua condição biológica de ser negro exigirá um enorme esforço a fim de conciliar um ego e um ideal, e o conjunto desses sacrifícios pode até levar a um desequilíbrio psíquico[8].

Carneiro diz que, quando sua filha Luanda nasceu, seu marido, branco, ao ir registrá-la no cartório, teve de lutar para que a caracterizassem como negra. O escrivão assinalou que ela era "branca" e, após o pai retrucar, mudou para "parda". Foi uma luta até que escrevesse "negra". Decepcionado, o escrivão perguntou: "Puxa... Ela não se parece nem um pouquinho com você?" A mãe tem o ideal de brancura porque a sociedade em que vivemos também busca tal ideal. Sueli quer romper com isso e poder ver a filha negra "de carapinha", como relata.

Em documentários que realizei para o programa "São Paulo: Educando pela Diferença Para a Igualdade", do Núcleo de Estudos Afro-Brasileiros, da Universidade Federal de São Carlos, *Isso,*

---

5. Op. cit., p. 186.
6. *Racismo, Sexismo e Desigualdade no Brasil*, p. 64.
7. Ibidem, p. 80.
8. Ibidem.

Aquilo e Aquilo Outro; Você Faz a Diferença, pude constatar, conversando com crianças, a dor de ter de enfrentar ironias maldosas a respeito do cabelo.

Fanon cita "o preto" Juan de Mérida:

> Que infâmia ser negro neste mundo!
> Não são os negros homens?
> Têm eles por isso uma alma mais vil, mais desajeitada, mais feia?
> E por isso ganham apelido
> Levanto-me pesado sob a infâmia da minha cor
> e afirmo minha coragem ao mundo...
> É tão desprezível ser negro?

Voltando à fala de Valter no documentário *Sobreviventes*:

> *Mesmo quando você esquece, sempre alguém vem te lembrar. Essa lembrança é sempre uma lembrança que te remete a um lugar que, depois eu fui apreendendo, é o lugar da não humanidade, da semi-humanidade, e isso sempre foi muito dolorido.*

Marcelo Viñar, psicanalista uruguaio, lembra Pierre Clastres em seus estudos de tribos indígenas sul-americanas: "Os indígenas designavam-se com um vocábulo que, em sua língua, era sinônimo de 'os homens', reservando para seus congêneres de tribos vizinhas termos como 'ovos de piolho', 'sub-homens' ou equivalentes de valor depreciativo."[9] Em seguida, conta de uma menina uruguaia que confessa sua repulsa por um menino japonês que acabara de ingressar na sua classe. Viñar vai nos mostrando como conhecer e qualificar o outro "é um problema árduo e interminável como um labirinto"[10]. Propõe como tarefa gerar narrativas que permitam simbolizar a presença do semelhante e do diferente em duas existências não excludentes, sabendo que a metáfora conciliadora e a

---

9. M. Viñar, O Reconhecimento do Próximo, *Percurso*, n. 13. O ensaio também foi publicado em C. Koltai (org), *O Estrangeiro*.
10. Ibidem, p. 8.

metáfora da exclusão estão sempre rondando, podendo culminar ou na epifania de um entendimento, ou na monstruosidade de um sacrifício e de um torturador. Viñar cita Cornelius Castoriadis:

> O racismo participa de algo muito mais universal do que se admite habitualmente. É um fruto particularmente agudo e exacerbado, especificação monstruosa de um traço que se constata empiricamente como sendo quase universal nas sociedades humanas. Trata-se da incapacidade de constituir-se como si mesmo sem excluir o outro, e da incapacidade de excluir o outro sem desvalorizá-lo e, finalmente, odiá-lo.[11]

O importante, no ensaio de Viñar, é a lembrança de que "há um ponto originário, mítico, mágico ou sagrado no qual se discrimina o familiar do estrangeiro, o próprio do estranho"[12]. Conta-nos como a observação de bebês situa por volta do oitavo mês a fobia ao estranho. A criança saúda com alegria a mãe e chora diante de alguém desconhecido. Se a criança não chorar diante do desconhecido, segundo Melanie Klein, isso será um mau presságio para sua organização psíquica futura. Ou seja, os psicanalistas vão afirmar a função estruturante dessa primeira discriminação.

Enorme paradoxo se delineia para a psicanálise: haveria, no trabalho com o inconsciente, a proposta de uma radical abertura para a alteridade, a começar pela que nos constitui. Mas, ao mesmo tempo, o sujeito se constitui no encontro com o reflexo de si no outro. A partir disso, discrimina e não quer saber dos rostos que não são familiares.

Radmila Zygouris, psicanalista que vive na França, também nos mostra como "a xenofobia se enraíza no universo infantil do medo"[13].

---

11. Ibidem, p. 9.
12. Ibidem, p. 12.
13. R. Zygouris, De Alhures ou de Outrora ou o Sorriso do Xenófobo, em C. Koltai (org.), *O Estrangeiro*, p. 194.

A questão de Viñar é entender como se constituem os traços identificatórios que se referem ao vínculo social "e que definem, por sua vez, a comunidade – conjunto trans-subjetivo – e/ou os sujeitos que a constituem". Lembra do termo que Lacan cunhou, a "extimidade", para indicar o traço de intimidade que se lê no exterior. Seria o que Freud denominou "almas coletivas". Como o sujeito passa da insuportabilidade do estranho para traços identificatórios coletivos?

Caminhando com Viñar: "O que é necessário detectar na exaltação dessa alma plural que nos constitui não deve ser buscado apenas no seu interior, mas em sua necessidade estrutural de fabricar ou de gerar outra figura complementar e imprescindível: a figura do estrangeiro ou a do inimigo."[14]

Didier Fassin lembra Émile Benveniste no *Le Vocabulaire des institutions indo-européennes*:

> À diferença do peregrino, que vive fora dos limites do território, *hostis* é o estrangeiro "enquanto lhe reconhecemos os mesmos direitos aos dos cidadãos romanos". Uma ligação de igualdade e reciprocidade é estabelecida entre esse estrangeiro e o cidadão de Roma, o que pode conduzir a uma noção precisa de hospitalidade [...] Através de uma mudança da qual desconhecemos as circunstâncias precisas, a palavra *hostis* assumiu a compreensão do "hostil", aplicando-se apenas à noção de inimigo.[15]

A filogênese repete a ontogênese? Pois também o ser humano não nasce xenófobo, vai nos mostrar Zygouris. A rejeição do não familiar aparece depois do reconhecimento da própria imagem no espelho. Inicialmente, a identificação com a espécie humana prevalece sobre todo outro tipo de identificação.

Zygouris descreve lindamente esse processo:

14. Op. cit., p. 12.
15. D. Fassin, Uma Hospitalidade Ambígua, em M.D. Rosa et al. (orgs.), *Desejo e Política*.

Um belo dia, a criança se reconhece no espelho e percebe que é menino ou menina, fica em pé e nomeia, diz não e para de sorrir a qualquer um. As primeiras palavras da criança servem para nomear as figuras familiares e a si própria. Mamãe, papai, bebê, João ou Júlia. Aquilo que não sabe nomear e que não lhe é designado cai no território do estrangeiro. Seu universo familiar se constrói com as fronteiras às quais os adultos que a cercam concedem vistos a seu bel-prazer. E um belo dia os estrangeiros estão atrás da porta. A língua materna, os rostos familiares, a integração de um "nós" restringem o campo das identificações primeiras e cercam o mundo. O estrangeiro é, em primeiro lugar, o significante de um espaço desconhecido. A linguagem, específica do devir humano, é, ao mesmo tempo, uma instância recalcante da capacidade inicial de identificação com a espécie humana como tal.[16]

Mas a identificação com a espécie humana permanece recalcada. E ressurge com força em situações-limite.

O que acontece quando o bebê que nasce é, de fato, um estrangeiro? Na constituição de seu psiquismo, a discriminação se dá por vetores invertidos. O recorte e a estrangeiridade acontecem a partir de um ambiente hostil ou de um olhar de mãe que não pode se encantar com a negritude ou qualquer traço no qual um destino de luta e dor esteja traçado.

Entretanto, será que o "nós" (etimologicamente, origem da palavra "grupo", ou seja, suposição do espaço interno) só pode se formar na busca de uma identidade constitutiva que precisa do estrangeiro para existir?

Viñar, com humor, nos fala que "cem anos depois das descobertas freudianas, qualquer psicanalista sabe que nenhuma pessoa pode dizer, conclusivamente, quem é"[17]. Porém, vai apontar o quanto se busca a totalização, o quanto a fragmentação é insuportável. O fato

16. Op. cit., p. 195.
17. Op. cit., p. 13.

é que a percepção de que existiria uma identidade que definiria o sujeito psíquico vem sendo criticada como uma ideia totalizante que não leva em conta a multiplicidade de que somos feitos. No entanto, ainda é possível observar tendências de pensamento que mostram a busca de uma essência que constituiria o ser humano e que teria a ver com a noção de identidade.

Em artigo, Maria Lucia Montes faz uma crítica absolutamente pertinente a um tal conceito de identidade, que qualifica de "reificador"[18]. O ponto de partida de Montes é um livro de Manuela Carneiro da Cunha, *Os Mortos e os Outros*, em que é feita uma discussão sobre a noção de pessoa. Para entender o que é pessoa é preciso saber a ordenação das relações sociais. Na sociedade krahó, analisada por Cunha, há uma diferença entre amigos formais e companheiros. Os amigos formais são designados, e não escolhidos. São relações regulamentadas: deve haver respeito, deferência e solidariedade. E sempre em situações especiais, já que, no cotidiano, há evitação dessas relações. Ao mesmo tempo, entre os parentes há um convívio informal, característico de relações jocosas. Citando Montes:

> Esse estranho absoluto que é o amigo formal é alguém de quem não se deve chegar perto, embora esteja o tempo inteiro preocupado com aquilo de que ele necessita, que ele quer ou deseja; mas não se vai nunca perguntar isso a ele, sendo sempre através de terceiro que seu amigo vai manter-se informado. E o outro faz a mesma coisa.[19]

Para o povo krahó o amigo formal é "um outro em mim", uma forma de se ver na figura desse outro. Daí a necessidade de distância. Já com os companheiros há um convívio cotidiano bastante livre: são crianças que nasceram na mesma época, passaram pelos mesmos rituais de iniciação, brincaram e realizaram tarefas em

---

18. Cf. Raça e Identidade, em L.M. Schwarcz; R. Queiroz (orgs.), *Raça e Diversidade*.
19. Ibidem, p. 56.

comum. Quando adultas serão corresponsáveis por certas funções públicas. Tudo isso só muda com o casamento, mas os filhos terão o mesmo tipo de relação. O convívio é extremamente próximo, são "um outro eu".

Nesses dados, vai aparecendo como o processo de identificação só pode se dar no reconhecimento da alteridade, e não é possível falar de identidade sem pensar em processo de identificação. Montes afirma:

> se todo processo de criação de identidade é um processo de reconhecimento da alteridade, em relação à qual vou constituir e afirmar minha própria identidade –"um eu outro", ou "um outro eu", como no modelo krahó – é preciso pensar que diferentes contextos e situações vão configurar alteridades distintas.[20]

Freud já introduzira a existência de uma alteridade na interioridade – somos muitos. Para ele, o Eu era definido como o conjunto de identificações que cada sujeito vai fazendo no decorrer de sua vida. Ou seja, somos portadores de várias identificações.

Lacan diz que quer contribuir com uma reflexão sobre "a função do Eu na experiência que dele nos dá a psicanálise". É preciso compreender o estágio do espelho

> como uma identificação [...] ou seja, a transformação produzida no sujeito quando ele assume uma imagem [...] Esse assumir jubilatório de sua imagem especular [...] nos parecerá, desde então, manifestar em uma situação exemplar a matriz simbólica na qual o Eu se precipita em uma forma primordial.[21]

A forma total do corpo é muito mais constituinte do que constituída, sendo dada em uma exterioridade, em uma simetria invertida. A aparição dessa imagem simboliza, para Lacan, a permanência mental do Eu, ao mesmo tempo que "antecipa seu destino alienante".

20. Ibidem, p. 57.
21. J. Lacan, O Estágio do Espelho Como Formador da Função do Eu, *Écrits*, p. 94

Há "um olho mítico", pelo qual vemos primeiramente nosso eu fora de nós. É o olhar de um outro que permite a constituição de uma imagem unitária, surge um Eu sempre mediado pela relação com um outro. O sujeito se vê como é visto por seus semelhantes. É essa a alienação fundante do sujeito psíquico.

Na experiência traumática que Valter expõe, o que explode é a constituição da própria imagem. Deixa, naquele momento, de ser possível ter retorno do semelhante que reconhece e introduz a possibilidade de humanidade. O corpo desaparece e o choro irrompe, dificultando a fala.

O colapso da imagem reativa a experiência original, com a mãe buscando o bebê branco em seu filho negro. Segundo Isildinha Nogueira, isso pode levar "a criança negra a ir mais além do desejo de querer ser branca: passa a tentar se assemelhar ao branco no vestir, no cabelo etc."[22].

Fanon, nas primeiras páginas de seu belo livro supracitado, vai nos mostrar esse fenômeno nas pessoas da Martinica que passaram por Paris e que querem esconder seu idioma nativo. Há um apagamento da história.

Entretanto, naquele momento, na escola, Valter tomou a decisão de ser professor para não deixar que situações como essa se repetisssem. E dedicou sua vida a lutar pela educação e pela dignidade do negro. "Eu descobri que eu tinha que ser professor porque [...] para poder fazer a formação das pessoas de uma outra maneira."

Nogueira nos mostra o quanto "os negros, em função da condição de escravos, não constituíram a noção de pertencer a uma linhagem"[23]. A criança não tem uma noção de antepassados.

Há uma ruptura na história familiar dos negros: não há uma percepção de continuidade de herança familiar que possa preencher, imaginariamente, o buraco provocado pela ruptura. Uma ruptura

22. Op. cit., p. 128.
23. Ibidem, p. 131.

que começa já na chegada ao Brasil, quando os negros africanos foram propositadamente separados de seus familiares e vizinhos, perdendo a possibilidade de se comunicar na língua de origem. Afirma Nogueira: "Expatriado, sem referências pessoais, apartado de sua língua e alheio aos costumes locais, vai-se despossuindo de sua humanização que somente as estruturas do sistema cultural garantem."[24] A língua de origem, a língua materna.

Ana Gebrim nos fala da língua materna como língua dos afetos, dos prazeres, de tudo aquilo que rodeia para expressar a própria vida. Modelo "da inscrição simbólica no corpo, a lei é introduzida através da língua materna. Língua que deixa traços, marcas, pegadas, vestígios quase anatômicos, é a inscrição no próprio corpo, ou mesmo a própria pele, diria Freud sobre essa língua". Ela conta como, para os gregos, inicialmente foi a única língua, sendo equivalente ao *logos*. Cita Tzvetan Todorov, que fala da coincidência de sentidos da palavra *logos* em grego: "Um ser que não pode falar aparece como incompletamente humano." [25]

É Todorov também quem lembra que, em 1492, em uma carta ao reino da Espanha, Cristovão Colombo, referindo-se aos povos nativos que encontrara na América, escreve: "Se Deus assim o quiser, no momento da partida, levarei seis deles a Vossas Altezas, para que aprendam a falar."[26]

Aponta Gebrim: "Aquele que não fala a mesma língua é literalmente silenciado do atributo da fala. Em mais um exemplo, vê-se a mesma dinâmica de despojar de humanidade o estrangeiro; que curiosa (e nefasta) forma inventamos para poder nos reconhecer como iguais."[27]

O importante, nesse trabalho, é a relação que ela estabelece entre a língua da fala e a língua do corpo, que sustenta a fala.

24. Ibidem.
25. Apud A. Gebrim, *Língua Materna, Língua Estrangeira*, p.1. no prelo.
26. *A Conquista da América*, p. 42.
27. Op. cit., p. 2.

Gebrim afirma: "Muito mais do que *logos*, língua é, talvez, uma das mediações mais radiais entre o corpo e todo o mundo externo."[28]

A ausência de linhagem, apontada por Nogueira, passa pela perda da língua materna, aquela que Sándor Ferenczi denominava língua da ternura. Essa língua que é anterior ao medo do estrangeiro e que é feita de sussurros e suspiros e gozos. E, que dá a base encarnada para que a língua da cultura se instale. Lembro aqui da importância do iídiche na diáspora dos judeus. É uma língua oral, em que predominam expressões afetivas. Na diáspora negra, os cantos, a linguagem corporal, talvez tenham tido a mesma função.

Quando Valter chora é porque lhe falta o chão dessa passagem necessária da língua da ternura para a língua da cultura. Mas, heroicamente, resgatando a identificação com a espécie humana, ele decide ser professor. Sustenta Zygouris: "O projeto é a única parada que vem, imaginariamente, fazer horizonte para se intercalar entre o presente e a morte certa."[29] No momento em que decide ser professor, Valter escapa do esfacelamento corporal que a discriminação lhe impingira.

Concluindo:
Sobre a Clínica e o Cinema

Jacques Hassoun afirma: "Transmitir uma cultura, uma crença, uma pertinência, uma história, pareceria óbvio. Isso parecia natural." Mas uma transmissão bem-sucedida "oferece àquele que a recebe um espaço de liberdade e uma base que lhe permita deixar o passado para melhor reencontrá-lo"[30].

Todavia, o que acontece quando os herdeiros de uma história ancestral são impedidos de dar continuidade a essa linhagem?

28. Ibidem.
29. Op. cit., p. 203.
30. *Les Contrebandiers de la mémoire*, p. 17.

Hassoun vai se debruçar sobre as crianças nascidas na França de pais imigrados que perderam o cotidiano de seu meio familiar, seu modo de vida, sua cultura, sua história. E fala de "uma língua de contrabando" para significar essa herança involuntária de palavras ou de experiência saída de outro tempo. Apesar dele mesmo, o sujeito traz em si a língua da infância, a língua materna que esqueceu e que, na camada mais profunda, trabalha seu ser e construiu sua identidade.

No prefácio do livro de Hassoun, Antonio Spire nos conta como a transmissão supõe que se dê todo lugar a essa "língua do esquecimento". Para Hassoun, a transmissão só pode ser uma cocriação na iniciativa de duas gerações: nós construímos com nossos descendentes aquilo que nós lhes transmitimos. Como se, com eles, participássemos de uma espécie de obra de arte.

Penso ser essa nossa função como psicanalistas: a explicitação da língua do esquecimento. Dar lugar ao recalcado do exílio forçado, buscando resgatar a língua materna.

É onde cinema e psicanálise se encontram. Por meio do trabalho com imagens, em meus documentários, busco dar voz àquilo que em nosso mundo ocidental vem sendo colocado embaixo do tapete: a questão da loucura que se esparrama pela cidade, a morte como tabu, a institucionalização, a intolerância.

Glauber Rocha, em seu primeiro trabalho no exílio, *O Leão de Sete Cabeças*, exprimiu uma afinidade latino-africana. Ou buscou na África formas de lidar com o nosso recalcado.

Na clínica, é preciso refletir sobre formas de lidar com essa língua do esquecimento.

Na França, Tobie Nathan vem provocando importantes polêmicas. Costuma tratar a população que atende, que é de refugiados africanos e árabes, usando os mesmos recursos de seus locais de origem. O terapeuta passa a ocupar o mesmo lugar que o xamã da tribo[31]. Sua contribuição o obrigou a repensar toda a

---

31. Cf. T. Nathan, *L'Influence qui guérit*.

psicopatologia ocidental. Mas não será essa mais uma proposta que não instrumenta para lidar com a diferença? Não cairíamos aqui na infantilização do diferente, aumentando sua fragilidade num mundo onde é minoria? Fanon, com muita dor, expõe como o exagero de consideração no trato do negro mostra, pelo avesso, o mesmo preconceito e discriminação.

Creio que o que podemos fazer é buscar narrativas que possam dar conta do inenarrável. O que é sempre um desafio. Construir mitos, inventar histórias. Criar línguas de ternura que embasem o estar num mundo que é, quase que ininterruptamente, hostil.

Termino, aqui, com o "mito da árvore", pois penso que ele é exemplar das infinitas possibilidades de narrativas para dar conta de uma origem.

> A *kad* é idêntica à *balanza* dos bambara. Ela tem um ciclo inverso em relação às outras árvores, verdeja na estação seca e perde suas folhas na estação das chuvas. Na mitologia bambara, tem o papel de um inversor de ciclos. Na origem dos tempos, com efeito, houve dois reinos sucessivos: o reino da Árvore (representado nos ritos por uma grossa tábua, o *pembele* bambara, o *sass* dos serer) e o reino de Faro, gênio ordenador e legislador. O reino da Árvore foi o reino da autoctonia, isto é, do que nasceu da terra, por oposição ao que nasceu de um casal sexuado, regido pelas regras de aliança. Sob o reino da Árvore, segundo os bambara, as mulheres tinham a iniciativa do culto. Os humanos encontravam-se num estado muito indiferenciado: sem linguagem, sem roupas, reconhecendo-se apenas através da tatuagem, sem outras referências cronológicas do que a evolução do sistema piloso, sem membros articulados para o trabalho, sem relações sexuais, pois das mulheres diretamente fecundadas pela árvore nasciam indistintamente plantas, animais ou humanos; a própria fecundidade não se diferenciava da alimentação, pois a árvore se nutria do líquido seminal das mulheres. A árvore também se nutria do sangue dos homens e aqui o tema autoctonia torna-se muito explícito: ao absorver o sangue dos velhos, a árvore rejuvenescia, invertia o ciclo do tempo, fazendo-os tornarem-se novamente

crianças, conferindo-lhes assim uma espécie de imortalidade regressiva evocada por um rito bambara, ainda praticado hoje em dia pelos velhos serer, que consiste em esfregar o punho contra as rugosidades da casca até fazer o sangue escorrer pela árvore.

No entanto, a árvore, ávida demais de se nutrir do sexo das mulheres e do sangue dos homens, foi vencida por Faro, que instituiu a ordem atual: trouxe a linguagem, a regularidade das alianças entre homens e mulheres, a normalização dos nascimentos e todos os valores diferenciados necessários para o bom andamento da sociedade.

A mudança de reino, a inversão dos ciclos, foi marcada pela castração celeste do Gênio do ar, origem da circuncisão; a circuncisão elimina a indiferenciação dos sexos (suprime a feminilidade do prepúcio e a masculinidade do clitóris), estabelece as diferenças necessárias para as alianças.

A árvore da autoctonia tem, portanto, uma função regressiva; fonte fascinante de vida da qual se teme que seja na mesma medida devoradora; túmulo no qual se dá o retorno ao seio materno. No Senegal, os griots, membros da casta dos trovadores, cantores das genealogias familiares, são enterrados no tronco oco dos baobás.[32]

Hoje, temos, muitas vezes, que inventar genealogias, mas é uma invenção necessária, pois a autoctonia é violenta e devoradora. O silenciamento da história tem duras consequências: ou a idealização de uma tradição levando a um fechamento no passado, ou o silêncio levando a atuações de repetição infinita.

Afirma Antonio Spire, no livro de Hassoun: "É a partir da herança que me foi transmitida que eu posso ousar um verdadeiro ultrapassamento. A negação da herança tem levado a enclausuramentos que formam feridas que não cicatrizam."[33]

Todo esse trabalho de resgate de uma história recalcada é absolutamente necessário para tornar possível uma vida mais digna.

---

32. M.C. Ortigues; E. Ortigues, *Édipo Africano*, p. 120-121.
33. Apud J. Hassoun, op. cit., p. 12.

Referências Bibliográficas

CARNEIRO, Sueli. *Racismo, Sexismo e Desigualdade no Brasil.* São Paulo: Selo Negro, 2011.
CHNAIDERMAN, Miriam; PINHEIRO, Reinaldo. *Sobreviventes.* Brasil, 2009. Cor, 52'.
CHNAIDERMAN, Miriam. *Você Faz a Diferença.* Programa São Paulo Educando Pela Diferença Para a Igualdade. Núcleo de Estudos Afro-Brasileiros da Universidade Federal de São Carlos, 2005.
____. *Isso, Aquilo e Aquilo Outro.* Programa São Paulo Educando Pela Diferença Para a Igualdade. Núcleo de Estudos Afro-Brasileiros da Universidade Federal de São Carlos, 2004.
CUNHA, Manuela Carneiro. *Os Mortos e os Outros. Uma Análise do Sistema Funerário e da Noção de Pessoa Entre os Índios Krahó.* São Paulo: Hucitec, 1978.
FANON, Frantz. *Pele Negra, Máscaras Brancas.* Trad. Renato da Silveira. Salvador: Edufba, 2008.
FASSIN, Didier. Uma Hospitalidade Ambígua: A Administração dos Indesejáveis. In: ROSA, Miriam Debieux et al. (orgs.). *Desejo e Política.* São Paulo: [S.n.], 2013.
FIGUEIREDO, Luis Claudio. A Questão da Alteridade nos Processos de Subjetivação e o Tema do Estrangeiro. In: KOLTAI, Caterina (org.). *O Estrangeiro.* São Paulo: Escuta/Fapesp, 1998.
GEBRIM, Ana. *Língua Materna, Língua Estrangeira: Reflexos Sobre a Língua do Analista.* No prelo.
HASSOUN, Jacques. *Les Contrebandiers de la mémoire.* Paris: Érès, 2011.
LACAN, Jacques. Écrits. Paris: Seuil, 1966.
MONTES, Maria Lucia. Raça e Identidade: Entre o Espelho, a Invenção e a Ideologia. In: SCHWARCZ, Lilia M.; QUEIROZ, Renato. (orgs.). *Raça e Diversidade.* São Paulo: Edusp/Estação Ciência, 1996.
NATHAN, Tobie. *L'Influence qui guérit.* Paris: Poches Odile Jacob, 2001.
NOGUEIRA, Isildinha Baptista. *Significações do Corpo Negro.* Tese de doutorado. Departamento de Psicologia Escolar e do Desenvolvimento Humano, São Paulo, Ipusp, 1988. Disponível em: <http://psicologiaecorpo.com.br>.
ORTIGUES, Marie-Cecile; ORTIGUES, Edmond. Édipo Africano. São Paulo: Escuta, 1989.
ROCHA, Glauber. *O Leão de Sete Cabeças.* 1970.
TODOROV, Tzvetan. *A Conquista da América: A Questão do Outro.* São Paulo: Martins Fontes, 1996.
VIÑAR, Marcelo. O Reconhecimento do Próximo. *Percurso*, São Paulo, a. VII, n. 13, dez. 1994.
ZYGOURIS, Radmila. De Alhures ou de Outrora ou o Sorriso do Xenófobo. In: KOLTAI, Caterina. (org.). *O Estrangeiro.* São Paulo: Escuta/Fapesp, 1998.

11.
QUEM TEM MEDO DA PALAVRA NEGRO

Cuti

Em uma das cenas do musical *Bixiga*, que narra a história do bairro paulistano cuja propriedade dos imóveis é majoritariamente de italianos e seus descendentes, uma personagem diz a outra que agora não é mais "crioulo" que se fala, mas "afrosforescente". Um toque de riso. É corrigida pela colega de palco, que pronuncia "afrodescendente". As duas expressões não pertencem à dinâmica reivindicatória e histórica do Movimento Negro, que moveu o país no sentido da necessidade de assumirmos a nossa diversidade racial e cultural. A palavra "negro" parece já não servir tão bem à jocosidade preconceituosa. Por que ela vem sendo evitada ou banida tanto por racistas como por pessoas que advogam as africanidades no Brasil?

A humanidade nasceu na África. Então, todos nós, seres humanos, somos afrodescendentes, até a personagem da peça em questão, descendente de italianos. E as atrizes. Afro-brasileiro, portanto, é qualquer brasileiro, do ponto de vista científico e não social. Nesse particular, até a raça – que não existe para a ciência – desempenha um papel fundamental. Mas, palavras iniciadas pelo prefixo "afro" não representam em sua semântica a pessoa humana, como ocorre com a palavra "negro". Esta diz de pronto sobre o fenótipo: pele escura, cabelo crespo, nariz largo e lábios carnudos, e história social. Variações desses itens são infinitas. "Afro", não necessariamente, incorpora o fenótipo sobre o qual incide a insânia branca do racismo. Branca porque é dos brancos. Um "afro" pode ser branco. Há milhões deles. No "afro", o fenótipo negro se dilui. É por isso que o jogo semântico-ideológico tem se estabelecido e o sutil combate à palavra "negro" vem se operando, pois ela não encobre o racismo e, além disso, lembra reivindicações antirracistas. Tais reivindicações contestam a base sobre a qual se erige o racismo no mundo: a ilusão de superioridade congênita dos povos despigmentados, aqueles que descendem dos grupos que, há milênios, migraram do interior da África para as regiões mais frias do planeta. O sol que nos garante a vida é, em seus excessos, implacável. Os humanos têm melanina na pele por proteção, nariz largo e cabelos crespos idem, para viver em zonas tropicais. A humanidade originou-se em zona tropical. Daí a pigmentação. A dispersão e os múltiplos cruzamentos corresponderam às alterações físicas diversas que são vistas, hoje, no mundo. No mais, são as conquistas armadas – a letalidade das armas também é resultado de necessidade de sobrevivência em ambiente de natureza mais hostil – de uns povos sobre outros e a necessidade de se justificar as vitórias sanguinárias que criaram as ilusões de superioridade congênita. Um assaltante que invade a sua casa com armas possantes, mata seus familiares, estupra, transmite doença, rouba seus pertencentes, faz você trabalhar para ele, obedecer às suas ordens, pode, se for fisicamente diferente de você, atribuir à diferença a superioridade que sente, acreditar nisso e fazer até você crer nesses argumentos. Ele pode, ainda, escrever livros e mais livros, produzir filmes e mais filmes, e ensinar para as gerações futuras, por vários meios, que você é inferior e ele é superior, em virtude das diferenças fenotípicas. Racismo é isso, associado a consequências inimagináveis de violência, tortura, morte e perversa exclusão. Porque racismo implica crença, dominação e ódio. E existe por haver gente que acredita nele e desenvolve dentro de si os preconceitos (ideias, sentimentos e emoções) contra o diferente, e acabam praticando a discriminação (impedimento de acesso ao emprego, humilhação, desprezo, violência etc.) contra ele. Assim como só existem drogas por haver aqueles que as consomem e vendem e outros que fazem de conta que não enxergam o problema. Logo, só existe racismo porque há quem pratique a discriminação racial e aqueles que são coniventes com a prática, por acreditar que povos ladrões de outros povos são congenitamente superiores. E por que há seus praticantes e os que fazem de conta que não têm relação com o assunto? Por que a ilusão de superioridade racial cria vantagens práticas para ambos? Um chefe de departamento pessoal ou um empregador qualquer que discrimina negros favorece a quem? Aos brancos ou aos mais despigmentados, pois o racismo se pauta, no Brasil, além dos traços apontados, pela gradação da melanina na pele. Por isso, na TV, por exemplo, os brancos predominam. Os coniventes sabem disso. Por essa razão, silenciam, como a professora que vê e ouve um aluno discriminando outro e não age em defesa do discriminado, dando a entender que aquilo não é com ela. Mas é com ela, sim! Educar inclui preparar para uma convivência harmônica. A prática do racismo desagrega a sociedade e impede seu potencial humano de se manifestar plenamente. E o país precisa de coesão para ter equilíbrio social e prosperidade sustentável. Entretanto, no cotidiano competitivo, quem está preocupado com isso?

A prática do racismo usa como principal arma a humilhação dos negros. Desde um escrito maldoso em uma porta de banheiro até a violência de um policial ou de um bandido que pode levar à morte um inocente, ou mesmo um culpado, sem julgamento, o racismo atua como crença de superioridade grupal. Como muitas pessoas acreditam nele, há quem se ache no direito de humilhar e violentar os outros. Uma pessoa racista é um ser complexado, ou seja, alguém com doença psíquica. Se um indivíduo diz que é o Super-homem, está querendo dizer que tem poder mais que os outros. O sentimento de superioridade congênita por ter pele e olhos claros, nariz estreito e cabelo liso é uma doença psíquica. Como é uma doença psíquica que atinge muitas pessoas, torna-se uma patologia social. Para esse grupo – que se constitui hegemônico, do ponto de vista da economia e da política –, tal patologia acaba sendo incluída dentro dos parâmetros de normalidade das relações raciais. Então, todas as formas de violência advindas dela são invisibilizadas, tornam-se nada. Ou seja, é como se não existissem.

A discriminação racista no Brasil não é uma discriminação de origem. Até chegou a ser, quando se imaginava que o africano trazia o sangue impuro. A ideia ficou lá, na época colonial, porém não deixou de lançar suas ramificações no presente.

Um branco racista e estrangeiro que aqui chegue será mais bem tratado socialmente do que um negro de qualquer nacionalidade. Aliás, as figuras africanas brancas ou mulatas têm tido boa acolhida no país, diferentemente dos africanos negros, uma vez que a cor da pele escura é uma simbologia historicamente construída. Contudo, na verdade, ninguém é discriminado por ser negro, mas porque há milhões de brancos que sofrem da patologia de "ser o Super-homem". Um louco deve ser internado para se submeter a tratamento. No caso das doenças coletivas, sobretudo de um grupo hegemônico, quem procura curá-las é que é considerado doente. Há, portanto, uma inversão.

Os seres humanos se iludem, por várias razões, quanto à autoimagem que cada um produz, pois quase sempre é uma idealização. Um branco ou mestiço racista, perante um negro, busca uma compensação para qualquer uma de suas deficiências. Ancorar-se na ilusão racista é também um ato de cobrir deficiências ou fragilidades pessoais. Mas não é só. A razão principal é ter vantagens em relação aos negros. Sempre que temos necessidade de humilhar alguém, queremos gritar que somos melhores do que o humilhado e ver essa falácia reconhecida socialmente. Um racista faz isso se baseando em uma convicção. Diante de um negro, ele, branco ou mestiço racista, quer ser o Super-homem! Quando desqualificar o outro se torna difícil, o indivíduo racista amarga um desequilíbrio interno sem outra solução que não seja arriscar-se a uma agressão verbal ou física que lhe pode custar caro. Quando você agride alguém, está correndo o risco de ser agredido. A frase atribuída a Luís Gama – "Todo escravo que mata o seu senhor comete um ato de legítima defesa" –, se traduzida para o contexto racista da vida cotidiana brasileira atual, acarreta a legitimação da lei milenar do "olho por olho, dente por dente". Sabemos, porém, que a vingança é sempre desproporcional, não se contenta com pouco. Quem discrimina há de ficar desconfiado de que a vingança está a caminho, mesmo que a água do lago esteja parada. Esse é o lado do assombro: para o racista, todo negro significa uma iminente possibilidade de um ato de revide contra aquilo que sofreu ou sofre ou, ainda, que poderia sofrer. Há, portanto, no inconsciente coletivo brasileiro, um medo branco que é preciso, a todo momento, refrescar para que ele, supostamente, não recrudesça em mais prática de racismo. Na época colonial, os escravizadores usavam a técnica da violência preventiva. Para lermos o presente das relações raciais no Brasil, temos de considerar o significado atual daquilo. A prática discriminatória é uma intimidação que funciona no dia a dia como uma atitude preventiva dos brancos racistas contra o que os assusta. Um negro com poder, para a consciência e, sobretudo, a inconsciência racista, só pode significar a prática da vingança.

E a palavra "negro" nisso tudo? Por que razão ela vem sendo deixada de lado, em particular na instância instituída do saber, a universidade? Por que vários segmentos organizados da população negra têm aderido à mudança, optando pelo prefixo "afro", enquanto outros segmentos fazem questão de manter a palavra "negro" e promovê-la?

Em 1978, nas escadarias do Teatro Municipal de São Paulo, foi lançado o Movimento Negro Unificado Contra a Discriminação

Racial. Por que seus organizadores não deram o nome de Movimento Afro-...? Não se trata de mera escolha gratuita de palavra. As palavras trazem conteúdo, têm suas histórias no idioma, seus significados, e suas morfologias não são para sempre. Daí serem escolhidas ou rejeitadas. Naquele momento (e ainda hoje), foi escolhida a palavra "negro" por ser a única do léxico que, empregada para caracterizar organização humana, não isenta o racismo. Desde a Antiguidade, com suas correspondências nos outros idiomas, ela vem acumulando história. Usada em diversos contextos para demarcar significados negativos, foi utilizada pelo racismo para caracterizar a suposta inferioridade dos africanos de pele escura. Os povos que foram ficando mais claros durante o longo período histórico da humanidade guerrearam contra os mais escuros. É dessa passagem que remonta o uso da cor para estigmatizar.

Analisando o Brasil, último país a abolir a escravização (o dado é importante!), vamos encontrar os próprios negros assumindo a palavra no seu aspecto positivo, para nomear seu movimento de reivindicação de plena cidadania. Já em 1930, em São Paulo, uma organização, que se tornou um partido político de curta duração, chamou-se Frente Negra Brasileira. E assim, outras tantas organizações de antes e posteriores traziam em seus nomes a palavra "negro". Na década de 1940, em Paris, estudantes negros das Antilhas e da África haviam fundado o movimento da Negritude. Na década de 1960, a luta pelos direitos civis nos Estados Unidos empregou a palavra *black*, cuja versão correta, no contexto social brasileiro, é "negro", e não preto, como querem alguns. Ou seja, o assumir da palavra "negro" pelos próprios negros não é recente, tampouco local.

Tendo a palavra servido para ofender, no momento em que o ofendido a assume, dizendo "ser negro", ele dá a ela outro significado, positivando o que era negativo. Aqui, acontece algo estranho para quem ofende. Se a palavra perde o poder de ofender, o ofensor perde um instrumento importante na prática (discriminação) e na manutenção psíquica (o preconceito) do racismo. Por outro lado, a palavra "negro" não o deixa em paz, trazendo em sua semântica a histórica opressão escravista e colonialista e desafiando a convicção em que se baseia a doença psíquica do racismo. Qualquer circunstância de inferioridade ou igualdade com relação a um negro desequilibra o branco racista, impelindo-o a comportamentos agressivos que podem, de alguma maneira, redundar em punição, inclusive a vingativa.

É preciso levar em conta que ideologia não é um organismo de ideias paralisadas. Não, é móvel o tempo todo, pois precisa rearticular-se. A ideologia racista brasileira tem dois componentes básicos: o branqueamento e a autonegação. No primeiro caso, trata-se do ideário de intelectuais brancos, desde o século XIX até o século XX, promovendo a hipótese de que o país iria tornar-se um país de população exclusivamente branca no futuro, ou seja, com a eliminação física do negro por meio da miscigenação. Por isso, eles elegeram a mulata como símbolo de passagem para a mulher ideal, a branca, e chegaram a pronunciar em alto e bom som que o Brasil era um país mestiço. Alguns ainda vivem arrotando esse argumento e não o de que o país é de todos, independente da coloração de sua pele e de seus traços físicos. Quando dizem "mestiço", entretanto, estão querendo dizer "não negro" ou "quase branco". A ideologia tem disso, não explícita, deixa as suas verdadeiras intenções encobertas por palavras outras. A ideologia racista brasileira adora um eufemismo, aquela figura de linguagem que disfarça, que substitui palavras como "ladrão" por expressões como "amigo do alheio" e assim por diante, porque o componente operacional do racismo à brasileira é a hipocrisia. Com a constatação de que aquela fantasia não deu certo, pois a população atual de negros, pretos e pardos já ultrapassou os 50% de brasileiros, a ideologia se rearticulou antes, em meio à apologia da mestiçagem, dizendo que os negros não são inferiores, apenas as culturas africanas estavam em estágio inferior, por isso seus ascendentes foram escravizados.

Daí, então, começou a mudança que vem sendo explorada até hoje; não se trata de racismo, mas sim de cultura. Esses arranjos, que levam a livros, artigos e outras formas de produção cultural, são complexos e atuam no convencimento das pessoas ao longo de décadas de produção teórica e ensino das novas gerações. Há vários livros responsáveis por isso, textos de autores comemorados, alguns cujas obras até têm sido publicadas em quadrinhos. Poderia citá-los, mas não o farei, já são por demais promovidos.

Se, segundo a ideologia racista, a cultura do negro é a inferior, muitos têm se voltado para ela para tentar valorizá-la, de forma que deixe de sê-lo. Por isso, pensam: se a palavra "negro" foi utilizada para desqualificar, para inferiorizar, vamos substituí-la, pois é à África, às origens, que se deve voltar os olhos, para de onde os negros vieram. Esse é o ponto de vista racista. Não nos enganemos. Cultura, no caso, significa não se referir a racismo, muito menos combatê-lo. Pelo contrário, significa esvaziar de qualquer conteúdo crítico as manifestações culturais de origem africana. As atenções serão, dessa maneira, voltadas para os aspectos de autenticidade da matriz de origem, características estilísticas, preocupações formais etc. Para isso, lançou-se mão, desde o início do século passado, do prefixo "afro". Hoje, os africanos que por aqui aportam, principalmente os das camadas dirigentes dos países daquele continente, agradecem por esse prefixo reatar o elo com a origem, e de forma amistosa. Só que isso tudo deve ser revestido de silêncio quanto ao racismo e sua violência histórica, que está na base econômica e social do Brasil. Muita gente, com as expressões formadas a partir de "afro", trabalha "confortavelmente", sem necessitar de confronto com a ideologia racista, negando-lhe a existência. Pronto, chegamos ao segundo aspecto básico do racismo, a invisibilidade de si mesmo. Como sua prática implica o mascaramento, o racismo mantém sua existência intocável. O que se diz inexistente funciona como um fantasma. Quando se tenta detê-lo, ele desaparece. As pessoas racistas são muito hábeis em sua prática. Sabem de antemão que não se podem deixar denunciar. Dissimular é a prática transmitida de pais para filhos, há séculos. Os brancos, entre si, chamam os negros de pretos, riem deles, mas, se houver um entre eles, disfarçam, procuram manter a hipocrisia alerta e, se este reagir a qualquer deslize deles, será o negro o acusado de racista ou complexado. É o jogo. No mais, "foi brincadeira". Assim, não empregar socialmente a palavra "negro" é impedir a transformação do seu significado negativo para positivo, é abortar o processo iniciado pelos próprios negros na busca de sua cidadania. Se, por exemplo, estes conquistaram o "Dia Nacional da Consciência Negra", os brancos precisam – auxiliados por outros não brancos – alterar isso, pois "consciência negra" não aponta para "cultura" no sentido ingênuo, e sim no sentido crítico de luta contra o racismo; por conseguinte, contra o privilégio que ele garante para os brancos e para os menos escuros. Os argumentos contra a palavra aliada à consciência são os mais deslavados. O principal deles é que "consciência não tem cor". É de se perguntar, a respeito, sobre a paz. Se também não tem, por que aparece sempre branca? Outro argumento é o de que a palavra "negro" está ligada a um essencialismo, como se não fosse o racismo o responsável por essencializar o branco como "super-homem". A palavra "negro", ao traduzir o humano, existencializa-o, demonstra que os indivíduos e grupos se fazem na prática social. Enfim, o que existe nesse aparente jogo semântico é a vontade – e o empenho – de se manter as coisas como estão nas relações raciais no Brasil: branco discriminando como se fosse normal, negro anestesiado, com medo de reagir, e mestiço fazendo o jogo da omissão, em busca das vantagens de se sentir branco.

Na luta semântica entre a palavra "negro" e aquelas associadas ao prefixo "afro", a arte desempenha um papel fundamental. Se a arte brasileira, majoritariamente, faz ouvido de mercador para o racismo e suas consequências (tomando-o como brincadeira, fatos sem relevância para a vida das pessoas), tanto na música como na literatura, nas artes cênicas e nas artes plásticas, isso não é unanimidade. Se um dos maiores sucessos de bilheteria – o filme *Tropa de Elite 2* –, para o fenômeno da matança de negros no Rio de Janeiro apenas sussurra a expressão "limpeza étnica" na boca de uma das personagens, em um discurso desqualificado pelo herói-narrador, podemos imaginar o que se dá no restante da produção cinematográfica e nas demais. Todavia, há cineastas negros, há um cinema, como há uma literatura, um teatro, uma arte negro-brasileira, enfim. A produção daí gerada também vem sendo carimbada com "afro" por estudiosos. Não é preciso dizer que os pais desses estudos, iniciados nas primeiras décadas do século XX, foram brancos e, uns tantos, racistas. Hoje em dia, o rótulo está sendo promovido por várias pessoas de boa vontade, dentre elas as que têm horror de tocar no assunto racismo. A intenção de não empregar a palavra "negro" para caracterizar tal produção foi proposital, e ainda é. Mas nem tudo nessa atitude é assim. Negros e mestiços que desejam que o racismo desapareça por um passe de mágica igualmente utilizam o "afro". Logo, todas as consequências funestas do racismo podem ser encobertas, ou melhor, não lembradas e, portanto, não sofridas ou *ressofridas*. Lembrar o sofrimento dói; lembrar que ele pode surpreender-nos na próxima esquina dói mais ainda. Motivo para que tantos negros neguem, eles próprios, que o racismo existe e os atinge. Acontece que, com essa falsa consciência, ficam vulneráveis. São pegos desprevenidos e terão sempre de elaborar um novo esforço psíquico de autoenganação: passar ferro quente na própria consciência para alisá-la. Nesse ponto, mora a grande responsabilidade da arte negro-brasileira, não permitir que o custo psíquico do autoengano prossiga tão alto. A constituição do imaginário de uma população é feita especialmente pela produção cultural. Nesta, as formas mais eficazes encontram-se no campo das artes, porque manipulam não apenas os aspectos racionais das relações humanas, mas também os emocionais. O imaginário racista da população brasileira vem sendo alimentado há séculos por uma arte que, no tocante às relações inter-raciais, é alienada.

Ela é a responsável por não enfrentar o fantasma do racismo, que de fantasma só tem a técnica do disfarce, pois é muito prático. Há toda uma produção que apresenta o Brasil como um país de pura harmonia racial. Nenhum estranhamento, como se estivéssemos em uma terra de pessoas cuja diferença fenotípica nada representasse. É a técnica do silêncio.

No campo das artes negro-brasileiras, a recepção branco-racista exerce seu papel de coerção ideológica. É como se se pronunciasse: "Se falar de racismo, eu não te aceito." Muitos produtores negros acabam se intimidando com a ameaça implícita no ministério e em secretarias de cultura e outros organismos oficiais, nas empresas de fomento e em outras instâncias de promoção das artes, como a mídia. Aí, toca ensinar dança afro para filho de madame! Sem nenhuma problematização da realidade problemática. Cultura! Carnavalização! Ingenuidade. Silêncio. Portanto, a relação entre o nível de intimidação dos negros que produzem arte no Brasil e o nível de seu enfrentamento é que determina não só seu volume como sua qualidade. Para se produzir bem, é preciso produzir bastante, profunda e progressivamente. O entusiasmo desses produtores está intimamente ligado à articulação entre os limites que lhes foram e são impostos pela intimidação racista e sua capacidade de resistência. Às vezes, um simples funcionário racista de um órgão público consegue engavetar projetos importantes de arte negro-brasileira, gerando problemas que objetivam ocasionar a perda de entusiasmo. E isso vale também para os racistas membros das comissões avaliadoras de projetos. Há uma luta, sim. Um funcionário ou avaliador desse naipe veste-se de fantasma (pois se manifesta hipocritamente), mas não é um deles. Assim, outros tantos. A capacidade de resistência pressupõe um discurso de resistência que, na conquista do espaço devido, ouse tematizar o racismo como conflito humano consequente, pois a arte negro-brasileira, quando atua no imaginário geral da população brasileira, liberta não apenas o negro das garras do racismo silencioso, mas também o branco e o mestiço daquilo que têm ou ainda lhes resta da sua autopercepção como o "Super-homem". São as pesquisas sobre a historicidade do racismo, associadas às das matrizes africanas, que constituem o estofo de uma arte negro-brasileira vigorosa. A fragilidade de grupos e artistas solitários está na compactuação com o chamado "racismo cordial", pois a maioria aprofunda-se na pesquisa das formas culturais de origem africana e descuidam (em geral, por medo) completamente daquela relacionada com o racismo. As produções acabam derivando para o folclore, para a ingenuidade sem densidade humana. Essa densidade se alcança pela valorização do conflito, por mais "intestinal" que ele seja. Ao empregarem a estratégia de silenciar o conflito para serem mais bem aceitos ou menos rejeitados, não atingem o aprofundamento humano de suas criações, sobretudo por não aproveitarem suas vidas e a de outros negros como inspiração criadora. A existência (e não a essência) da população negra, na sua relação com a população mestiça e branca no contexto do mundo, é o material primordial da arte e de uma nova estética, para que essa última não seja uma mera imitação de modismos (inclusive tecnológicos) de uma arte brasileira alienada. O samba, até hoje, é o exemplo máximo de arte alienada no contexto da questão racial. A maior parte de sua produção faz vista grossa ao racismo, compactua com o silêncio imposto pela ideologia. Embora seja produzido majoritariamente por negros e negro-mestiços, é subserviente diante da ideologia racista: cala-se ou tergiversa. Raras são as exceções. Ainda bem que elas existem, para demonstrar que o futuro já nasceu. O símbolo Zumbi não está presente por acaso, mesmo tendo sido soterrado durante séculos por uma historiografia perversa. Infelizmente, a noção de cultura ingênua foi tão calcada no imaginário artístico nacional que artistas ficam sempre hesitantes se seu produto pode desagradar ao público caso toque no assunto relativo às relações inter-raciais. Há, contudo, uma sedução na arte que transpõe o agrado e se impõe. Ela só é atingida com o trabalho aprofundado no campo das vivências humanas e no tocante à beleza (e não só neste item). O racismo tem história e complexidade humana. Se não for considerado sob esse prisma, torna-se guirlanda, enfeitezinho, só para dizer que o assunto não foi esquecido, ou surge como gemidos críticos. Outra coisa: racismo não é só tema de negro. Os brancos estão envolvidos até o mais recôndito da alma (para os que acreditam em alma – podemos dizer subjetividade, para os descrentes). Só que não admitem, em sua maioria. Relações humanas são complexas ou não. Toda aparência é transparente para os olhos do artista capaz de desvendar onde se alojam os medos, os desejos, as emoções, onde a humanidade esconde seus segredos.

Estamos diante da questão do que é e não é importante sabermos sobre o Brasil. Camadas submersas da nossa realidade estão prenhes de revelações. O conhecimento produzido sobre as questões atinentes às relações raciais já é considerável. Entretanto, a formação escolar e acadêmica dos produtores de arte ainda não contempla esse saber, deixando seus formandos quase sempre sem o instrumento necessário para abordar as relações inter-raciais no que têm de humano e profundo. Subterfugir a respeito do assunto é a lição que a escola nos ensina. Há um vazio promovido pela *eurocentralização* do conteúdo do saber a ser ministrado, além da promoção da hipocrisia nas relações raciais, uma necessidade quase doentia de se demonstrar o domínio da matriz europeia, de se assujeitar a ela como garantia de aprovação. É a expectativa de êxito que foi instituída que nos leva a isso. Há, no tocante aos valores culturais hegemônicos, muita coisa que precisa ser superada. Aí, as noções racistas acerca da realidade nacional devem ser demolidas. Não é fácil. Algumas estão cristalizadas em forma de consenso e crença. Quem enfrenta crença enfrenta encrenca. A arte é a melhor maneira de se caçar fantasmas, ideal para colocá-los a nu de seus disfarces.

Afinal, quem tem medo da palavra "negro"? A expressão "medo" pressupõe que tenhamos dada prevenção contra o que pode ocasioná-lo. Assim, evitamos situações que podem nos meter medo. As palavras, pelo tanto que são carregadas de significados, podem nos amedrontar. Há, ainda, muitas pessoas que evitam certas palavras como se, ao pronunciá-las, o malefício fosse atraído. É provável que a palavra "negro", tanto para quem é racista como para sua vítima conformada, deva ter aquele sentido de tabu: se falar, atrai. No caso, atrai a vingança do negro contra o branco ou a prática do racismo do branco e do mestiço contra o negro. Então, silenciar a palavra seria uma medida de precaução. É evidente que essa maneira de sentir e pensar não se coaduna com nenhuma visão séria para solucionar problemas sociais. Qualquer proposta sensata ancora-se em medidas para se retirar a sujeira de debaixo do tapete, e não colocá-la ou mantê-la ali. Esconder situações de opressão é preservar tais situações. Portanto, se a palavra lembra e faz lembrar questões que a sociedade brasileira precisa superar, então é ela – a palavra "negro" – que precisamos empregar. Se amedronta, por sua semântica crispada, por sua verdade existencial, apazigua. Pois, se não para superar o racismo em seu amplo espectro, para que são a Lei n.10.639/2003, o Estatuto da Igualdade Racial, artigos na Constituição e outras leis que proíbem a discriminação em elevadores e outros espaços? E mais, para que o Movimento Negro, incluindo inúmeras entidades militantes, ONGs, grupos e outras formas de atuação da população negro-brasileira? Pode-se imaginar possível para um branco racista pronunciar a palavra "negro" positivamente? Não. Mas aquelas palavras feitas com o sufixo "afro" podem ter, para ele, o significado de cultura ingênua, sem conotação crítica alguma, ou ter o significado das danças e cantorias que deleitavam senhores e sinhás brancas no tempo da escravização, feitas para o consumo, com garantia de nenhuma indigestão psíquica. Em outras palavras, mero carnaval.

Se o Brasil se concebe branco e mestiço, precisa se perceber negro. Não o fazendo, vai continuar rejeitando a si próprio. O negro-brasileiro não é africano, assim como os brancos daqui não são europeus, por mais que uma pequena parcela deles lute pela dupla cidadania e para que as tradições de seus avós sejam preservadas. O branco daqui está doentiamente identificado, pois só se identifica consigo. O negro luta para identificar-se consigo, pois está identificado apenas com o branco, assim como o mestiço. No Brasil, a identidade só faz sentido se for consigo e com o outro, não como subserviência a padrões estéticos ou identificação histórica, mas empaticamente. O racismo vem postergando isso. É por essa razão que o brasileiro, em geral, não gosta de sê-lo. O uso da palavra "negro" positivada, pelo influxo do Movimento Negro, atua no sentido de promover a superação do racismo e reforçar a identidade vilipendiada secularmente. Abandoná-la é solapar as conquistas já feitas nesse sentido. Não há identidade negra possível sem o combate progressivo ao racismo. A ideia de "cultura" isenta de vida e, portanto, de conflito, só reforça a hipocrisia instaurada como norma. Não há identidade brasileira sem identidades negra, índia e mestiça livres dos padrões hegemônicos brancos.

Semelhante ao crucifixo diante da possibilidade de se deparar com o demônio, a palavra "negro" positivada cumpre a função de exorcizar o racismo convicto, o enrustido e a anestesia de suas vítimas. É só dizer a palavra, sem medo de ser feliz.

Referências Bibliográficas

ARAÚJO, Zoel Zito. *A Negação do Brasil: O Negro na Telenovela Brasileira*. São Paulo: Editora Senac São Paulo, 2000.
FONSECA, Maria Nazareth Soares. Literatura Negra, Literatura Afro-Brasileira: Como Responder à Polêmica? In: SOUZA, Florentina; LIMA, Nazaré. (orgs.). *Literatura Afro-Brasileira*. Salvador/Brasília: Centro de Estudos Afro-Orientais/Fundação Cultural Palmares, 2006.
MOORE, Carlos. *Racismo & Sociedade*. Belo Horizonte: Mazza, 2007.
MUNANGA, Kabengele. *Rediscutindo a Mestiçagem no Brasil: Identidade Nacional Versus Identidade Negra*. Petrópolis: Vozes, 1999.

NASCIMENTO, Abdias. [1978]. *O Genocídio do Negro Brasileiro: Processo de um Racismo Mascarado*. São Paulo: Perspectiva, 2016.

RAMOS, Guerreiro. *Introdução Crítica à Sociologia Brasileira*. Rio de Janeiro: Editora da UFRJ, 1995.

SANTOS, Helio. *A Busca de um Caminho Para o Brasil: A Trilha do Círculo Vicioso*. São Paulo: Editora Senac São Paulo, 2001.

SODRÉ, Muniz. *Claros e Escuros: Identidade, Povo e Mídia no Brasil*. Rio de Janeiro: Vozes, 1999.

III.
Desdobramentos

12.
A QUESTÃO DO RACISMO EM UM GRUPO DE MEDIAÇÃO COM FOTOGRAFIAS

Cristiane Curi Abud
Luiza Sigulem

O presente trabalho problematiza a questão do racismo no Brasil, apresentando um grupo de psicoterapia de base psicanalítica – que utiliza fotografias como objeto mediador – com pacientes somatizadores, realizado em uma universidade brasileira. A partir de características do metaenquadre que contém o grupo, analisamos como a questão do racismo se apresenta no enquadre grupal.

O Racismo no Brasil

Sustentado por extrema violência, o sistema escravista perdurou no Brasil do século XVI até 1888. Durante o período, os escravos chegaram a constituir, em regiões como o recôncavo na Bahia, mais de 75% da população e a principal relação de trabalho do país[1].

A experiência da escravidão é responsável por várias facetas da cultura e da sociedade brasileiras e mesmo após seu término oficial, suas marcas persistem de forma profunda. Na arquitetura contemporânea, a divisão entre "área de serviço" e "área social" insiste simbolicamente na separação entre casa-grande e senzala.

---

1. Cf. L.M. Schwarcz; H.M. Starling, *Brasil: Uma Biografia*.

Podemos encontrar na língua palavras e expressões como "denegrir", "a coisa está preta" e "passado negro", que atestam como as atitudes racistas estão incorporadas às estruturas sociais até de modo inconsciente. Quotidianamente, os negros são abordados pela polícia em número muito maior do que os brancos e já são considerados suspeitos *a priori*, não só pela polícia, mas pelo resto da população, em geral[2].

As instituições médicas não ficam de fora desse panorama, e os negros, além de acesso desigual ao do restante da população aos serviços de saúde, sofrem preconceito nas instituições. Os profissionais de saúde tendem a não notar as desigualdades ou a persistir em sua inexistência, colaborando para a inércia do sistema diante delas e, por consequência, em sua conservação e expansão[3].

Para além das formas de enfrentamento individuais, seria responsabilidade da instituição controlar e neutralizar os atores, as práticas e os comportamentos que possam ser potencialmente preconceituosos e estigmatizantes.

A instituição específica deste estudo – Programa de Assistência e Estudos de Somatização (Paes) ligado ao Departamento de Psiquiatria da Universidade Federal de São Paulo (Unifesp – universidade pública sustentada pelo governo federal) – é composta de profissionais de saúde hegemonicamente brancos, que prestam assistência a uma população majoritariamente negra (53% da população brasileira). Essa assimetria de lugares é representativa das divisões sociais no Brasil.

A sociedade dos brasileiros "cordiais"[4] é extremamente violenta com os negros. Paira, sobre o cotidiano brasileiro, um silêncio em

---

2. Ibidem.
3. Cf. F. Lopes, Experiências Desiguais ao Nascer, Viver, Adoecer e Morrer, *Saúde da População Negra no Brasil*.
4. Para Sérgio Buarque de Holanda, que toma o termo emprestado do escritor Ribeiro Couto para definir uma característica típica do povo brasileiro, esse cordialismo tem a ▶

forma de recusa das diferenças e discriminações e, sobre a nossa história, uma tentativa de branqueamento da população. Neusa dos Santos Souza entrevistou diversas pessoas negras para sua dissertação de mestrado, *Tornar-se Negro*, e muitas relataram os conselhos de seus pais e avós para que se casassem com pessoas brancas, a fim de branquear e melhorar a raça. Nota-se uma tendência a fragilizar a identidade do negro impondo ideais brancos, cujas identificações formam um ideal de ego branco, incompatível com seu corpo, que se torna um perseguidor e não fonte de prazer constituinte de uma estrutura psíquica harmoniosa[5]. Assim, estabelece-se um contrato narcísico, que garante o lugar de pertencimento social ao branco, e um pacto denegativo, que impede a inscrição do negro.

Se pensarmos o corpo negro na sua concepção social,

> a rede de significações atribuiu ao corpo negro a significância daquilo que é indesejável, inaceitável, por contraste com o corpo branco, parâmetro da autorrepresentação dos indivíduos. Como diz Rodrigues, a cultura necessita do negativo, do que é recusado, para poder instaurar, positivamente, o desejável[6].

E como podemos pensar a constituição psíquica do negro nessas condições sociais?

▷ ver com "coração". Porém, nada tem a ver com bondade, obviamente, tampouco com polidez ou com fingimento e/ou hipocrisia. O termo remete ao que ele chama de uma "ética de fundo emotivo", ou seja, que traduzimos o mundo a partir dos laços primordiais em nos deixarmos de modo algum ser atravessados pelas instituições, pelos rituais ou pelas tradições sociais. "Nosso temperamento admite fórmulas de reverência, e até de bom grado, mas quase somente enquanto não supram de todo a possibilidade de convívio mais familiar." Segue: "E um dos efeitos decisivos da supremacia incontestável, absorvente, do núcleo familiar – a esfera, por excelência dos chamados 'contratos primários', dos laços de sangue e de coração – está em que as relações que se criam na vida doméstica sempre forneceram o modelo obrigatório de qualquer composição social entre nós." Cf. S.B. Holanda, *Raízes do Brasil*.
5. Cf. J.F. Costa, *Violência e Psicanálise*.
6. *Significações do Corpo Negro*, p. 46.

Isildinha Batista Nogueira retoma a fala de Jurandir Freire Costa e vai além das questões de ideal de ego, uma vez que, para a autora, a experiência de discriminação se manifesta para a criança negra muito antes de sofrer qualquer experiência social de discriminação. Segundo a autora, é na experiência do "estádio do espelho", tal como descrito por Jacques Lacan, que se produz a experiência de domínio do corpo como uma totalidade, em substituição àquilo que anteriormente era vivenciado em fragmentos.

Mas, diz a autora:

> a particularidade que a experiência do espelho, na criança negra, envolve, diz respeito ao fato de que o fascínio que essa experiência produz é acompanhado, simultaneamente, por uma repulsa à imagem que o espelho virtualmente oferece. Nesse movimento, a assunção jubilatória de que falava Lacan é necessariamente acompanhada de um processo suplementar que envolve a negação imaginária do semblante que a imagem especular oferece, pois a criança negra reluta em aderir a essa imagem de si que não corresponde à imagem do desejo da mãe. Ao tomar-se pela imagem, ela conclui que "aquela imagem é ela"; mas, não reconhecendo ali a imagem do desejo da mãe, a criança se vê, desde então, inconscientemente mobilizada a procurar, nessa imagem, o que a reconciliaria com o desejo materno. A mãe negra, como já foi observado, ama seu bebê, mas nega, ao mesmo tempo, o que a pele negra representa, simbolicamente. Tal dualidade vai marcar a experiência do espelho na criança negra, caracterizando seu processo de identificação: coincido com o que, da minha imagem, corresponde ao desejo materno; não coincido com o que, dessa mesma imagem, contraria o desejo materno. Nesse movimento, produz-se um mecanismo complexo de identificação/não identificação, que reproduz, para a criança negra, as experiências do adulto negro: o fato de sua identificação imaginária ser atravessada pelo ideal da "brancura". Para reconciliar-se com a imagem do desejo materno – a brancura – a criança negra precisa negar alguma coisa de si mesma![7]

7. Ibidem, p. 94.

Podemos questionar a validade dessa afirmação, uma vez que, generalizando, ela perde de vista a singularidade dos sujeitos. Além disso, o bebê imaginado pela mãe, seja ela branca ou negra, nunca coincide com o bebê real, o que impõe às mães um trabalho de luto que, se bem elaborado, permitirá ao bebê se constituir como sujeito singular, diferenciado do desejo da mãe.

Entretanto, para tal realização, a mãe depende de insumos da cultura que ajudem a promover uma conciliação entre o seu desejo e seus ideais. Na sociedade brasileira, as mães negras de filhos negros não encontram valores positivos nos quais apoiar essa reconciliação, dificultando a simbolização e a conclusão do luto. Em nossa sociedade, encontramos os valores negativos ligados às políticas de branqueamento da população, mencionados alhures; no entanto, em nossa história, encontramos também uma incessante resistência por parte dos negros, que podem conferir à sua identidade valores positivos e sustentar sua busca e luta por essa reconciliação.

A partir de tais colocações apresentaremos, a seguir, um grupo psicoterapêutico que utiliza o método da fotolinguagem, problematizando a questão do racismo.

Sobre os Pacientes e o Enquadre Grupal

O grupo acontece por meio de um programa (Paes), desenvolvido na Unifesp, que assiste a pacientes somatizadores[8]. Estes caracterizam-se pela queixa intensa de dores e desconfortos físicos sem que se encontrem substratos orgânicos que os justifiquem. A população com a qual trabalhamos é, em sua maioria, composta por pacientes de nível socioeconômico baixo, com uma

---

8. Cf. J.A. Bombana, Somatização e Conceitos Limítrofes, *Psiquiatria na Prática Médica*, v. 33, n. 1.

proporção significativa de migrantes de outros estados, particularmente do Nordeste[9].

Seu funcionamento psíquico apresenta especificidades que desafiam as constantes de um enquadre psicanalítico tradicional, quais sejam, a associação livre, a transferência e a interpretação, o que nos levou a propor um processo psicoterápico que utiliza o dispositivo grupal de mediação[10]. A dificuldade de associar livremente, em decorrência de uma falha do funcionamento do pré-consciente, pode ser amenizada por tal dispositivo, uma vez que "várias cabeças pensam melhor do que uma ou duas", ou seja, o grupo amplifica o trabalho do pré-consciente, segundo nos ensinou René Käes[11].

A transferência que se apresenta de forma maciça tende a paralisar o pensamento do terapeuta[12] que, não raramente, é tomado por um mal-estar físico. No grupo, a transferência é difratada[13] entre o analista, os membros do grupo e o objeto mediador, o que libera o psiquismo do analista para realizar um trabalho de construção de sentido, para que o mal-estar produzido na relação com o paciente conquiste uma representação psíquica ainda não constituída.

O conceito nos remete à questão da interpretação que, se realizada nos moldes psicanalíticos tradicionais – como uma análise da síntese psíquica e, portanto, uma desconstrução – é percebida e sentida pelos pacientes somatizadores como extremamente violenta ou, no melhor dos casos, sem nenhum sentido. Portanto, os pacientes somatizadores requerem um trabalho terapêutico que ofereça recursos que facilitem sua produção e elaboração psíquica,

9. Cf. J.A. Bombana; C.C. Abud; R.A. Prado, Assistência e Ensino de Psicoterapia no Programa de Atendimento e Estudos de Somatização, *Revista Brasileira de Psicoterapia*, v. 14, n. 1, p. 10-14.
10. Cf. C. Vacheret; G. Gimenez; C.C. Abud, Sobre a Sinergia Entre Grupo e o Objeto Mediador, *Revista Brasileira de Psicanálise*, v. 47, n. 3.
11. *O Grupo e o Sujeito do Grupo, Elementos Para uma Teoria Psicanalítica do Grupo*.
12. Cf. C. Dejours, *O Corpo Entre Biologia e Psicanálise*.
13. Cf. R. Käes, op. cit.

que ajudem a nomear seu mal-estar físico, traduzindo-o em mal-estar psíquico e em representações psíquicas[14]. O grupo e a foto, como objeto mediador, cumprem a função de construção de representações psíquicas para afetos que se encontram desligados da cadeia associativa.

O grupo psicoterapêutico se estrutura e sustenta a partir de um contrato narcísico —"somos todos pacientes com alguma doença não detectada pela medicina e, no Paes, os médicos irão descobrir o que eu tenho" – e de um pacto denegativo – destacamos a repressão dos afetos, "minha doença não tem nada a ver com minhas emoções e com minha história". Além das alianças inconscientes[15] que sustentam o enquadramento, não perdemos de vista a disposição das cadeiras, o número de cadeiras sempre igual ao número de participantes, a sala da instituição onde acontece, a presença corporal do analista[16] e, no nosso caso, as fotos como material estimulante da sensorialidade e como apoio figurativo pulsional.

O enquadramento do grupo que utiliza as fotos como mediação pode ser compreendido como um "molde figurativo"[17] no qual aspectos psíquicos, originalmente indiferenciados, ganham forma ao serem projetados no enquadramento. Figurativo, pois é no mundo exterior que o psiquismo encontrará resposta para a exigência de figurabilidade do processo primário; é no enquadramento que a pulsão pode ser colocada em imagens e palavras, e onde ocorre o processo de simbolização. De tal forma que as fotos fazem parte do enquadre grupal.

14. Cf. C.C. Abud, Grupos de Mediação e a Somatização, em R.M. Volich; M.E.P. Labaki; W. Ranna, *Psicossoma V, Integração, Desintegração e Limites*.
15. Cf. R. Kaës, op. cit.
16. Cf. J. Bleger, *Temas de Psicologia*.
17. Cf. P.C.G. Castanho, *Um Modelo Psicanalítico Para Pensar e Fazer Grupos em Instituições*.

Fotografia, Imagem, Figurabilidade e Espelho

Segundo Rodrigo Fontanari, a imagem fotográfica é capaz de provocar uma experiência sensível que pode ser traduzida por dois conceitos criados por Roland Barthes: *studium* e *punctum*[18].

Studium é a dimensão intelectual da imagem, pela qual conseguimos, de forma racional, reconhecer os signos e as mensagens que ela conota e denota. O *studium* está principalmente ligado à esfera da cultura. É a percepção mais imediata e descritiva da imagem em que o observador (espectador) comunica o óbvio.

O conceito de *punctum* vem do verbo latino *pungere*, "picar", "furar". Está relacionado com aquilo que, na imagem, propicia outro tipo de experiência para o observador (espectador). No *punctum*, não é mais a razão consciente que reage ao visível e sim algo que o sujeito não consegue nomear. "Como espectador, eu só me interessava pela fotografia por 'sentimento'; eu queria aprofundá-la, não como uma questão (um tema), mas como uma ferida: vejo, sinto, portanto, noto, olho e penso."[19]

O *punctum*, portanto, foge ao olhar, não é capaz de ser capturado, pois se localiza em um ponto cego da imagem. O olhar apenas escorrega por essa superfície sem poder apreender todo o seu significado. Simultaneamente, através dele, a fotografia induz a reflexão e permite que o detalhe remonte o afeto à consciência; nesse ponto, encontraríamos a significância, como essência da fotografia.

Para Fontanari, o conceito de significância deve ser entendido na definição oferecida pela filósofa, crítica literária e psicanalista Julia Kristeva. Segundo ela, o conceito de significância alude a um estado do humano ainda mergulhado em condição embrionária e imerso em uma atmosfera nebulosa em que os sentidos são

---

18. Cf. R. Fontanari, A Noção de *Punctum* de Roland Barthes, Uma Abertura da Imagem?, *Paralaxe*, v. 3; R. Barthes, *Oeuvres complètes: Tome III e Tome V*.
19. Cf. R. Fontanari, op. cit.

restritos a traços pulsionais e, até ali, não articulados como signos. Significância, portanto, está diretamente submetida à imaginação e nos impulsiona à ilusão de resgatar algo da ordem do que não pode ser lembrado[20].

Em um sentido próximo, o conceito de imagem aberta (*image ouverte*), de Georges Didi-Huberman, remete a uma relação tátil com as imagens. O olhar se transforma sintomaticamente em tato, já que as imagens são como corpos que se abrem aos corpos de seus espectadores e permitem uma experiência interior em um lugar em que ainda não está constituído o discurso. A capacidade de se abrir que têm as imagens corresponde a um sintoma: "latência inconsolável que provoca no inconsciente a revolução dos pressupostos classificatórios ou dogmáticos de todo o saber preexistente a essa deflagração corporal"[21].

Assim, o objeto mediador, aqui as fotografias – que entendemos como elementos do enquadre psicanalítico – cumprem a função de apoio aos traços pulsionais que podem, a partir de então, se articular como signos, favorecendo a nomeação de afetos, a constituição de um discurso e o restauro do trabalho do pré-consciente.

Desse ponto de vista, o uso de fotografias (importadas da França) por analistas brasileiros, no grupo realizado no Brasil, compromete esse processo de mentalização. É verdade que muitas das fotografias francesas podem ser culturalmente compartilhadas e, portanto, servem como apoio pulsional no trabalho de figurabilidade, de transformação da pulsão em imagens e palavras. Porém, a dimensão intelectual (*studium*) das fotografias estrangeiras revela signos que nos são desconhecidos, porque não fazem parte da nossa cultura. Logo, a experiência sensível despertada por elas fica cindida da cultura nacional. A cultura deixa de cumprir, ou cumpre de maneira tendenciosa, sua função de aporte de elementos necessários ao processo de significação e simbolização.

20. Cf. J. Kristeva, *La Révolution poétique du langage*.
21. G. Didi-Huberman, *L'Image ouverte*.

Mais além: o uso de fotografias (importadas da França) por analistas brasileiros com pacientes brasileiros, *pungit*, fere uma ferida silenciada, revela um ponto cego (*punctum*): quase não encontramos negros nas fotos estrangeiras, eles ficam invisíveis no grupo, contribuindo para o aumento de seu fosso narcísico. Na medida em que não inserimos imagens de negros no enquadre grupal, reproduzimos o sintoma originado no metaenquadre institucional e social[22] e sua respectiva aliança inconsciente, na qual é recusado ao negro um lugar e uma legitimidade social. Silenciamos a questão do racismo brasileiro no grupo, cordialmente.

Finalizando, outra função que a técnica de fotolinguagem cumpre no grupo, além da significância e simbolização de afetos anteriormente reprimidos, diz respeito à relação de objeto. Os pacientes somatizadores, via de regra, não dispõem de uma noção definida de dentro e fora. Pierre Marty aponta para a questão, salientando a dificuldade desses pacientes de distinguir-se do objeto, estabelecer limites claros de separação[23]. Pelo contrário, seu movimento é sempre de fusão com o objeto, de tomá-lo como algo já conhecido e familiar, um prolongamento narcísico. Esse movimento em direção ao objeto é brusco, ativo e maciço, sendo a sensação contratransferencial, de paralisia. A relação estabelecida não considera características individuais; ao contrário, tenta transformar tudo numa só coisa, homogênea e indiferenciada.

A técnica consiste em dispor de um número de fotos – para o grupo atual, com cinco pacientes, cinquenta fotos, em média – e, a partir de uma pergunta feita pelo analista, cada membro do grupo escolhe uma foto que responda à pergunta. Em seguida, cada um apresenta sua escolha e os outros participantes comentam o que viram de semelhante e de diferente na foto apresentada. Num jogo especular, o olhar dos outros sobre a própria foto permite ao

22. Cf. J. Bleger, op. cit.
23. Cf. P. Marty, *Mentalização e Psicossomática*.

participante reconhecer a imagem como tal[24]. É o olhar dos demais participantes sobre a foto que permite perceber que ela é apenas uma imagem que supõe um jogo de representações, de diferenças. Além de receber as projeções psíquicas, o enquadramento oferece resistência, mostrando aos olhos do sujeito algo diferente do que foi depositado, permitindo uma diferenciação[25], um movimento contrário à fusão objetal.

Essa experiência reedita a do espelho. As fotografias utilizadas como objetos mediadores cumprem a função de um espelho de projeção, a partir da qual outras projeções, dos outros participantes, delimitarão as semelhanças e diferenças de olhares, favorecendo a definição entre dentro e fora e, portanto, a definição de seu rosto diferente do rosto da mãe.

Concluindo, a técnica de fotolinguagem permite trabalhar duas problemáticas que consideramos fundamentais quando o sintoma que se apresenta diz respeito à relação mente e corpo, quais sejam, o destino pulsional e o narcisismo.

Fragmento Clínico

Como resultado dessa reflexão, foi criado um novo dossiê de fotos que pudesse ampliar o potencial de transformação dos grupos, com a inclusão de imagens nacionais, brasileiras, de negros, índios e mestiços. Ele foi por nós nomeado dossiê "Fotossíntese", uma vez que permite trazer cor para o grupo.

Temos utilizado o dossiê de fotos nacionais desde janeiro de 2015 e notamos uma diferença muito grande no efeito que elas têm sobre os participantes do grupo, quando comparadas aos efeitos das fotos francesas. É certo que grande parte das fotos importadas pode

---

24. Cf. J. Lacan, O Estádio do Espelho Como Formador da Função do Eu, *Escritos*.
25. Cf. P.C.G. Castanho, op. cit.

ser culturalmente compartilhada, mas percebemos uma imensa diferença no estímulo do trabalho do pré-consciente a partir da imagem de um animal (macaco) conhecido desde a infância, na região do país onde o paciente nasceu e cresceu, ou da planta (mandacaru), típica da região do Nordeste, e das personagens negras, índias e mestiças, muitas vezes "parecidas" com os pacientes e seus familiares, permitindo uma identificação maior com as imagens. Mas o efeito mais notável se dá na relação transferencial, pois a coordenadora – que era tida como "doutora", a que sabia das coisas porque estudou, porque é rica – passa a aprender sobre a cultura dos pacientes, cultura que ela não tem. Os papéis se invertem, o saber e a cultura mudam de mãos, permitindo que os pacientes saiam da situação de oprimidos no grupo. Um paciente mestiço, presente na ilustração clínica a seguir, afirmou, certa vez, que se sentia constrangido ao falar com uma doutora, e que seu braço, que treme o tempo todo, tremia mais intensamente nessas situações. "Eu sou muito vergonhoso", disse ele, querendo dizer que se sentia envergonhado. Vejamos, através de um fragmento, como o racismo se apresenta no grupo.

No dia 2 de julho de 2015, a propósito da fala de uma paciente que dizia para o grupo que viajaria para o Chile, o paciente comentou:

> *Eu não tenho curiosidade pra conhecer o estrangeiro, outros lugares fora do Brasil. Eu tenho vontade de conhecer o Brasil mesmo. Se eu tivesse dinheiro, eu conheceria lá pelos lados de Mato Grosso. Eu também mal sei falar português, imagina outras línguas, mas nem é por isso não, é porque eu não tenho interesse mesmo.*

Sugeri que respondêssemos ao que é o estrangeiro com uma foto. Todos escolheram as fotos e voltaram para seus lugares. As fotos eleitas apresentavam um senhor nordestino; um homem negro preso numa cela, cuja porta tem uma abertura pequena por onde é permitido ver apenas sua boca, seus dentes e suas mãos;

um índio; e o rosto de um homem negro. Os conteúdos associados às fotos remeteram ao medo do estrangeiro, do desconhecido, das ameaças que os estrangeiros evocam – ameaça de vida, de empregos, de não conhecer a língua, os costumes. Conteúdos relativos à oralidade apareceram com muita frequência no decorrer da sessão: sobre o que os estrangeiros costumam comer; sobre os chineses comerem cachorros, um animal doméstico no Brasil; sobre o grupo afirmar sentir fome. O paciente mestiço falou de sua foto:

> – Olhei essa foto e lembrei uma situação que aconteceu, ontem, no ônibus. Um homem alimentando suas duas filhas. Acho que ele era haitiano, aí lembrei dessa foto. Na verdade, eu não sei se é um homem ou um macaco, na foto.
> – Eu vejo um homem negro.
> – Eu também.
> – Quando olhei, pensei que era uma pessoa fantasiada com moedinhas, no carnaval.
> – Mas eu vejo essa pessoa muito triste, porque os negros sofrem muito. Eu não tenho preconceito. Se eu morasse lá fora, me considerariam negro. Meu patrão me chamava de negão e eu tenho orgulho disso. O que diferencia um dos outros é só a pele, mas, no final, todo mundo vai pro mesmo lugar. Eu acho que as pessoas não deveriam ligar e fazer que nem o Daniel Alves, que comeu a banana. [Brasileiro, jogador de futebol, que atuava pelo Barcelona, da Espanha, a quem, durante uma partida, foi atirada uma banana dentro do campo, ele a pegou e comeu, em resposta ao ataque do torcedor.]

O trecho ilustra, em primeiro lugar, a noção de familiar e estranho em Freud. Para falar sobre o estrangeiro, os participantes do grupo escolheram fotos que nos são muito familiares, muito brasileiras.

Um homem ou um macaco? O patrão chama de negão, mas só lá fora o paciente seria considerado um negro. Essa dúvida revela, conforme descreveu Nogueira, uma repulsa, uma projeção da negação imaginária do semblante oferecido pela imagem especular, uma vez que essa imagem não coincide com o desejo materno, o desejo de brancura. O orgulho de ser negro e o fato de que vamos todos para o mesmo lugar revelam aquilo que coincide com o desejo materno. Há aqui uma possível confluência daquilo que se passa na origem da constituição da autoimagem, no estádio do espelho, e o que se passa na sociedade brasileira, cujo ideal de embranquecimento se manifesta na própria relação com o estrangeiro que visita o Brasil. Na cordialidade com o estrangeiro está também colocada a necessidade de aproximação, de recusa da diferença, de "abrasileiramento" deste, condição em que se forja um discurso de enaltecimento do Brasil e dos brasileiros, proveniente do outro. Lá fora (no estrangeiro), isso é mais difícil – por isso "só lá fora eu serei negro". A dúvida que está implícita na questão "ser homem ou macaco", questão que reaproxima a condição de ser primitivo (rude, sem educação, sem cultura e tantas outras prerrogativas implícitas na sociedade brasileira), permanece como pano de fundo da maneira como o processo de identificação manifesta a precariedade dos referenciais identificatórios. A negação do corpo negro, pela incompatibilidade com o ideal de brancura proveniente do desejo materno, reedita o conflito identitário e atualiza o preconceito cuja origem remonta ao longo processo de colonização e de escravidão no Brasil.

A autora apoia sua tese na teorização do psicanalista Mahmoud Sami-Ali, para quem o horror que a criança manifesta diante do rosto estranho faz parte da experiência da alteridade, quando a criança se dá conta de que há outros rostos, diferentes do rosto da mãe, o que abre a possibilidade de ela própria ter um rosto diferente do da mãe, um rosto estranho. É nesse processo que o sujeito se descobre como duplo, pois a imagem de si, garantida num primeiro momento pela identificação com o rosto da mãe, se vê afetada pela dimensão de alteridade, que produz para o sujeito uma perda de si mesmo no estranho, uma "angústia de despersonalização".

Quem sabe trata-se da mesma "angústia" que perpassa as relações entre domésticas e patrões no âmbito de muitas famílias brasileiras, e as relações entre psicanalista e pacientes no grupo em uma instituição de saúde pública, unidos e separados pelos laços cordiais, que abarcam sentimentos ambíguos de maneira indistinta e de difícil formalização ou contenção.

O dispositivo grupal assume a função de reeditar o processo de projeção, que tem como objetivo propiciar ao paciente uma diferenciação em relação ao outro, promovendo a separação entre o dentro e o fora, entre o homem e o macaco, esse familiar estranho.

Discussão

Um ponto importante de discussão é que o *studium* das fotografias brasileiras repete o lugar de exclusão do negro, uma vez que encontramos nas fotografias os negros em situações de pobreza e marginalidade. Não se encontram imagens que apresentem negros em situações de vida e de trabalho mais dignas. Esse é o retrato da sociedade brasileira até o presente momento da história. Mesmo assim, as fotografias brasileiras tiveram o efeito de inverter os papéis: os pacientes que foram os estrangeiros no grupo apropriaram-se da imagem e a coordenadora passou a ser a estrangeira, olhando-os através das grades que os separam.

Demos um passo adiante ao nos reconhecermos repetindo a história. Identificados com o agressor, não oferecíamos ao grupo um material que retratasse a realidade cultural e social brasileira, material no qual pudéssemos nos reconhecer para além de um ideal imposto desde os tempos coloniais. Entre colonizadores e colonizados, nós, os coordenadores do grupo, colocávamo-nos do lado dos colonizadores e, assim, sem o saber, permanecíamos colonizados pelo ideal estrangeiro. Os pacientes perguntavam sobre as fotos francesas: "De onde são essas fotos?", "Que roupa é essa?", "De onde são essas pessoas?", revelando um desconhecimento do *studium* original. Num primeiro momento, achávamos graça na ignorância e, às vezes, nos dispúnhamos a ensinar sobre elas. Porém, percebemos que, nessa ignorância, os pacientes questionavam o ideal e reivindicavam um lugar autêntico e legítimo nas fotografias, um lugar diferente do da exclusão social. Um ano depois da sessão descrita antes, o paciente que confundiu um homem com um macaco, e que antes se queixava de ter muita dificuldade para ler, comemorou o fato inédito de ter conseguido ler um livro inteiro.

Para usar o termo de Barthes, os pacientes apontavam para o ponto cego, o *punctum*, aquilo que não pode ser apresentado ao olhar senão pela falta, pelo negativo e, portanto, não pode ser dito. Ao postular sobre o narcisismo das pequenas diferenças, Freud afirma que, espontaneamente, nos opomos ao estranho e que isso é algo que não se pode mudar. Mas é preciso refletir sobre as diferenças para que não se convertam em desigualdades e, assim, fazer a cultura trabalhar.

Referências Bibliográficas

ABUD, Cristiane Curi. Grupos de Mediação e a Somatização. In: VOLICH, Rubens M.; LABAKI, Maria Elisa Pessoa; RANNA, Wagner. *Psicossoma V, Integração, Desintegração e Limites*. São Paulo: Casa do Psicólogo, 2014.

BARTHES, Roland. *Oeuvres complètes: Tome III*. Nova edição revista, corrigida e apresentada por Éric Marty. Paris: Seuil, 2002.

____. *Oeuvres complètes: Tome V*. Nova edição revista, corrigida e apresentada por Éric Marty. Paris: Seuil, 2002.

BLEGER, José. *Temas de Psicologia: Entrevista e Grupos*. São Paulo: Martins Fontes, 1980.

BOMBANA, José Atílio. Somatização e Conceitos Limítrofes: Delimitação de Campos. *Psiquiatria na Prática Médica*, São Paulo, Departamento de Psiquiatria, Unifesp/EPM, v. 33, n. 1, jan.-mar. 2000.

BOMBANA, José Atílio; ABUD, Cristiane Curi; PRADO, Ricardo Almeida. Assistência e Ensino de Psicoterapia no Programa de Atendimento e Estudos de Somatização. *Revista Brasileira de Psicoterapia*. São Paulo, Paes-Unifesp, v. 14, n. 1, 2012.

CASTANHO, Pablo Carvalho Godoy. *Um Modelo Psicanalítico Para Pensar e Fazer Grupos em Instituições*. Tese (Doutorado em Psicologia Clínica), PUC-SP, São Paulo, 2012.

COSTA, Jurandir Freire. *Violência e Psicanálise*. Rio de Janeiro: Graal, 1984.
DEJOURS, Christophe. *O Corpo Entre Biologia e Psicanálise*. Porto Alegre: Artes Médicas, 1988.
DIDI-HUMERMAN, Georges. *L'Image ouverte*. Paris: Gallimard, 2007.
ENRIQUEZ, Eugène. *A Organização em Análise*. Petrópolis: Vozes, 1997.
FONTANARI, Roland. A Noção de *Punctum* de Roland Barthes, Uma Abertura da Imagem? *Paralaxe: Revista de Estética e Filosofia da Arte*, v. 3, 2015.
HOLANDA, Sérgio Buarque. *Raízes do Brasil*. São Paulo: Companhia das Letras, 1995.
KAËS, René. *O Grupo e o Sujeito do Grupo: Elementos Para uma Teoria Psicanalítica do Grupo*. São Paulo: Casa do Psicólogo, 1997.
KRISTEVA, Julia. *La Révolution poétique du langage*. Paris: Seuil, 1974.
LACAN, Jacques. O Estádio do Espelho Como Formador da Função do Eu. *Escritos*, Rio de Janeiro: Jorge Zahar, 1998.
LOPES, Fernanda. *Experiências Desiguais ao Nascer, Viver, Adoecer e Morrer. Saúde da População Negra no Brasil: Contribuições Para a Promoção da Equidade*. Brasília: Fundação Nacional de Saúde (Funasa), 2005.
MARTY, Pierre. *Mentalização e Psicossomática*. São Paulo: Casa do Psicólogo, 1998a.
_____. *La Relación de Objeto Alérgica: Pierre Marty y la Psicossomática*. Buenos Aires: Amorrortu, 1998.
NOGUEIRA, Isildinha Baptista. *Significações do Corpo Negro*. Tese (Doutorado em Psicologia Escolar e do Desenvolvimento Humano), Ipusp, São Paulo, 1988. Disponível em: <http://psicologiaecorpo.com.br>. Acesso em: 13 jan. 2016.
SOUZA, Neusa dos Santos. *Tornar-se Negro: As Vicissitudes da Identidade do Negro Brasileiro em Ascensão Social*. Rio de Janeiro: Graal, 1983.
SCHWARCZ, Lilia M.; STARLING, Heloisa M. *Brasil: Uma Biografia*. São Paulo: Companhia das Letras, 2015.
VACHERET, Claudine.; GIMENEZ, Guy; ABUD, Cristiane Curi. Sobre a Sinergia Entre Grupo e o Objeto Mediador. *Revista Brasileira de Psicanálise*, São Paulo, v. 47, n. 3, 2013.

13.
O RACISMO NOSSO DE CADA DIA E A INCIDÊNCIA DA RECUSA NO LAÇO SOCIAL

Tânia Corghi Veríssimo

> Liberdade! Liberdade!
> Abre as asas sobre nós,
> Das lutas na tempestade
> Dá que ouçamos tua voz
> Nós nem cremos que escravos outrora
> Tenha havido em tão nobre País...
> Hoje o rubro lampejo da aurora
> Acha irmãos, não tiranos hostis.
>
> TRECHO DO HINO DA PROCLAMAÇÃO DA REPÚBLICA[1]

No dia 12 de setembro de 2014, o jornal *O Estado de S. Paulo* publicou um artigo em que explicitou a posição da Organização das Nações Unidas (ONU) a respeito do tema do racismo contra o negro no Brasil. Partindo de um relatório elaborado durante visita realizada no país, em dezembro de 2013, momento no qual o debate em torno do tema tornou-se acalorado aos ouvidos da sociedade, a matéria situou o fenômeno do racismo como algo estrutural e institucionalizado em nossa cultura. Algo tão institucionalizado que

---

1. O Hino da Proclamação da República do Brasil tem letra de Medeiros e Albuquerque (1867-1934) e música de Leopoldo Miguez (1850-1902). Publicado no *Diário Oficial*, de 21 de janeiro de 1890.

permeia todas as áreas da vida dos brasileiros. Dentre as questões sublinhadas pela ONU, merece destaque a referência ao chamado "mito da democracia racial", apontado como um dos grandes obstáculos para a transformação/resolução da questão do racismo, uma vez que engendra a negação substancial de sua existência em nosso país.

No mesmo mês daquele ano, o ex-jogador de futebol Edson Arantes do Nascimento, conhecido mundialmente como rei Pelé, em entrevista, teceu comentários sobre o episódio de racismo envolvendo o jogador Mário Lúcio Duarte da Costa, conhecido como Aranha, goleiro que, ao ser chamado de macaco pela torcida durante um jogo, indignado, interrompeu imediatamente a partida para reclamar sobre o ataque sofrido.

Pelé se pronunciou:

> O Aranha se precipitou em querer brigar com a torcida. Se eu fosse querer parar o jogo cada vez que me chamassem de macaco ou crioulo, todos os jogos iriam parar. O torcedor grita mesmo. Temos que coibir o racismo. Mas não é num lugar público que você vai coibir. O Santos tinha Dorval, Coutinho, Pelé... todos negros. Éramos xingados de tudo quanto é nome. Não houve brigas porque não dávamos atenção. Quanto mais se falar, mais vai ter racismo.

A fala de Pelé abre interrogações. Primeiramente, ele afirma que a coibição do racismo não se dará em lugar público, fazendo-nos perguntar, afinal, onde seria o local para coibi-lo. Depois, o ex-jogador encerra sua fala em defesa do silenciamento, da não circulação de palavras, abrindo mais uma pergunta: quais serão os destinos dados para aquilo que marca o corpo do sujeito e não pode ser nomeado como violência?

Diante das duas matérias, ficam questões a serem pensadas pela psicanálise. Pretendo levantar algumas delas, elencando como eixos principais deste texto a reflexão sobre o caráter da linguagem e do discurso tecido por alguns brasileiros atravessados pelo fenômeno do racismo em sua história; o tema da constituição do narcisismo do negro no laço social; e a questão do racismo como discurso dirigido ao estrangeiro, na relação com o desmentido da realidade. Mediante esses eixos, buscarei sustentar a hipótese da incidência do mecanismo da recusa ante o racismo em nossa cultura.

Com efeito, também destaco uma questão que pretendo desenvolver: uma vez que a recusa refere-se ao que não foi possível de se constituir como questão para um psiquismo cindido – ironicamente existente em regime de *apartheid* psíquico –, a algo não nomeado/ reconhecido pelo sujeito, ou seja, abolido simbolicamente, poderíamos pensar sobre o fenômeno do racismo, assunto tão em voga, tão debatido e instituído no discurso, através da chave da recusa?

Armadilhas da Linguagem no Cotidiano: A Recusa e o Narcisismo Brasileiro

Miriam Debieux Rosa teceu considerações sobre a impossibilidade de qualquer enunciado ser completo e exaustivo em sua expressão subjetiva. Segundo a autora, em *Histórias Que Não Se Contam*, há sempre "um a mais" não dito no enunciado presente e atuante para os sujeitos em suas relações, sendo o não dito uma manifestação inerente à fala, denunciadora das diferentes facetas da linguagem, que traz à tona a relação com o inconsciente e a articulação desejo-castração no momento em que o sujeito se vê envolto pela complexa tarefa de expressar-se.

A linguagem, nesse sentido, deve ser pensada como aquela que veicula as palavras mas que, por si só, traz a marca da incompletude, das faltas e das insuficiências, fazendo o sujeito falante ter de se defrontar com os limites da expressão e a construção de manobras, na tentativa de dar conta da tessitura de uma narrativa perante a realidade. Poderíamos denominá-las manobras da expressão, estas que invariavelmente revelam caráter capcioso e constituinte para nós, sujeitos de linguagem. Algumas das injunções construídas que retratam a posição do negro na cultura brasileira chamam atenção. O que significa dizer, por exemplo, "Fulano é negro, mas é honesto"? Ou então, "Apesar da cor, ele trabalha bem"? Injunções tão arraigadas e naturalizadas no discurso social que, por diversas vezes, não são notadas. Interessante observar que mesmo quando, supostamente, tanto se falou e se desenvolveu em termos de racismo no país e no mundo, essas frases adversativas podem passar despercebidas ainda hoje no dia a dia. Do que se trata esse despercebido? Teria relação com a recusa?

Caberia argumentar que a relação "Fulano é..., mas..." não se reporta somente ao negro. Cotidianamente, também escutamos "É pobre, mas é limpinho", "É homossexual, mas é bacana", "É gorda, mas é bonita". Trata-se de injunções que localizam valores narcísicos em um campo de pertinência, ou seja, ideais de Eu bem estabelecidos no psiquismo, relativos a determinado contexto sócio-histórico, sujeitos a variações no tempo e no espaço e que sugerem o tal "despercebido" no terreno do recalque e da negação e não no da recusa como mecanismo em jogo.

Em seu artigo de 1925, "A Negação", Freud fornece elementos que embasam essa hipótese, postulando a negação como um mecanismo que se dá no nível da linguagem e que não impede a operação do recalque[2]. Na negação, o recalque continua operando, e o que vem à tona na fala do sujeito é a representação recalcada que só será manifesta na condição de um "não" em sua frase formulada. Por meio da formulação "Fulano é..., mas..." é possível, portanto, tomar contato com a vigência do recalque. O sujeito que o expressa aceita intelectualmente a veiculação do conteúdo recalcado, passado por ele – e por quem o escuta – sem abrir conflitos, sem cessar o recalque.

2. Cf. *Sigmund Freud, Obras Completas*, v. 16.

À luz das teorias sexuais infantis exploradas por Freud[3], podemos pensar que, ao se estabelecerem as adversativas "Fulano é..., mas...", a fantasia do sujeito se localiza no espectro da polaridade fálico-castrado, numa realidade psíquica que já admitiu a ausência do pênis na menina e a presença no menino, mas que, sem poder significá-la pela via da diferença, estabelece o mais valor *versus* o menos valor. Importante considerar que, diferentemente do que não ocorre na recusa, há nesse caso a atribuição de juízo de valor e existência da realidade pelo Eu, localizando, portanto, a existência do recalque na relação do brasileiro com o racismo.

Porém, identificar o recalque como um mecanismo presente no trato do racismo em nossa cultura não implica descartar a hipótese de que a recusa possa figurar no laço social diante dessa pauta. Sabemos que a recusa é democrática do ponto de vista psíquico e econômico, podendo ser encontrada nas psicoses, perversões e neuroses a partir de manifestações avassaladoras e impossibilitadoras para os sujeitos. E por que não a recusa aqui?

Eis outra manifestação subjetiva posta em nossa vida social, causadora de estranhamento e reflexão: na cidade de São Paulo há um restaurante bastante conhecido, chamado Senzala. Localizado em um bairro nobre da cidade, existe desde a década de 1970 e está muito bem consolidado como ambiente agradável e bem avaliado pela população, de modo geral. Em seu portal é descrito como "um ambiente que, na década de 1970, tornou-se 'a sensação da juventude', um lugar gostoso de estar, ideal para dias quentes, dada sua amplitude, infraestrutura e grande terraço". Como contraponto, a enciclopédia virtual Wikipedia traz a seguinte definição histórica de senzala:

> A senzala era uma espécie de habitação ou alojamento dos escravos brasileiros. Elas existiram durante toda a fase de escravidão (entre os séculos XVI e XIX) e eram construídas dentro da unidade

---

3. Algumas Consequências Psíquicas da Diferença Anatômica Entre os Sexos, *Sigmund Freud: Obras Completas*, v. 16.

de produção (engenho, mina de ouro e fazenda de café). As senzalas eram galpões de porte médio ou grande em que os escravos passavam a noite, tinham grandes janelas com grandes grades e seus moradores só saíam de lá para trabalhar e apanhar. Muitas vezes, os escravos eram acorrentados dentro das senzalas para evitar as fugas. Costumavam ser rústicas, abafadas (possuíam poucas janelas) e desconfortáveis. Eram construções muito simples feitas geralmente de madeira e barro e não possuíam divisórias. Os escravos dormiam no chão duro de terra batida ou sobre palha. Costuma haver na frente das senzalas um pelourinho (tronco usado para amarrar o escravo para a aplicação de castigos físicos).

Enfim, como dizer que um brasileiro não saiba o que é uma senzala ou algo de sua conotação na história de um país que viveu, por pelo menos três séculos, em regime escravocrata? O que representa para um país que traz a escravidão em sua bagagem histórica referendar um restaurante com o nome de Senzala? Poderíamos pensar que quando o assunto remonta a esse período violento e traumático de sua história o "brasileiro sabe, mas mesmo assim", expressão cunhada por Octave Mannoni[4] a respeito do mecanismo da recusa?

Mannoni debruçou-se sobre o poder das crenças na constituição do fetichismo e da recusa, indicando que a criança, ao tomar contato com a realidade da anatomia feminina, desaprova aquilo que vê (não vê) ou repudia a falta encontrada na mãe, a fim de conservar sua crença na existência do falo nesta. Impossível deparar com uma mãe castrada e passar incólume pela experiência. Segundo o autor, a criança, após atravessar a experiência, não mais conserva intacta a crença na completude materna; sem dúvida, ela conserva essa imagem, mas igualmente a abandona, tendo, então, uma atitude dividida em face dessa crença. Ela, agora, "sabe, mas mesmo assim".

Sabe-se que a crença na presença do falo na mãe é a primeira convicção a que se renuncia e o modelo de todas as outras renúncias

---

4. Cf. Eu Sei, Mas Mesmo Assim, em C. Katz (org.), *Psicose: Uma Leitura Psicanalítica*.

para o sujeito. A crença, muito poderosa e da qual é difícil abrir mão, pode se manter, apesar do desmentido da realidade, e constituir-se num campo transcendente e flutuante de verdade e mentira em que ninguém acredita e, ao mesmo tempo, todos acreditam. Algo que aparentemente ninguém assume. Mas acredita-se. "Não há nada mais banal que uma observação como esta – e, no entanto, se nela nos detivermos, nada mais desconcertante."[5]

Para Ribeiro, pode-se dizer que o Brasil é um país traumatizado que jamais ajustou contas com as dores terríveis, obscenas, da sua colonização e da escravatura[6]. Ele aponta a falta de elaboração da violência escravagista no país ainda como o mais grave, já que redunda na repetição mortífera e obsessiva dos traumas de desigualdade e iniquidade a que ficamos submetidos em nossa história.

O restaurante Senzala não abre conflitiva ou incômodo. Nada desconcertante. O nome "Senzala" alude a um local de opressão, violência e massacre de seres humanos que marca a história do Brasil. No entanto, ter seu nome referendado a um restaurante não causa vergonha ou qualquer escândalo dessa ordem. E se o nome fosse restaurante Auschwitz? Que absurdo seria! Tanto "Auschwitz" como "Senzala" representam locais da catástrofe humana aos olhos do mundo, porém a "Senzala" foi integrada à cultura brasileira como ambiente que, embora sabido como símbolo da desumanização do negro, permanece mesmo assim aceito e respaldado pelo já mencionado mito da democracia racial.

Dadas essas considerações, parto da hipótese de que, quando o assunto é a relação do brasileiro com a própria história e o traumático advindo desta, há que se considerar a operação da recusa como um dos mecanismos figurantes no laço social. Se Bernard Penot, ao tratar da heterogeneidade fundamental dos suportes narcísicos do ser humano, sublinhou dois registros diferentes – a saber, a prematuridade do corpo ao nascer e a antecedência do

5. Ibidem, p. 131.
6. Cf. R.J. Ribeiro, apud J.F. Costa, *Razões Públicas Emoções Privadas*.

discurso parental sobre o corpo do sujeito –, não deixou de enfatizar a premência de um discurso que o recém-chegado recebe de seu primeiro entorno como determinante na designação dos registros que posteriormente construirá sobre si mesmo no mundo[7], por que não pensar sobre o discurso da pátria-mãe como tão determinante na constituição de um lugar narcísico para o brasileiro?

Palavras da pátria-mãe que, desde tempos de outrora, designam o brasileiro como sujeito cordial, amigável, extrovertido e criativo. Aquele povo de fácil trato e grande abertura e disponibilidade para aceitar o diferente. Povo miscigenado! Povo feliz! Como seria abrir mão dessa crença? Como seria para o brasileiro, do ponto de vista narcísico, reconhecer que há contas a serem ajustadas? Como seria sua sustentação narcísica após a admissão de registros traumáticos da história, tais como o massacre do negro e o racismo tão presente? Quando o assunto é a discriminação contra o negro, o brasileiro recusa a própria realidade racista na tentativa de evitar um grande abalo narcísico.

O Negro, a Constituição do Narcisismo, a Recusa

Jurandir Freire Costa é um interlocutor privilegiado naquilo que tange à problemática da constituição narcísica do sujeito negro; afinal, o autor se deteve sobre as questões metapsicológicas a serem atravessadas por ele na árdua empreitada de fazer-se sujeito no mundo[8]. Através de uma rica reflexão, estabeleceu alguns eixos temáticos de abordagem do narcisismo do negro em suas peculiaridades, sendo eles a relação deste sujeito com o próprio corpo e as vicissitudes existentes na construção do exercício do pensamento.

7. Cf. B. Penot, *Figuras da Recusa*.
8. Cf. J.F. Costa, *Violência e Psicanálise*.

Além disso, ao longo de sua produção, cabe colocar que, embora o autor não mencione a recusa propriamente dita como mecanismo a ser encontrado nesse processo, alude a dois fenômenos que sugerem a sua presença na formação identitária do sujeito negro: a clivagem psíquica e o fetichismo.

Ao longo de um capítulo no qual buscou aprofundar a reflexão sobre o negro em sua relação com a cultura racista e com o próprio corpo, conta-nos de um psiquismo selado por perseguição, repúdio, ódio, revolta, amargura, vigilância e controle desse corpo tão distante do ideal de brancura imposto a ele como desejável. Nesse sentido, habitar um corpo negro implicaria atravessar uma gama de afetos intensos e a violência causada por uma dupla injunção: a de encarnar o corpo e os ideais de ego do sujeito branco – ideais incompatíveis com sua estrutura física – e a de recusar, negar e anular a presença do corpo negro em sua realidade concreta.

Se lembrarmos, com Freud, que "O Eu é sobretudo corporal, não apenas uma entidade superficial, mas ele mesmo a projeção da superfície"[9], constatamos que a dupla violência sofrida pelo corpo negro o exclui de uma suposta norma psicossomática e o coloca diante de uma dor narcísica tal que o exercício do pensamento, representativo por definição, nesse caso, sofre uma subversão: é acossado por sofrimento, censura, autorrestrição, sendo forçado a não representar a identidade real do sujeito, para negar e afirmar a presença da negritude. O pensamento do negro, atravessado pelo racismo, vivencia a condição de uma abolição simbólica.

Ao deparar com a complexidade da questão, Costa é categórico na compreensão de que tais entraves não poderiam ser explicados exclusivamente pela chave do recalque[10]. Ele cita fenômenos como a foraclusão e a alucinação negativa, ambos reveladores de um pensamento privado do confronto com outro pensamento, perdido, portanto, numa espécie de solipsismo e impermeabilização.

9. Cf. *O Eu e o Id*, Sigmund Freud, *Obras Completas*, v. 16, p. 32.
10. Op. cit.

Ao dizer que "a identidade do negro, temida e odiada, emerge como um corpo estranho que o pensamento, surpreendido em suas lacunas, não sabe qualificar", ele, primeiramente, menciona a recusa, para depois aludir à alucinação negativa e fundamentar seu raciocínio: "após ter sido recusada, melhor dito, alucinada negativamente, volta à tona. Não com a inquietante estranheza do retorno do recalcado, mas com a tonalidade afetiva e representacional própria do fato alucinatório"[11]. Há, aqui, uma compreensão metapsicológica que caminha na linha da alucinação negativa, e não da recusa, para pensar o narcisismo do negro e o rompimento dos elos com a realidade. No entanto, identificamos no autor a existência de expressões ilustrativas da recusa, ao sugerir uma perda de diálogo entre duas partes do psiquismo, dada a cisão do Eu. Eis algumas delas: "pensamento opera um compromisso – afirma e nega a presença da negritude", "dúvida deixa de existir para o sujeito negro"[12].

Sustento a hipótese da recusa diante da constituição narcísica do negro quando penso que este é um processo transgeracional vivido à custa de ataques à filiação do sujeito negro e de sua construção identitária, culminando na impossibilidade de pensar sobre a própria identidade. Na tentativa de compreender essa impossibilidade do negro, curiosamente, tanto Costa como Penot[13] utilizam recursos imagéticos semelhantes para ilustrar a relação – ou não relação – entre instâncias ideais, mais precisamente entre o Eu e ideal de Eu. Enquanto o primeiro autor faz a imagem de um fosso que o sujeito negro tenta transpor mediante uma impossibilidade de equilíbrio psíquico, o segundo fala sobre a perturbação de referências das quais depende a sustentação do narcisismo, atentando para uma zona psíquica, ou seja, um lugar onde a abolição simbólica

11. Ibidem, p. 147.
12. Ibidem, p. 147.
13. Op. cit.

é mantida pela recusa e irá se manifestar como local de predileção da compulsão à repetição/pulsão de morte.

Pensemos, agora, sobre o fetichismo e sua presença na constituição narcísica do negro. O que o negro, sujeito que vive tantos entraves significativos no exercício do pensamento, faz com aquilo que sabe?

Segundo Costa, o negro sabe que o branco criou a Inquisição, o colonialismo, o imperialismo, o antissemitismo, o nazismo, o stalinismo e tantas outras formas de opressão ao longo da história[14]. Também sabe que o branco criou a escravidão. O negro sabe tudo isso e, talvez, muito mais. Porém, a brancura transcende o branco. A brancura faz-se fetiche, ideal cultural imaculado, enquanto o negro, nessa acepção, é esse que ainda não consegue transpor o registro do "Eu sei, mas mesmo assim" para uma formulação do tipo "Eu sei, é isso mesmo", quando se trata da admissão da realidade da própria identidade. Diante da relação com a brancura fetiche, algo dessa realidade não poderá ganhar significado e seguirá carente de simbolização na problemática narcísica.

Freud parte de "Fetichismo", para pensar a respeito da função do objeto fetiche para o psiquismo. O fetiche surge como um tamponador, substituto do falo, representante da tentativa de manutenção da crença em uma mãe não castrada. Esse objeto, segundo Freud, será superinvestido, sofrerá um aumento extraordinário, monumental, proporcional ao horror do sujeito à castração. Diante da atitude dividida do sujeito perante a castração, o fetichista viverá uma experiência de indício de triunfo sobre a ameaça de castração e uma proteção contra ela, ao mesmo tempo[15]. Penot, nessa linha, chega a nomear o fetiche como uma neoproteção, ou seja, algo que poderia assegurar a alguns sujeitos uma suficiente proteção narcísica que permitiria evitar-lhes o agravamento das

---

14. J.F. Costa, op. cit.
15. Cf. S. Freud, Fetichismo, *ESB*, v. 21.

consequências da clivagem de seu ego na relação com a realidade[16]. O fetiche, nesse sentido, por mais paradoxal que pareça, opera uma função protetiva de um colapso psíquico total. Afinal, sem ele, o psiquismo clivado poderia chegar a uma condição de insuportabilidade tal que ameaçaria sua integridade, desembocando, talvez, em uma construção delirante.

Não obstante, no mesmo texto, Freud nos lembrará de que a relação do sujeito com seu objeto fetiche não viria marcada apenas pela afeição. Segundo ele, a afeição e a hostilidade correm paralelas à recusa e ao reconhecimento da castração, e estão mescladas em proporções desiguais, em casos diferentes, de maneira que uma e outra sejam mais facilmente identificáveis. Com isso, penso sobre a relação que o negro pode vir a estabelecer com a brancura fetiche tomando-a como referencial identitário, ideal impossível que se tornará depositário de muita idealização e ódio.

Racismo: O Discurso ao Estrangeiro e a Vivência do Desmentido

Caterina Koltai aponta que é preciso um discurso social para se falar no racismo, propriamente dito. Segundo a psicanalista, o racismo explícito precisa nomear esse estrangeiro que você tem de temer, não se tratando somente de uma simples questão de agressividade e ódio, mas de linguagem[17]. A linguagem, então, é pensada a partir da passagem da xenofobia ordinária para o racismo. Enquanto a xenofobia ordinária remete a um momento mais precoce da constituição, em que todos nós, humanos, manifestamos reações de recuo perante um rosto desconhecido – o que foi chamado angústia do oitavo mês – de onde advirá, com o processo de socialização, um

---

16. Cf. B. Penot, op. cit.
17. Da Xenofobia ao Racismo, *Percurso*, n. 51, p. 127-150.

nós que se oporá aos outros, instalando um campo indiscriminado de angústia nessa relação, o racismo, por sua vez, diz respeito a um momento posterior, quando a angústia passa a se configurar como medo, adquirindo nome, direção e argumento. Trata-se de uma situação em que o sujeito, respaldado por um discurso, faz o apontamento do outro como alvo do não reconhecimento e de um ódio de si – constituinte – que carrega consigo e será vetorizado contra personagens da cultura. Nessa relação, ocorre a expulsão do mau e a introjeção do bom na conservação do Eu, remetendo-nos a um momento inicial da constituição psíquica no qual, para o Eu, o que é mau e o que é forasteiro, o que se acha fora, são idênticos, inicialmente.

O racismo, desde essa articulação com o estrangeiro, deve ser compreendido tanto pela perspectiva da insuportabilidade, que cada sujeito encontra ao ter de se haver com a própria estrangeiridade inerente, como pela perspectiva histórica, que o denuncia como criação moderna, tributo do discurso da ciência e do capitalismo, produtores da noção de exploração do outro em sua força de trabalho agregado à concepção de inferioridade de uma raça em relação à outra. Entende-se que tais aspectos estarão presentes na constituição do sujeito e do laço social, de modo que a relação com o estrangeiro nunca se dará pela via da indiferença.

Jean-Pierre Lebrun, ao referir-se aos discursos formadores da subjetividade, debruçou-se sobre o fenômeno do nazismo como sistema discursivo totalitário também muito bem respaldado por uma ideologia. Filho de um discurso, rebento de uma retórica a serviço da saúde humana, o nazismo justificou-se na biologia racial, pela legitimidade científica, valendo-se da medicina como racionalidade da ciência que estaria convocada para conjurar a doença de um sistema. Nesse sentido, não mais um sujeito, mas um sistema justificaria os mecanismos de desumanização de judeus e outras minorias sem dificuldade, de modo que a câmara de gás, nessa lógica, não passaria de um procedimento médico para vidas que não valiam a pena ser vividas; o judaísmo seria descrito como uma tuberculose a ser eliminada dentre os povos, e a famosa saudação "*Heil* Hitler" poderia ser traduzida por "Que Hitler esteja em boa saúde".

Ao considerarmos a sustentação da desumanização por um discurso ideológico, transcendemos a relação binária e reducionista de um carrasco com sua vítima e passamos a olhar para o sistema regente onde ambos se constituem. A questão da violência com o outro se torna complexa, na medida em que não considerar esse outro um ser pertencente à raça humana, não somente pelo seu carrasco, mas por todo o sistema social ao qual pertence, equivale a eliminar qualquer terceiridade, ou seja, qualquer possibilidade de reconhecimento da humanidade e da violência contra ela que ali ocorre. Diante de situações de extrema violência, a metáfora fundadora do humano estaria recusada, nos diz Lebrun em *Um Mundo Sem Limite*.

O reconhecimento fundamental de uma violência contra a humanidade, no caso do nazismo, veio a acontecer, felizmente. Todavia, cabe pontuar que a magnitude de episódios aniquiladores da identidade humana, com potencial de assujeitamento e deslegitimação de raças e povos, tal como ocorreram ao longo da vigência do regime nazista, revelou-se tão excessiva que ultrapassou as possibilidades de entendimento e significação humanos. As palavras, meio de simbolização propriamente dito, se revelaram faltantes em um primeiro momento e, somente *a posteriori*, o nazismo veio ganhar o nome, a definição e o estatuto de crime contra a humanidade. O reconhecimento da experiência traumática não se dá imediatamente.

O corpo alvejado pelo racismo, nessa acepção, é o que viverá uma experiência traumática de atentado à própria integridade narcísica, além da destituição de um lugar de sujeito que lhe caberia como direito. A vivência do traumático coloca em pauta a falta de condições de representação de um excesso a que o sujeito foi submetido, introduz a falta de reconhecimento como elemento que dará ao trauma um caráter desestruturante para quem o vive, além do apontamento da recusa como possível caminho defensivo para o Eu. Myriam Uchitel tratou da questão da falta de reconhecimento do evento traumático e suas consequências para o sujeito, evocando, para isso, uma passagem de Sándor Ferenczi:

> A memória do acontecimento não é o traumático. O que resultará traumático será a experiência que põe em dúvida o sistema – até então confiável – de relações, representações e valores, que ataca o *self* e suas construções, pelo qual nem o si mesmo nem os outros serão mais os mesmos.[18]

Diante do desmentido, o trauma não permite que a experiência se inscreva simbolicamente. A percepção, quando traumática, não se inscreve, não se transcreve, havendo de imediato uma abolição simbólica que a coloca no circuito repetitivo da pulsão de morte.

Para pensar sobre a presença do racismo na cultura brasileira, faz-se necessário olhá-la desde o paradoxo do desmentido: ao mesmo tempo que o racismo é percebido como algo institucionalizado – vide relatório da ONU –, ele permanece, em algum grau, como não reconhecido, considerado tema a não ser abordado ou inexistente. Se, em 1890, dois anos após a abolição da escravidão no Brasil, fez-se um hino que dizia "nem cremos que escravos outrora tenha havido em tão nobre país", não esqueçamos que, em 2014, dois séculos depois, após tantas transformações, criação de leis que institucionalizaram, nomearam e incriminaram a prática do racismo no país, ainda há um rei que manda calar, reiterando que "quanto mais falar, mais vai ter racismo".

Crença na nobreza de um país sem passado, crença no silêncio como meio de lidar com a violência, crença em uma história fetiche. Acreditamos nisso? A crença, nesse sentido, deve ser pensada

---

18. Apud *Neurose Traumática*, p. 123.

como veículo para a recusa da realidade e para a manutenção de um saber de si. Veículo de sustentação identitária, suporte para a elevação narcísica a despeito de qualquer revelação confrontadora da realidade. "Os casos de crenças são casos de amor. Não existem razões a favor ou contra isso", "Qual a diferença entre acreditar e estar certo?", "Por que as pessoas preferem acreditar quando dispõem de meios para saber?"

A crença também deve ser incluída no campo da linguagem, já entendida como insuficiente e falaciosa, moduladora de furos, lapsos e parcialidades no exercício da transmissão psíquica. Afinal, o que seria passível de transmissão, ou não, de uma geração a outra e quais os papéis das crenças nessa levada? Trata-se de uma questão complexa. Por enquanto, situo a crença dentro de uma ambiguidade importante: tanto em seu caráter encobridor de conteúdos de magnitudes pulsionais desestabilizadores de narcisismos, em sua presença tamponadora desde um hino do século XIX – eis o brasileiro que sabe que é, mas não se acredita, racista – como em seu caráter de aposta no sujeito e na palavra, em seu poder revelador e transformador – eis minha motivação para escrever este artigo.

Referências Bibliográficas

COSTA, Jurandir Freire. *Violência e Psicanálise*. Rio de Janeiro: Graal, 2003.
____. *Razões Públicas Emoções Privadas*. Rio de Janeiro: Rocco, 1999.
FREUD, Sigmund. [1925]. Algumas Consequências Psíquicas da Diferença Anatômica Entre os Sexos. *Sigmund Freud, Obras Completas: O Eu e o Id, "Autobiografia" e Outros Escritos*. v. 16. São Paulo: Companhia das Letras, 2011.
____. [1925]. A Negação. *Sigmund Freud, Obras Completas: O Eu e o Id, "Autobiografia" e Outros Escritos*. v. 16. São Paulo: Companhia das Letras, 2011.
____. [1923]. O Eu e o Id. *Sigmund Freud, Obras Completas (1923-1925)*. v. 16. São Paulo: Companhia das Letras, 2011.
____. [1919]. O Inquietante. *Sigmund Freud, Obras Completas (1917-1920)*. v. 14. São Paulo: Companhia das Letras, 2011.
____. [1927]. Fetichismo. ESB [*Edição Standard Brasileira das Obras Psicológicas Completas de Sigmund Freud*], v. 21. Rio de Janeiro: Imago, 1996.

KOLTAI, Caterina. *Da Xenofobia ao Racismo: Mal-Estar Moderno. Percurso*, São Paulo, n. 51, dez. 2013.
LEBRUN, Jean-Pierre. *O Mal-Estar na Subjetivação*. Porto Alegre: CMC, 2010.
_____. *Um Mundo Sem Limite: Ensaio Para uma Clínica Psicanalítica do Social*. Rio de Janeiro: Companhia de Freud, 2004.
MANNONI, Octave. Eu Sei, Mas Mesmo Assim. In: KATZ, Chaim. (org.). *Psicose: Uma Leitura Psicanalítica*. Trad. Mary Kleinman. 2 ed. São Paulo: Escuta, 1991.
NOVAES, Adauto. *Mutações: A Invenção das Crenças*. São Paulo: Sesc-SP, 2011.
PENOT, Bernard. *Figuras da Recusa: Aquém do Negativo*. Porto Alegre: Artes Médicas, 1992.
ROSA, Miriam Debieux. *Histórias Que Não Se Contam: O Não-Dito na Psicanálise Com Crianças e Adolescentes*. São Paulo: Casa do Psicólogo, 2009.
UCHITEL, Myriam. *Neurose Traumática: Uma Revisão Crítica do Conceito de Trauma*. São Paulo: Casa do Psicólogo, 2001.
ZYGOURIS, Radmila. De Alhures ou de Outrora ou o Sorriso do Xenófobo. *O Estrangeiro*. São Paulo: Escuta, 1998.

Endereços Eletrônicos Consultados:

Holocausto. *Wikipédia*. Disponível em: <https://pt.wikipedia.org>. Acesso em 14 dez. 2016.
Senzala. *Wikipédia*. Disponível em: <https://pt.wikipedia.org>. Acesso em 14 dez. 2016.
Restaurante Senzala. Disponível em: <www.senzala-sp.com.br/restaurante/>. Acesso em 14 dez. 2016.
Racismo É "Estrutural e Institucionalizado" no Brasil, Diz a ONU. *O Estado de S. Paulo*, S. Paulo, 12 set. 2014. Disponível em: <http://brasil.estadao.com.br>. Acesso em 01 abr. 2017.
Pelé Sobre Participação Brasileira na Copa do Mundo, um Desastre. Globo Esporte. Disponível em: <http://globoesporte.globo.com>. Acesso em 14 dez. 2016.
"Senzala Nunca Mais": Intervenção Artística Contesta Nome de Restaurante em SP. *Forum*, 03 jun. 2015. Disponível em: <http://www.revistaforum.com.br>. Acesso em 01 abr. 2017.

IV.
Vivências do Racismo à Brasileira:
Cenas do Cotidiano

14.

ESTRANHO JOGO AMARGO: DESCONSTRUINDO A VITIMIZAÇÃO NOS JOGOS RACISTAS[1]

Pedro Mascarenhas

A música a seguir descobri durante a elaboração deste texto e ela me ajudou a pensar.

Cantada inicialmente por Billie Holiday, então com 23 anos, em 1939, no palco do Café Society, cujo proprietário era judeu, "Strange Fruit" foi também lançada pela gravadora de um judeu.

O autor da letra foi Abel Meeropol: judeu, comunista, que adotou os filhos do casal Julius e Ethel Rosemberg, executados, em 1953, sob a acusação de serem espiões a serviço da extinta União Soviética.

STRANGE FRUIT	ESTRANHA FRUTA
Southern trees	Árvores do sul
bear strange fruit,	produzem uma fruta estranha,
Blood on the leaves	Sangue nas folhas
and blood at the root,	e sangue nas raízes,
Black bodies	Corpos negros
swinging in the southern breeze,	balançando na brisa do sul,

1. Comentários pós-sociodrama "Vivências do Racismo à Brasileira: Cenas do Cotidiano", realizado em 31 de março de 2012, por iniciativa do Departamento de Psicanálise do Instituto Sedes Sapientiae.

Enforcamento de negros nos EUA, 1930. Foto: Lawrence Beitler.

Strange fruit hanging *from the poplar trees.*	Frutas estranhas penduradas nos álamos.
Pastoral scene *of the gallant south,* *The bulging eyes* *and the twisted mouth,* *Scent of magnolias,* *sweet and fresh,* *Then the sudden smell* *of burning flesh.*	Cena pastoril do valente sul, Os olhos inchados e a boca torcida, Perfume de magnólias, doce e fresco, Então o repentino cheiro de carne queimando.
Here is fruit *for the crows to pluck,* *For the rain to gather,* *for the wind to suck,* *For the sun to rot,* *for the trees to drop,* *Here is a* *strange and bitter crop.*	Aqui está a fruta para os corvos arrancarem, Para a chuva recolher, para o vento sugar, Par o sol apodrecer, para as árvores derrubarem, Aqui está a estranha e amarga colheita

É muito impactante ver e ouvir essa música, ou tão somente ler sua letra.

"Aquela música era de gelar o sangue, e ela cantava tão lindamente", dizia Ralph J. Gleason, compositor de jazz, no livro de David Margolick que apresenta a história dessa canção, *Strange Fruit: Billie Holiday e a Biografia de Uma Canção*.

O impacto da música ou da foto ao lado, da mesma década, é semelhante ao sentido por algumas pessoas durante o sociodrama "Vivências do Racismo à Brasileira: Cenas do Cotidiano ".

Vamos ver, passo a passo, como foi esse sociodrama, dirigido por mim, com a participação de: Maria Célia Malaquias, ego auxiliar; Jussara Dias, ego auxiliar; Mara Caffé, moderadora; e Paulo Jerônymo Pessoa de Carvalho, relator.

Antes do Sociodrama

Comecemos por reproduzir, aqui, a apresentação do trabalho, publicada no seu folheto de divulgação:

> "Afinal de contas, esse negócio de racismo onde está?" Esta é a pergunta de uma usuária de um centro comercial, diante de uma recente manifestação contra o racismo. Afirmava sua indignação e não concordância com a manifestação ao dizer que no centro comercial não existe racismo, pois os negros estão presentes, e apontava os funcionários. Que espaços ocupam brancos e negros na sociedade brasileira?
>
> A maioria dos brasileiros se sente uma ilha de democracia racial cercada de racistas por todos os lados, o racismo está nos outros. Oficialmente, o Brasil reconhece e condena o racismo mas, no campo privado, da intimidade, onde o racismo prevalece, ele é usualmente negado.
>
> O sociodrama "Vivências do Racismo à Brasileira: Cenas do Cotidiano", a primeira das três etapas do evento "O Racismo e o Negro no Brasil: Questões Para a Psicanálise", organizado

pelo Departamento de Psicanálise do Instituto Sedes Sapientiae, tem por objetivo perguntar sobre o nosso cotidiano racista, mapear a nossa subjetividade branca/negra e, principalmente, produzir um espaço grupal onde possa acontecer uma criação coletiva compartilhada por brancos e negros, corresponsáveis pela possível superação das profundas desigualdades raciais. Cremos que, dessa maneira, pensando, formulando e criando junto com a psicanálise, será possível contribuir para a compreensão e superação da milenar atitude racista.

O projeto "O Racismo e o Negro no Brasil: Questões Para a Psicanálise" surgiu de um incômodo entre negros e brancos dentro do Departamento de Psicanálise. Num dos cursos, uma aluna negra apontou uma fala do professor que considerou preconceituosa contra os negros.

Deste mal-estar professor/aluno, branco/negro, surgiu o projeto de desenvolver um espaço de reflexão sobre o racismo contra o negro no Brasil e sobre como a psicanálise deveria contribuir para essas questões. O mal-estar poderia ter sido ignorado, ou paralisado qualquer movimento de discussão ou superação, mesmo que parcial, das questões raciais mas, a meu ver, foi elevado a um novo patamar pelo Departamento de Psicanálise, o que propiciou a organização do evento, um trabalho conjunto entre alunos e professores, brancos e negros.

O pedido do sociodrama, informal, era apresentado pela comissão organizadora como "precisamos de um 'esquenta' para que o seminário não fique distante e racional demais", semelhante ao que os jovens fazem antes de sair de casa para uma balada, quando tomam alguma bebida alcoólica para se sentirem mais à vontade.

Penso que estavam pedindo um dispositivo que diminuísse a autocrítica. A palavra *dispositivo* se origina do grego *oikonomia*, gestão do *oikos*, que quer dizer gestão da casa (como estamos gestando nossa casa/nosso grupo). Giorgio Agamben, acrescentando ao pensamento de Foucault novas concepções, chega à seguinte proposição:

> dispositivo passa a ser qualquer coisa que tenha de algum modo a capacidade de capturar, orientar, determinar, interceptar, modelar, controlar e assegurar os gestos, as condutas, as opiniões e os discursos dos seres viventes. [...] O dispositivo atua naquilo que denomina processo de subjetivação[2].

Uso o termo dispositivo na direção proposta por Agamben e também, mais especificamente, no sentido que Ana Maria Fernández o emprega:

> refere-se a artifícios tecnológicos desenhados por nós nas intervenções institucionais e/ou comunitárias [...] pensados como máquinas que dispõem a [...] que criam condições de possibilidade, que provocam ou põem em visibilidade e eventualmente em condições de enunciabilidade de latências grupais, institucionais e ou comunitárias[3].

O pedido foi respondido com um sociodrama desenvolvido com uma multiplicação dramática. Com uma abordagem que esquentasse a discussão pela maior implicação de cada um com o tema e suas dificuldades. Isso pôde ser colocado por meio das questões: que espaço ocupam brancos e negros na sociedade brasileira? Como aparece no nosso cotidiano o racismo? Que mapeamento é possível de nossa subjetividade branca/negra? Podemos tentar desenvolver uma microcriação coletiva entre brancos e negros? Uma experiência de micromiscigenação? Será possível? Que obstáculos encontraremos?

Tal solicitação me envolveu tanto que a partir dali integrei a comissão organizadora.

2. *O Que É o Contemporâneo e Outros Ensaios*, p. 92.
3. *Las Lógicas Colectivas*, p. 311.

Logo Após o Sociodrama

Hoje, lendo os relatos, fico com a impressão de que foi um encontro, reunião, produção e reverberação de forças, uma comemoração, alegre, tensa, dolorida e festiva. Na linguagem da religião dos orixás, um *padê*, rito em que se invoca e propicia o orixá Exu. A primeira obrigação de toda festa, aquele que abre as festas públicas.

Segundo o dicionário, *padê* significa:

> cerimônia expiatória do candomblé e de religiões de origem ou influência afro-brasileira, na qual se oferecem a Exu, antes do início das cerimônias públicas ou privadas, alimentos e bebidas votivas, animais sacrificiais etc., na intenção de que não perturbe os trabalhos com seu lado malévolo e que agencie a boa vontade dos orixás que serão invocados no culto; despacho (de Exu).

Alguns acontecimentos que se ligam ao término do sociodrama como restos de cenas que não tiveram espaço para serem apresentadas e elaboradas no sociodrama são relatados a seguir.

Logo após o término da direção do sociodrama, as pessoas se aproximaram de mim para dizer informalmente o que acharam. Uma delas me tocou e sentiu meu corpo frio, falando-me disso. Logo me dei conta. Aos poucos, fui me recuperando e esquentando novamente. Pensei que a cena acontecida nos bastidores poderia ter sido compartilhada no cenário grupal.

Mais tarde, uma colega da coordenação associou o acontecimento com as cicatrizes corporais e emocionais geradas pelos castigos da escravidão. Fez sentido para mim, independentemente das associações que eu possa fazer referentes à minha história. Cenas de castigo corporal, chibatadas.

A primeira lembrança própria, a partir dessa associação, foi uma cena de teatro, no início da década de 1970, em São Paulo, no Teatro Ruth Escobar[4]. Tratava-se de uma peça que tinha uma

---

4. Peça *Gracias Senhor*, do grupo de teatro Oficina.

abertura para cenas improvisadas da plateia. Participei de uma das cenas criadas na hora: um pau-de-arara, instrumento de tortura utilizado pela polícia política da época, com uma pessoa sendo supliciada.

Já Maria Auxiliadora Almeida Cunha Arantes, colega de organização, afirma em seu artigo:

> Este comportamento de violência desmedida contra o negro escravizado, na opinião desses autores, serviu como base para um comportamento que será reproduzido na prática da tortura ocorrida durante a ditadura civil-militar, implantada no Brasil a partir de 1º de abril de 1964, dentro dos mais diferentes lugares públicos ou privados onde a tortura se manteve como prática extrema e cruel para arrancar informações, comprovar dados, punir ou simplesmente para humilhar. Hoje a prática da tortura continua amplamente presente na sociedade brasileira em diversos processos policiais.[5]

Sociodrama, o Instrumento

Nosso trabalho sociodramático, especificamente, tinha por objetivo uma criação coletiva centrada num tema a ser realizado em espaço público, gratuito para os participantes e patrocinado pelo Departamento de Psicanálise do Sedes. Um espaço que se propunha ser de iguais, com um trabalho para compartilhar suas singularidades.

Uma das raízes do psicodrama é o teatro. A palavra teatro significa "lugar de onde se vê". A especificidade do teatro psicodramático é: autor, ator e plateia coincidem. Encenamos a vida dos participantes, com os participantes e para os participantes. Também coincidem o momento de escrita da peça e o momento da apresentação.

5. Configurações do Racismo no Brasil São Questões Para a Psicanálise?, *Boletim Online*, n. 20.

Distinguimos três contextos: o social, o grupal e o dramático. Contextos que se interpenetram complexamente, transformando-se em textos. No contexto dramático é onde se constrói o "como se," em que as personagens atuam. No contexto grupal estão todos os participantes. Designamos por contexto social as dimensões institucionais, históricas e culturais.

Temos cinco instrumentos: diretor, ego auxiliar, protagonista, grupo e como se. Temos três fases numa sessão de psicodrama: aquecimento, dramatização e compartilhamento.

Algumas das questões centrais do psicodrama são: que papéis aparecem no contexto dramático, que jogos de papeis são constituídos, como acontecem e quais são seus pontos de vista? Quais são as relações entre o contexto dramático e o contexto grupal e social? Que ressonâncias as cenas do contexto dramático e as do contexto grupal produzem? Que identificações estão em jogo? Jogos de papéis, ressonâncias e identificações compõem as referências para o diretor conduzir junto com o grupo a escolha do protagonista e a conexão de cenas e seus cortes.

O sociodrama e o psicodrama são ramificações da mesma árvore: o teatro da espontaneidade criado por Jacob Levy Moreno, entre 1922 e 1925, em Viena. No sociodrama, o grupo concorda em abordar temas sociais mediante seus pensamentos, sentimentos, fantasias e valores. Eles são trabalhados pelo viés das relações intergrupais, das ideologias e voltados ao trabalho específico que o tema exige. O protagonista, a rigor, é o próprio grupo ou uma situação ligada ao tema. Além de mapear conflitos, permite exercícios de criação coletiva que propiciam aprendizado e mudanças relacionadas com o tema trabalhado.

Também entre 1922 e 1925, em Viena, Freud publica: "O Ego e o Id", "O Problema Econômico do Masoquismo" e "A Negação". Moreno migrou para os Estados Unidos, em 1925, com 36 anos, parece nunca ter encontrado Freud, e seus escritos sobre este ou a psicanálise são críticos, mas pouco desenvolvidos. Freud, por sua vez, nunca se manifestou sobre Moreno ou o psicodrama.

Em 1949, o sociólogo negro Alberto Guerreiro Ramos foi um dos que apresentaram o psicodrama no Brasil, durante algumas ações pontuais. No Rio de Janeiro, ele introduziu a psicoterapia de grupo, o psicodrama e o sociodrama com seu trabalho sociológico com relações raciais, no Instituto Nacional do Negro. E recomendou à Organização das Nações Unidas Para a Educação, a Ciência e a Cultura (Unesco) a utilização do sociodrama para trabalhar os problemas decorrentes das relações raciais[6].

Psicodrama Psicanalítico e a Multiplicação Dramática

O psicodrama foi introduzido com mais ênfase no Brasil por psicodramatistas argentinos principalmente, a partir de meados da década de 1960. O trabalho de multiplicação dramática se insere na tradição do psicodrama psicanalítico argentino.

Vamos caracterizar, em linhas gerais, tal movimento[7]. O psicodrama psicanalítico iniciou-se na França, em meados de 1950, ligado à psicoterapia infantil e ao trabalho em instituições, com autores como M. Monod, S. Lebovici, D. Anzieu, R. Diatkine, E. Kestenberg, A. Schutzenberger e D. Widlöcher, entre outros. Já o movimento de psicodrama psicanalítico argentino surgiu em 1962, com Carlos Martinez Bouquet, Fidel Moccio e Eduardo Pavlovsky, ligados à clinica de psicoterapia com crianças, mas também com adolescentes. Bustos também integra psicodrama e psicanálise, porém com uma referência moreniana mais marcada.

O movimento francês e o argentino se diferenciam, pois:

1. Os grupos franceses se voltam às crianças e aos adultos que procuram formação, enquanto os grupos argentinos são

---

6. M.C. Malaquias, Percurso do Psicodrama no Brasil, *Revista Brasileira de Psicodrama*, p. 33-39.
7. H. Kesselman et al., *La Obra Abierta de Umberto Eco y la Multiplicación Dramática*, em E. Pavlovsky et al. (eds.), *Lo Grupal 5*, p. 17-28.

formados, além de crianças e adolescentes, por adultos, independentemente de estarem procurando formação.

2. A edipização é central para o francês, e não para o argentino. A leitura do grupo não é atravessada somente pela problemática edípica, mas também por outras determinações das formações imaginárias grupais, a rede de identificações cruzadas ou sociométricas, as ilusões e os mitos grupais e institucionais. O trabalho, aqui, é mais ligado à noção de transversalidade de Felix Guattari[8].

3. A transferência é central nos grupos franceses, enquanto nos grupos argentinos ela é indiscutível, mas não central. O referencial teórico do psicodrama psicanalítico argentino é marcado também pela dinâmica dos papéis dentro do grupo, da catarse integradora e do que J.L. Moreno chama de Tele[9], sentimento recíproco entre o psicodramatista e o paciente, base do jogo e do brincar infantil. Isto é, o psicodrama psicanalítico argentino é mais próximo de conceitos morenianos, enquanto o francês, de conceitos psicanalíticos mais estritos[10].

Segundo Didier Anzieu, a eficácia simbólica do psicodrama se dá por um mecanismo específico: o efeito de questionamento e a atualização dos mitos grupais, familiares e institucionais que o jogo dos papéis deixa transparecer[11].

A cena do contexto dramático e também a do contexto grupal convocam toda a fantasmática dos indivíduos. Compreendê-la e ver a implicação de cada integrante é a tarefa fundamental dos grupos

---

8. Cf. V.R. Kamkhagi, Horizontalidade, Verticalidade e Transversalidade em Grupos, p. 205-219; P.V. Vidal, Projeto de Trabalho Sobre o Conceito de Grupo na Obra de Guattari e Deleuze, p. 43-56; e Félix Guattari, *Psicanálise e Transversalidade Ensaios de Análise Institucional*, p. 368.
9. Cf. J.L. Moreno, *El Teatro de la Espontaneidad*, p. 61-152.
10. Cf. E. Pavlovsky, Psicodrama Analitico, em: E. Pavlovsky et al. (eds.). *Lo Grupal 6*.
11. *Psicodrama Analítico*, p. 187.

psicodramáticos. É o que Pavlovsky, em 1970, chama de "concepção dramática da psicoterapia"[12] ou, em outras palavras, o conceito de cena que vai além do indivíduo ou do grupo e é a marca específica do seu trabalho, junto com o estudo da criatividade.

A multiplicação dramática é uma modalidade de trabalho psicodramático. O conceito de multiplicação dramática começa a se delinear na década de 1970 com as experiências de ensino de coordenadores de grupo, conhecidas como cenas temidas dos coordenadores de grupo, publicadas no livro de Luís Frydlewsky, Hernán Kesselman e Eduardo Pavlovsky, escrito em Buenos Aires, durante os anos de 1974 e 1975[13].

Em 1987, é publicado um artigo em *Lo Grupal*, em que Frydlewsky, Kesselman e Pavlovsky conceituam claramente, pela primeira vez, a multiplicação dramática[14]. Nele, articulam os conceitos que Umberto Eco formulou em seu livro *Obra Aberta* com o conceito de multiplicação dramática[15]. Partindo das ciências da comunicação, Eco analisa a obra de arte a partir de modelos semióticos criados inicialmente por Charles Peirce. Seu interesse recai particularmente na estrutura comunicacional das obras de arte e na participação ativa do público. Originalmente publicado na Argentina (em 1989), traduzido para o português em 1991, e prefaciado por mim, o livro *A Multiplicação Dramática* apresenta como frase tema "multiplicar ao invés de reduzir"[16]. Na obra, os autores situam a multiplicação dramática no polo oposto ao da redução interpretativa e direcionam-se para uma concepção de psicoterapia que valoriza o gozo estético na arte de curar. Tentam articular também as ideias de Gilles Deleuze e Felix Guattari com a clínica

12. Cf. H. Kesselman et al., *Las Escenas Temidas del Coordinador de Grupos*, p.96.
13. Op. cit.
14. H. Kesselman et al., *La Obra Abierta de Umberto Eco y la Multiplicación Dramática*, em E. Pavlovsky et al. (eds.), *Lo Grupal 5*, p. 11-54.
15. Cf. *Obra Aberta*. 10 ed. São Paulo: Perspectiva, 2015.
16. Ibidem.

psicoterápica. As recentes discussões e avanços do conceito estão publicadas em *Lo Grupal* (de 1983 até hoje), em minha monografia e, recentemente, em 2007, no livro de Ana Maria Fernández, no qual a autora relata suas reflexões com a prática da multiplicação dramática junto à cátedra I de Teoria e Técnica de Grupos, da Faculdade de Psicologia da Universidade de Buenos Aires, articulando referências castoriadianas, foucaultianas e deleuzeanas[17]. O conceito de multiplicação dramática foi construído na direção de uma nova forma de pensar o dispositivo grupal, afastando-se cada vez mais de uma simples técnica dramática.

A multiplicação dramática como instrumento conceitual é trabalhada a partir de diversas experiências que confluem: 1. trabalhos terapêuticos compartilhados, isto é, codireção; 2. grupos autogeridos de trabalho, isto é, coordenador emergente do próprio grupo, construindo um espaço de mútua supervisão e multiplicação; 3. ensino de coordenação grupal centrado nos conflitos do coordenador ou da equipe coordenadora, isto é, nas cenas temidas dos coordenadores grupais. Essa confluência de dispositivos grupais constitui a cozinha do conceito de multiplicação dramática.

Para que uma experiência dramática se enquadre no conceito de multiplicação dramática é necessário que a experiência grupal siga determinada sequência, tal como:

1. Relato de uma experiência pessoal, ancorada nas cenas temidas.
2. Dramatização da cena do protagonista explorada com os recursos necessários, de preferência a partir de uma cena que tenha acontecido com o protagonista, levando em conta os focos do protagonista e do antagonista.
3. Jogos dramáticos criados pelo grupo em estado de espontaneidade/criatividade, inspirados na cena inicial, e improvisações

---

17. P. Mascarenhas, Multiplicação Dramática, Uma Poética do Psicodrama; A.M. Fernández, *Las Lógicas Colectivas*.

que cada integrante do grupo realiza, aproveitando a ressonância que a cena inicial produz.

Descrição Esquemática do Sociodrama

Este relato se baseia em observações escritas durante o evento do colega Paulo Jerônymo Pessoa de Carvalho e é uma versão, entre tantas possíveis, do acontecido no sociodrama. Certamente, há mais versões que podem sublinhar ou alinhar outros elementos.

O Aquecimento Inespecífico:

O diretor começa comentando o tempo passado no Sedes com várias das pessoas que participam do grupo. Somos velhos.

Ele fala sobre o objetivo: mapear as relações do racismo no Brasil.

Solicita que o grupo se levante e ande pela sala. Pede palavras e sensações: enquanto o grupo se move, são pronunciadas palavras:

> Apreensiva, ansiosa, disposta, otimista, aberta, defendida, medo, negro.

O diretor formula a pergunta: quem somos? Passa a propor sucessivas subdivisões grupais, compreendidas como recortes identitários grupais. Divide o grupo em subgrupos: quem é do departamento e quem não é. Surge uma questão:

> Cadê os negros do Departamento de Psicanálise?

O diretor solicita uma nova subdivisão: Quem é do Sedes? Vem nova frase:

> Escureceu, o Sedes melhorou. [A frase se refere ao surgimento de pessoas negras no subgrupo do Sedes.]

O diretor pede ao grupo que se subdivida em quem é negro e quem não é. Em seguida, em quem tem olhos claros e quem não tem. Solicita que se dividam pela cor da pele: orientais, negros, brancos. Aparecem palavras originadas do subgrupo dos negros:

> Educação e aflição.

E palavras do subgrupo de participantes que se reuniram como sendo do Sedes:

> Admiração, feliz, fortalecido, dúvida, origem, consciente.

Um dos subgrupos, composto por uma única pessoa, um japonês, se diz solitário e procura outro japonês. Encontra outra oriental. E expressa:

> Em São Paulo, a gente é solitário e solidário.

Emerge uma palavra sem identificação de autoria:

> Miscigenação.

O Aquecimento Específico:

O diretor solicita que o grupo todo circule pela sala e procure imaginar, em silêncio, alguma cena inquietante que contenha racismo. A quem consegue, ele propõe que se concentre nela e pare de andar. Em seguida, pede ao grupo a formação de duplas ou trios para compartilhar a cena encontrada, conversando em voz baixa. Configuram-se mais trios do que duplas.

Após alguns minutos, o diretor sugere a formulação de palavras que expressem a vivência das conversas.

Escuta-se:

> Revolta, indignação, raiva, angústia, impotência.

Um homem negro fala das diferenças entre preconceito e racismo. E conclui:

> Eu instigo mesmo, é meu papel. [O sentido é de provocar a discussão.]

O diretor solicita que escolham e pronunciem uma vogal com entonação para acompanhar as sensações da cena escolhida, visando desconstruir a intelectualização que as palavras podem aportar. Brotam expressões de dor, exclamações, angústia.

As Cenas Iniciais

Os pequenos subgrupos se desfazem e o diretor pergunta se há alguém que queira compartilhar com os demais a cena recordada. Doze pessoas relatam cenas. Escolhemos seis, indicadas a seguir. Após cada relato, uma pequena discussão se estabelece.

Primeira cena: um rapaz negro na porta da USP. A política de cotas é citada.

Segunda cena: sua relatora era amiga do filho de um famoso professor negro. Este filho voltara da França, onde estudava, para desenvolver seus novos estudos na Bahia. Ela sofre o impacto de uma situação: o chofer de sua família se recusa a levar seu amigo, por ser negro. Depois de algum tempo, após a morte desse amigo, a relatora da cena se sente em dívida e instigada a contar o fato em público. Sente-se culpada pela manifestação racista que marca, no presente, a história da escravidão. É um tributo com muita emoção.

Terceira cena: uma professora negra relata que não sabe o que fazer com uma classe de pré-adolescentes na qual um deles, negro, é chamado de macaco pelo resto da turma. Sente-se paralisada e inibida frente às manifestações racistas.

Quarta cena: uma portuguesa nunca vira um negro. Em Portugal, ao avistar um, pela primeira vez, na rua, pergunta para o pai:

"Que é isso?" E o pai responde: "É gente!" [Surpresa com o reconhecimento da condição humana de uma pessoa que até então estava excluída de seu mundo.]

Quinta cena: casamento, com um negro. Numa família branca, um cunhado discriminava o noivo negro. Resolveu romper e deixar de ter contato com a família de origem. Perante a impossibilidade de elaboração do racismo, preferiu se isolar.

Sexta cena:

> Eu tenho vontade de espancar mulheres brancas. [Frase dita por um negro do grupo.]

O grupo manifesta preocupação para onde se está indo, após a expressão agressiva:

> Era alívio e agora está angustiante.

Escolha de uma Cena Para Dramatizar e Sua Encenação

O diretor questiona se algum autor de cena já está satisfeito com a apresentação feita até ali ou se mantém a vontade de dramatizar a cena. Algumas cenas se mantêm no processo de escolha. Por votação, o grupo escolhe a cena do "macaco".

Cena do macaco: o local é o galpão de uma instituição pública ligada à cultura para o desenvolvimento da cidadania. Um grupo de jovens pré-adolescentes junto com uma professora, que é a autora da cena e gosta do espaço.

Ela escolhe os atores para que desempenhem os papéis de alunos e um ator, em especial, para o papel do aluno negro e que será chamado de macaco pelos colegas.

Certo constrangimento nos envolvidos se estabelece com a perspectiva de uma cena violenta.

O diretor assinala que a cena é no "como se": é brincadeira, mas não é brincadeira.

Muita angústia no grupo: o jovem é negro, homossexual e tem a mãe presa.

Diante dos colegas chamando o jovem negro de macaco, a professora, negra e sem saber o que fazer, vai para o banheiro e chora, desesperada. Sente vergonha de sua incapacidade e paralisia.

No banheiro, o diretor pede para que chame alguém para ser a sua angústia. A fala da angústia para ela, segundo a professora:

> Angústia: "E aí, você não vai fazer nada?"
> Professora: (Silêncio, sem palavras).

Choro na plateia e da protagonista. O grupo está identificado, em grande parte, com a cena dramatizada.

O diretor solicita que a professora se afaste da dramatização, sente junto ao grupo e assista às próximas cenas.

Cenas Multiplicadas

O diretor fala que a cena agora seria de todos, não mais apenas da professora, e pede que o grupo participe, produzindo cenas que associe.

Cena 1: vários bichos se relacionando e brincando, entre iguais.

Cena 2: alguém, negro, dá uma "carteirada" (mostra uma carteira de identidade profissional de autoridade) após ser discriminado, devolvendo a humilhação.

Cena 3: "Se voltar a escravidão, vou ser mocambo de quarto. Vou mandar bem." Novamente, uma cena humilhante.

Cena 4: família negra com Barbie negra, tentando utilizar os brinquedos dos brancos.

Cena 5: "Mãe, você não sabe o que é racismo." Mãe negra e militante, ouvindo e sofrendo com a fala da filha adotiva negra.

Cena 6: psicanalistas brancos atendendo, de maneiras diferentes, a criança pré-adolescente da cena dramatizada.

Encerramento

O diretor solicita ao grupo que fale com a psicanálise, representada por uma cadeira. O que diríamos à psicanálise?
Falas para ela:

> Não é a psicanálise que nega o racismo, mas os psicanalistas.
> Antes tarde do que nunca.
> Como o psicanalista pode atender um racista?
> Falo aos negros e aos não negros.
> Psicanálise, você precisa voltar para a escola.
> Racismo no Brasil tem cor, pobreza no Brasil tem cor.
> Psicanálise, bem-vinda à discussão das relações sociais/raciais.
> Qual é a cor da sua cor?
> O racismo contra os judeus [psicanalistas] não provocou tanto sofrimento como o racismo contra os negros.
> Quem é a maior vítima: os negros ou os judeus?

As duas falas finais provocam intensa comoção e indignação, seguidas de pedidos de desculpas.

O relator do grupo assinala que "o diretor quer acabar, mas o grupo não quer. Quase não consegue!"

Uma questão é inscrita para o restante do evento.

No final, dizem para a psicanalista branca judia, uma das organizadoras do evento – que está indignada e chora:

> Ela falou sem maldade, como o macaco.
> Essa tarefa é uma aventura perigosa e exige de nós coragem, delicadeza e inteligência.

FIM

Reflexões Após o Término do Sociodrama

A pergunta que faço é: quais são as insistências temáticas e quais elementos cênicos se repetem? O objetivo é poder indicar, como hipótese, que diferentes lógicas coletivas podem estar presentes no imaginário social. Tal procura é preciso que se faça tanto nas cenas construídas no "como se" do contexto dramático, já parcialmente descritas, como nas cenas implícitas do contexto grupal, que incluem a totalidade dos participantes e a equipe de coordenação.
Reiteração de quase violência, ameaça de violência e intimidação. Esta insinuação, ou seu claro indicativo, aparece na reação de frio do diretor, no medo da violência, na lembrança do espancamento do escravo, nas cenas de espancamento de mulheres brancas, na carteirada humilhante. A dor da humilhação é resultante da ruptura de nossa imagem, de nossa integridade. Contém humilhação e contra-humilhação produzindo e reproduzindo dor, exclusão, ódio e ameaça de eliminação, ou a própria eliminação. Todo o quadro indica aquilo que Fernando Ulloa, em *La Crueldad*, aponta com a denominação "tríade do conhecimento do cruel", isto é, exclusão, ódio e eliminação.

> *En el proceso de la crueldad existe una tríada. Ese fetichismo que se ha organizado, esa reproducción de los valores que se han recibido y que se ve amenazado frente a lo distinto, frente al diferente, frente al negro, frente al judío, frente al comunista, frente al blanco, frente al semejante distinto y es ahí donde precisamente, aparece la tríada del conocimiento del cruel: que es la exclusión, el odio y la eliminación.*

No fim, após o diretor conduzir ao término do sociodrama, seguiram-se falas duras e comparativas entre as segregações sofridas por judeus/psicanalistas e negros, procurando designar, entre ambos, quais mais se adequariam ao papel de vítimas. Tratou-se, na verdade, de um julgamento condenatório da psicanálise e de Freud, o que deflagrou um momento perturbador e inesperado.

O que pensar disso? Novamente, foi apresentada a articulação negro e judeu como na questão da história da música "Strange Fruit", no início deste escrito. Ameaça frente ao distinto, seja negro, judeu, comunista, psicanalista, psicodramatista, ou simplesmente outra classe social. Diferente.

A cena experimentada expressa a tentativa de encontrar a melhor vítima e acusar o outro. Uma disputa para saber quem é vítima de quem. E, no contexto do grupo, ela se renova, a saber: como se dá a vitimização no aqui e agora. Vitimização que visa despertar piedade em relação à vítima. Qual piedade é melhor? Qual vítima é melhor? Surge um combate apoiado no papel de vítima, mediante a vitimização de alguém. As portas do ressentimento se escancaram. Ao final do sociodrama, enuncia-se a pergunta que não irá se calar ao longo das outras etapas do evento. Pergunta sintoma, para ser indagada: Somos todos produzidos como vítimas e produtores de vítimas? Piedosos e reclamadores de piedade?

Penso que somos todos implicados, certamente, mas não culpados, nesse jogo infernal. A motivação inicial do evento veio de uma reclamação de uma aluna negra sobre determinada professora. Professora, psicanalista, branca que se mostra indignada e magoada ao final do sociodrama. Acrescentam-se reiterados pedidos de desculpas. No contexto grupal, se reencena o "macaco" que surgiu no contexto dramático na aula, e a professora não sabe o que fazer. Além, é claro, do próprio diretor do sociodrama que, mais uma vez, se vê lançado no caos.

Nesta elaboração, associo algumas cenas: 1. uma cena dramatizada no "como se" do contexto dramático, dirigida por mim e escolhida pelo grupo para ser mostrada – uma professora negra desesperada e muito angustiada, paralisada com as cenas racistas mostradas por seus alunos; 2. outra cena no "aqui e agora" do contexto grupal, não dramatizada, mas atuada pelo grupo todo – a pergunta/afirmação provocadora: "o racismo contra os judeus/psicanalistas não provocou tanto sofrimento quanto o racismo contra os negros; quem são as maiores vítimas, os negros ou os judeus/psicanalistas?" 3. outra cena no contexto social, da qual algumas pessoas da equipe organizadora participaram, e eu não, cujas notícias conheci – circunstâncias entre professores e alunos do Departamento de Psicanálise geradores do evento, do qual o sociodrama fez parte. Cenas que possuem elementos insistentes e vários diferenciadores importantes.

Comecemos pelos diferenciadores. Os contextos diferentes – dramático, grupal e social – delimitaram responsabilidades, consequências e consistências diversas.

O acontecimento da suposta fala racista ocorrida na aula do Departamento de Psicanálise foi encaminhado, passando por inúmeros obstáculos até a criação de um evento único e original pelo departamento, com o sociodrama presente por tal motivo.

A cena escolhida para ser dramatizada indicou a tentativa de colocar a questão racial na roda de discussão de maneira implicada, colaborativa e confiante. Já a ocorrida no final do sociodrama foi atuada pelo grupo todo, mais por uns do que por outros, mas tomou a todos, indicando algo da ordem do indizível, porém presente e dominante e que nos dirige.

O que insistiu nas cenas? Que insistências as atravessaram, apesar de suas diferenças? Como essas insistências foram trabalhadas nas cenas? A posição mais ou menos polarizada, mais ou menos superada de vítima e vitimizador, creio que impõe um trabalho. A provocação é humilhante, desqualificadora, impactante e, por esse motivo, paralisante do processo de conhecimento criador.

Sentir-se culpado pelo racismo explícito foi outra insistência vista, na cena em que o amigo negro foi excluído do carro dirigido pelo motorista da família. Culpa também apareceu em outras cenas humilhantes e doloridas. A escravidão que durou cerca de quatrocentos anos, no país, ressurgiu a cada suplício expresso nas diversas cenas.

Era esperado que diversas cenas fossem dolorosas. Apesar disso, ao se apresentarem, mantiveram o horror do inesperado doloroso. Choque traumático crônico. Sempre choque inesperado, ao mesmo tempo já previsto. Um excesso traumático transbordante que denuncia um circuito: sensação desagradável de hoje, despertar da dor primeira minha ou de meu ancestral. Superinvestimento narcísico e de objeto que gera um gigante afetivo muito perturbador da estabilidade psíquica. Corpo estranho, estranhamente íntimo, que provoca ruptura de associações.

Jogo infernal esse, da vitimização inercial. Jogo amargo e doce, já que podemos supor um vício inercial, mas trágico, sem saída, criador de miséria e de um efeito sinistro. Jogo que nos enfraquece e que nos distancia da vida. O risco merece atenção de todos para a necessária desconstrução constante.

Como o Sedes, lugar de grande tradição na luta pela emancipação da sociedade brasileira, acolhe os movimentos sociais da atualidade e, particularmente, o movimento negro? Como o movimento negro acolhe o Sedes, hoje? Será a partir da piedade? E da renovada vitimização? Não se faz história a partir da posição de vítima. Escapes de tal repetição aparecem aqui e ali e este evento trouxe muitos exemplos.

Por outro lado, em claro contraste, evidenciou-se no sociodrama, assim como em todo o evento que se seguiu, a experimentação da ternura, da escuta, do compartilhar, da criação coletiva, da intensidade da própria potência criadora coletiva. Isso poderá inscrever, num plano vivencial coletivo, novas práticas produtivas e significativas de associação entre os movimentos sociais. A contraposição da experiência da tríade do conhecimento do cruel à experiência de ternura na cocriação e coexperiência foi também apontada por Ulloa, no artigo citado.

Ao longo do sociodrama, vimos os processos criativos múltiplos e heterogêneos desenvolvidos nas cenas da criação coletiva, que também articularam crítica e clínica. Um encontro alegre e triste mas, sobretudo, potencializador do encontro; dito em outras palavras: aproximação ao outro e aprendizado pela diferença. Sem totalizações num universo fragmentado e imprevisível. Manifestações diversas da expressão vital.

Pudemos localizar expressões das forças reativas do pensamento escravo, ressentidas e culpadas, às vezes, pela intensidade do ódio com efeitos paralisantes; e também forças da suavidade, da tolerância com a diversidade.

Seguem algumas frases do encontro, repetidas ou reorganizadas nas etapas seguintes do evento (segunda e terceira), que ficaram ecoando em mim:

> Psicanalista também tem preconceito.
> Negros também têm preconceito.
> Somos todos atravessados pela questão do racismo e da intolerância às diferenças, necessitando um enfrentamento constante.
> É perturbador admitir o racismo e a dominação.
> Branco pode reconhecer e se identificar com o problema dos negros. O que acontece com o outro pode acontecer comigo.
> Racismo tem outra racionalidade, ambígua. Racismo brasileiro é cordial, porém eficiente nos objetivos. Quais objetivos? Dominar, dobrar, quebrar, produzir mais-valia com o outro.

Referências Bibliográficas

AGAMBEN, Giorgio. *O Que É o Contemporâneo e Outros Ensaios*. Chapecó: Argos, 2009.
ANZIEU, Didier. *Psicodrama Analítico*. Rio de Janeiro: Campus, 1981.
CUNHA ARANTES, Maria Auxiliadora de Almeida. Configurações do Racismo no Brasil São Questões Para a Psicanálise?, *Boletim Online*, n. 20, 2012. Disponível em: <http://www.sedes.org.br>. Acesso em: 16 mar. 2017.
FERNÁNDEZ, Ana María. *Las Lógicas Colectivas. Imaginarios: Cuerpos y Multiplicidades*. Buenos Aires: Biblos, 2007.
GUATTARI, Félix. *Psicanálise e Transversalidade Ensaios de Análise Institucional*. Aparecida: Ideias e Letras, 2004.
KAMKHAGI, Vida Rachel. Horizontalidade, Verticalidade e Transversalidade em Grupos. *Grupos Teoria e Técnica*. Rio de Janeiro: Graal, 1982.
KESSELMAN, Hernán; PAVLOVSKY, Eduardo; FRYDLEWSKY, Luiz. *La Obra Abierta de Umberto Eco y la Multiplicación Dramática*. In: PAVLOVSKY, Eduardo et al.

(eds.). *Lo Grupal 5*. Buenos Aires: Busqueda, 1987. Disponível em: <http://www.terras.edu.ar/biblioteca/16/16TUT_De_Brasi_Unidad_3.pdf>. Acesso em 11 abr. 2017.

____. *Las Escenas Temidas del Coordinador de Grupos*. Buenos Aires: Ayllu, 1978.

MALAQUIAS, Maria Célia. Percurso do Psicodrama no Brasil: Década de 40: O Pioneirismo de Guerreiro Ramos. *Revista Brasileira de Psicodrama*, v. 15, n. 1, 2007.

MARGOLICK, David. *Strange Fruit: Billie Holiday e a Biografia de uma Canção*. São Paulo: Cosac Naify, 2012.

MASCARENHAS, Pedro. *Multiplicação Dramática, Uma Poética do Psicodrama*. Monografia. São Paulo, 1995.

MORENO, Jacob Levy. *El Teatro de la Espontaneidad*. Buenos Aires: Vancu, 1977.

____. *Psicodrama*. São Paulo: Cultrix, 1975.

PAVLOVSKY, Eduardo. *Psicodrama Analitico. Su Historia: Reflexiones Sobre los Movimientos Francés y Argentino*. In: PAVLOVSKY, Eduardo et al. (eds.). *Lo Grupal 6*. Buenos Aires: Busqueda, 1988.

ULLOA, Fernando. *La Crueldad*. 1999. Disponível em: <http://antares-porvenir.blogspot.com.br>. Acesso em: 14 dez. 2016.

VIDAL, Paulo Viana. Projeto de Trabalho Sobre o Conceito de Grupo na Obra de Guattari e Deleuze. *Grupos Teoria e Técnica*. Rio de Janeiro: Graal, 1982.

15.
RELAÇÕES RACIAIS NO PALCO DA VIDA: CONSIDERAÇÕES SOCIÁTRICAS

Maria Célia Malaquias

Eu quero subir num palco,
pintado de branco, preto e vermelho
Com a cara pintada e o cabelo trançado.
Quero representar minha vida
Falar de meus pais, de meus amigos,
Falar de meus irmãos, de meus inimigos.
Quero contar as histórias...
Quero ostentar minha pele negra,
meu nariz chato e arrebitado
Com meus duros cabelos à mostra
Com minha sensibilidade à mostra
Quero escrever do meu jeito
Falar na minha língua – do meu jeito...
Quero subir num palco...

HAMILTON BERNARDES CARDOSO

A possibilidade de ampliar o diálogo sobre a questão racial no Brasil, para mim, é sempre mobilizadora. Assim, recebi com alegria o convite para compor a unidade funcional no sociodrama e integrar a comissão organizadora do seminário "O Racismo e o Negro no Brasil: Questões Para a Psicanálise", promovido pelo Departamento de Psicanálise do Instituto Sedes Sapientiae, em São Paulo, entre março e junho de 2012.

Ano-Novo: Mesmas Cenas

Estando agora em janeiro de 2013, um novo ano se inicia e a finalização do registro de nossas reflexões sobre as vivências no seminário acontece no exato momento em que a mídia brasileira, sobretudo em São Paulo e Rio de Janeiro, noticia situações de racismo. Escolhemos três delas, todas veiculadas na primeira quinzena do mês:

1. Em Campinas (SP), um comandante da Polícia Militar, após o registro de assaltos a casas em determinado bairro de classe média, ordenou a seus comandados que fizessem averiguação ostensiva se se deparassem com grupos de mais de três jovens de 18 a 25 anos, pardos ou negros.

O governador do estado, ao ser questionado por grupos do movimento negro, argumentou que "não é racismo e sim descrição das características dos suspeitos; se fossem loiros de olhos azuis, a descrição seria grupos de jovens loiros de olhos azuis".

O número de jovens negros assassinados tem crescido assustadoramente: somos testemunhas do sofrimento dos pais ou responsáveis ao verem seus filhos – potenciais suspeitos – saírem para o trabalho, a escola ou o lazer, e viverem a angústia do retorno.

2. No Rio de Janeiro, um casal e seu filho entraram numa concessionária de carros importados e, enquanto estavam sendo atendidos pelo vendedor, o garoto – que assistia à televisão, sentado – logo foi abordado por outro vendedor, que disse: "O que você está fazendo aqui? Aqui não é o seu lugar", e prosseguiu: "É preciso tirá-lo daqui, senão fica pedindo." Pois bem, o menino acompanhava seus pais adotivos. Nessa altura, não só quem acompanhou a notícia, mas a maioria dos leitores brasileiros certamente já identificou sua etnia. É isso mesmo: o garoto é negro.

Felizmente, nesse episódio (a exemplo de tantos outros que acontecem sem que cheguem a ser noticiados) os envolvidos não se calaram e fizeram uso da mídia para denunciar. Na internet, milhares de pessoas se manifestaram e aguardaram que a concessionária assumisse sua atitude racista e pedisse desculpas. Por sua vez, esta, até o momento, apenas publicou uma nota alegando um "mal-entendido". O casal abriu uma página na web com o título "Preconceito Racial Não É Mal-Entendido". De novo, como em inúmeros fatos semelhantes, divulgados ou não, a resposta é sempre a mesma, sem que se dê ao trabalho de buscar uma justificativa diferente. Racismo, no Brasil, logo se transforma em mal-entendido; assumir e pedir desculpas, que seriam atitudes que demonstrariam algum senso de responsabilidade, nunca ocorre. O "preconceito de ter preconceito" explicita o racismo à brasileira, que é camuflado, velado e, quando flagrado, disfarçado sob a alegação de engano ou má interpretação. Há, sim, racismo no Brasil. Pesquisas mostram que parte dos entrevistados responde de modo afirmativo quando questionada; no entanto, não encontramos pessoas que se assumam racistas. Estes são sempre os outros. Vale lembrar que o racismo, no país, é crime.

3. Artigo publicado no site de uma maternidade, em São Paulo, buscando responder ao questionamento de uma mãe sobre a idade mínima para iniciar o alisamento do cabelo da filha, "que é muito encaracolado", afirmou que "muitas mães recorrem ao alisamento para deixar o cabelo de suas filhas mais bonito". A maternidade, ao tentar responder às manifestações indignadas de quem questionava a ideologia implícita e explícita no referido artigo, argumentou que apenas tentou orientar as mães no uso de produtos mais adequados à idade de suas filhas e que não teve intenção de ofender qualquer etnia.

Especialmente nossas crianças e adolescentes são, com frequência, expostos a expressões sobre os cabelos, entre elas "cabelo ruim" ou "cabelo feio". Elas transparecem mensagens deliberadas de atribuição de valores de inferioridade. Utiliza-se um diferencial étnico para discriminar, excluir, humilhar.

Algumas Considerações Sobre a História do Negro no Brasil

A escravidão causou danos irreparáveis a milhares de homens e mulheres que foram arrancados das terras africanas de origem. O tráfico de escravos foi um dos grandes empreendimentos comerciais e culturais da época das grandes navegações, constituindo a criação de um sistema econômico.

Ao contrário do que aprendemos na história oficial do Brasil colonial, o escravo negro não era um mero coadjuvante servil e dócil. Na verdade, procedia com corajosa resistência. Mesmo sob a ameaça dos chicotes, reagia na tentativa de buscar sua autonomia, quebrando ferramentas, incendiando plantações, agredindo senhores e feitores, entre outros exemplos, rebelando-se individualmente ou em grupo. Vivia em condições degradantes, sem espaço físico ou moral para se expressar e desprovido de referências afetivas e materiais. Transformado em coisa, em engrenagem de produção de um sistema de mão de obra escrava, a fuga e a formação de grupos de foragidos eram típicas expressões de rebeldia. A constituição dos quilombos simbolizava o retrato de sua potência e de sua articulação para promover mudanças.

Os desdobramentos do processo de luta por existência, dignidade, humanidade e afirmação da identidade negra propicia o surgimento do fenômeno da negritude, conforme nos afirma Kabengele Munanga:

> sem a escravidão e a colonização dos povos negros da África, a negritude, essa realidade que tantos estudiosos abordam não chegando a um denominador comum, nem teria nascido. Interpretada ora como formação mitológica, ora como movimento ideológico, seu conceito reúne diversas definições nas áreas cultural, biológica, psicológica, política e outras[1].

1. *Negritude, Usos e Sentidos*, p. 5.

Considerando que a população negra, de acordo com dados do IBGE (Instituto Brasileiro de Geografia e Estatística), representa mais de 50% da brasileira, há de se esperar que encontremos em todos os segmentos da sociedade essa proporção. Mas não é o que nosso cotidiano retrata. A presença negra é superior na periferia, nas escolas públicas até o ensino médio e entre os serviçais, só para citar alguns casos que ilustram, explicitam e nomeiam o racismo à moda brasileira. Barreiras visíveis e, principalmente, invisíveis são usadas por um sistema eficaz de baixos salários, dificuldades de acesso à educação – mais ainda à educação de qualidade – ou à saúde, sendo ainda maioria entre a população desempregada ou subempregada.

Munanga nos alerta:

> Para compreender concretamente a situação do negro no Brasil atual, é preciso, além do discurso socioantropológico qualitativo, fazer um balanço comparativo nos domínios da renda, do emprego, da saúde, da educação, da cultura, do lazer, da representação política etc. Fica ilustrado pelas estatísticas que a população negra concentra-se nas posições inferiores da hierarquia social. As estatísticas sobre indicadores econômicos relacionados à população negra estão hoje disponíveis graças à reintrodução do quesito "cor" no censo oficial, a partir de 1980, devido às reivindicações dos movimentos negros.[2]

Essa dura realidade foi exposta, de várias maneiras e por diversas pessoas, no contexto sociodramático da vivência do racismo à brasileira.

A história do negro no Brasil é marcada pela luta por existência e liberdade. Cada geração a seu modo busca usar seus recursos. A partir da década de 1970, com a reorganização do movimento negro, é marcada a contraposição à discriminação sofrida, com atitudes afirmativas. Surgem diferentes grupos organizados, em

2. Ibidem, p. 82.

especial nas capitais, com propostas de resgate e valorização da cultura negra. Um desejo de pertencer invade corações, ganhando força e desejo de avançar na história pessoal e coletiva.

Neste início de século XXI, reconhecemos as conquistas da população negra, com um novo cenário se apresentando. Convivemos, entretanto, cotidianamente, com a repetição de práticas ou atitudes racistas que, muitas vezes, colocam em questão as afirmações de mudanças, progresso, conquistas. Talvez um dos principais avanços seja o fato de o Brasil se assumir como um país racista e, a partir daí, abrirem-se oportunidades para pensar políticas públicas voltadas para a população negra. Embora as pesquisas de opinião apontem a não existência de racistas, aquele que é alvo e sofre as ações do preconceito sabe bem identificá-los, seja no gesto, no olhar ou em atitudes não verbais.

A Contribuição da Psicanalista Neusa Santos Souza

No início da década de 1980, nosso contato com a pesquisa da psicanalista Neusa Santos Souza emergiu como uma luz que começava a elucidar e nomear muito do que identificávamos nas relações pessoais e profissionais. Ela analisa os dados da sua pesquisa realizada com homens e mulheres negros, suas histórias de ascensão "no mundo do branco", numa sociedade de classe e ideologia dominante brancas. Afirma que a conscientização da identidade negra é a via por onde o indivíduo vai se tornando negro, ou seja, vai se identificando com o seu mundo, suas origens e pertencimentos. Seus estudos apontam as dores emocionais resultantes do preconceito e da discriminação racial. Sua tese é de que o negro brasileiro vai se tornando negro por meio de um processo de tomar ciência de si e de sua história. Seus antepassados e suas referências negras vão constituindo sua identidade.

A possibilidade de construir uma identidade negra – tarefa eminentemente política – exige como condição imprescindível a contestação do modelo advindo das figuras primeiras – pais ou substitutos – que lhe ensinam a ser uma caricatura do branco. Rompendo com este modelo, o negro organiza as condições de possibilidade que lhe permitirão ter o próprio rosto.[3]

Souza utiliza em sua pesquisa o método de estudo de caso e nos esclarece que "é um método qualitativo de análise onde qualquer unidade social é tomada como representativa da totalidade"[4]. Ao analisar as histórias de vida de seus entrevistados, os processos de introjeção, assimilação e reprodução de valores nos apresentam os conceitos de narcisismo e ideal de ego, como forças estruturantes do psiquismo. Ele toma como base teórica conceitual a psicanálise e a teoria das ideologias, e nos afirma que "o complexo de Édipo foi o conceito capital que possibilitou a compreensão psicanalítica de um problema sobredeterminado pela história de uma formação social específica e pela história da estruturação do sujeito-suporte dos efeitos ideológicos pertinentes a esta formação social"[5].

Ressaltamos a importância da pesquisa e de seu papel representativo das relações raciais no Brasil e seu impacto nas subjetividades. Em nossas práticas – quer em clínica privada, quer em outros espaços – de atuação profissional, evidenciamos o sofrimento psíquico e as influências do racismo na saúde mental e emocional.

Um dia, tive conhecimento da morte precoce de Neusa Santos Souza, ocorrida em dezembro de 2008. Senti uma profunda dor, pois ainda alimentava a esperança de conhecê-la pessoalmente, o que não seria mais possível. No *site* Correio do Brasil, o jornalista Alfredo Herkenhoff publicou aquele que, nas suas palavras, "talvez tenha sido seu último texto assinado num jornal diário, antes de

3. N. Santos Souza, *Tornar-se Negro*, p. 77.
4. Ibidem, p. 69.
5. Ibidem, p. 75.

desistir de viver". Souza fala dos 120 anos de abolição da escravatura negra no Brasil, dos 120 anos de luta contra o racismo e das conquistas adquiridas: "especialmente um amor por nós mesmos, uma alegria, um orgulho de sermos o que somos, brasileiros negros – negros de muitos tons de cor de pele, efeito da mistura, que é uma bela marca da sociedade brasileira. A escravidão acabou, mas a luta continua"[6]!

Reconhecemos e agradecemos o legado de Souza, em especial para a psicologia e a psicanálise, uma contribuição para a mudança de um imaginário social numa perspectiva de acolhimento e respeito, com o tratamento das dores psíquicas decorrentes de práticas racistas.

Racismo e o Negro no Brasil: Questões para a Psicanálise – Vivências e Reflexões

Meses após um evento tão ímpar em termos de psicanálise e relações raciais no Brasil, e ainda elaborando sua vivência, as palavras do psicanalista Jurandir Freire Costa expressam muito do meu refletir sobre o nosso percurso:

> Comentar um trabalho deste gênero exige, portanto, que abdiquemos rapidamente de nossos velhos hábitos de pensar. É inútil, neste caso, duelar com a palavra. Ou, o que é mais corrente, procurar cindi-la e buscar no verso e reverso de seu âmago a verdadeira intenção, ideologicamente travestida.[7]

Pensar sobre esta experiência é entrar em contato com uma profunda emoção, com sensações contraditórias que se alternam em

---

6. Idem, Contra o Racismo, *Correio da Baixada*, [S. l.], 13 maio 2008.
7. Prefácio, em N.S. Souza, *Tornar-se Negro*, p. 2.

dor e prazer, numa intensidade pulsante que dá o tom das palavras. Palavras que ecoam e se interligam no tempo, ganham corpo, presentificam o passado. Entretanto, faltam-me aquelas que possam expressar suficientemente o significado do encontro. As cenas estão vivas em nossa memória, lembranças que aquecem outras lembranças.

Nesse sentido, as ideias desenvolvidas por Maurice Halbwachs sobre memória coletiva nos auxiliam em sua compreensão, na medida em que ele analisa a memória a partir das relações que o indivíduo estabelece com o grupo, entendendo-a como um processo que permite ao indivíduo localizar-se no seu contexto social. Para Halbwachs, a memória é coletiva, evoca a experiência de todos: "nossas lembranças permanecem coletivas, e elas nos são lembradas pelos outros, mesmo que se trate de acontecimentos nos quais só nós estivemos envolvidos, e com objetos que só nós vimos. É que, em realidade, nunca estamos sós"[8]. Sabemos o quanto a memória dos nossos antepassados contribui para o resgate da história do negro no Brasil. A história oral desempenhou e desempenha um importante papel, não só na formação e informação, mas também como elo de ligação intergeracional.

Ecléa Bosi, em *Memória e Sociedade*, acrescenta: "a memória é um patrimônio infinito, no qual só registramos aquilo que para nós tem significado". Podemos dizer então que a memória se desenvolve a partir dos vínculos que se formam no interior de um grupo e depende da interação de seus membros.

Com essa perspectiva, revisitamos nossas lembranças do percurso que resultou no referido seminário, apropriando-nos do distanciamento espacial que nos coloca num lugar mais privilegiado para elaboração e análise. E, com olhar mais ampliado, quisera visar outras possibilidades e novos alcances.

O seminário nos permitiu a vivência de uma experiência enriquecedora em vários aspectos, a oportunidade de dialogar com

---

8. M. Halbwachs, *A Memória Coletiva*, p. 2.

algumas áreas do conhecimento humano, entre elas a psicanálise e o psicodrama, a possibilidade de troca num grupo diverso, predominantemente psicanalítico, com professores e alunos, negros e brancos. A viabilização de dialogar com a comunidade, em especial a não acadêmica, mas também com a acadêmica, sobre a realidade das relações entre brancos e negros na sociedade brasileira, visando possibilitar espaços de discussões, trocas e reflexões que, de alguma maneira, pudessem contribuir para o conhecimento de tal realidade. Desejosos de avanços e melhorias nessas tantas relações, mantivemo-nos aquecidos para o desafio. Ao trabalhar com a temática das relações raciais no Brasil, deparamo-nos com o confronto de realidades diversas, conflitantes, e a evidência da relevância dos nossos propósitos.

Revimos a evolução do negro no Brasil, fato necessário para a compreensão e a análise de um processo que é histórico, marcado por um período da colonização que durou mais de três séculos. Discutimos pesquisas de autores contemporâneos e compartilhamos nossas histórias de vida no universo das relações raciais.

O evento aconteceu em três etapas.

Iniciamos em 31 de março de 2012, dia em que o Sedes, lugar de importância para a psicologia no Brasil, sobretudo com seu trabalho voltado para as questões sociais, seus posicionamentos e atuações em prol de uma sociedade democrática, abriu suas portas, por meio do Departamento de Psicanálise, para receber pessoas que atenderam ao convite para a abertura do seminário.

Reconhecemos sinais significativos para a abertura desde a origem do seminário, parceria com outras concepções ideológicas e metodológicas de pensar o ser humano. Há que se destacar a escolha numa perspectiva relacional. O sociodrama, definido por seu criador, J.L. Moreno, como "um método de ação que investiga e trata as relações intergrupais e as ideologias coletivas"[9], foi a

---

[9]. *Psicodrama*, p. 412.

metodologia escolhida como primeiro ato. Nas palavras de Moreno, evidenciamos a justificativa da escolha: "Para o estudo das inter-relações culturais, o procedimento sociodramático é idealmente adequado, especialmente quando duas ou mais culturas coexistem em proximidade física e seus membros se encontram, respectivamente, num processo contínuo de inter-relação."[10] "Método, sabemos todos, é caminho, modo de se movimentar, jeito, estilo e inspiração. Ele permite a harmoniosa convivência entre poesia e técnica, filosofia e ciência, sonho e teoria."[11] Nesta perspectiva, pesquisador e pesquisado fazem parte do mesmo contexto, numa teia de relações em que todos são partícipes.

Assim, foram colocadas no palco sociodramático, no sentido de lugar onde a ação dramática acontece, vivências intensas do nosso cotidiano relacional. Emergiram cenas num pulsar intenso, silencioso, gritante, doloroso, num estranhamento, numa identificação, num confronto, num desvelamento. Os papéis de vitimas e algozes, defesa e acusação se alternavam, se desnudavam. Situações reais do dia a dia da convivência entre negros e brancos. Eis alguns compartilhamentos que, no nosso entender, são representativos dessa intensidade: "Como eu faço para trabalhar psicoterapeuticamente com uma pessoa que se diz racista?"; "Fui parada na rua por uma pessoa que perguntou se eu queria trabalhar na casa dela, ser sua empregada"; "Cheguei ao restaurante, só havia brancos e todos me olhavam como um ser do outro mundo"; "Na minha família, podemos ter amizade com negros, mas casar, jamais." Estas são algumas das expressões de sofrimento emocional compartilhadas no contexto sociodramático, numa catarse que pode ser concretizada efetivamente na constelação de relações da qual o indivíduo é participante. Nas palavras de Alberto Guerreiro Ramos, "o paciente, no palco, pode ser treinado num novo papel ou numa nova conduta, é

10. Ibidem, p. 414.
11. W.C. Almeida, *Rodapés Psicodramáticos*, p. 75.

a catarse o mecanismo fundamental do psicodrama"[12]. Retomaremos com mais esclarecimentos o psicodrama e o trabalho pioneiro de Guerreiro Ramos.

Nas duas etapas que sucederam ao sociodrama, num espaço cronológico entre dois e três meses, e em suas mesas-redondas, pudemos acompanhar os desdobramentos e as ressonâncias que emergiram daquela prática. E entendemos que uma das consequências mais importantes nas etapas subsequentes foi a viabilização da ampliação dos compartilhamentos e processamentos da vivência sociodramática.

Para nós, mais uma vez, constatou-se a evidência da complexidade das relações raciais no Brasil, da nossa história de relações. Há carência de espaços para que tantas questões sejam colocadas e possamos refletir, como grande grupo, o que queremos e podemos fazer com tal realidade, tarefa que sabemos não ser fácil, mas, sim, necessária.

Sociatria:
A Contribuição do Psicodrama

Desde o final de minha graduação em psicologia, tenho pautado a prática profissional e de pesquisas nas áreas da saúde e socioeducacional. A especialização em psicodrama e o mestrado em psicologia social auxiliam na tentativa desse exercício.

As pesquisas se pautam no psicodrama, abordagem teórica e metodológica criada pelo médico-psiquiatra Jacob Levy Moreno, segundo a qual o indivíduo é concebido como um "ser em relação", é social por excelência e envolto numa rede de relações. Esse indivíduo necessita do "Tu" para identificar o "Eu". O "Eu" surge dos papéis que desempenha na sociedade. É no pertencimento ao grupo

12. Apud M.C. Malaquias, *Revisitando a Africanidade Brasileira*, p. 13.

que se dá o processo de constituição do sujeito. O papel social "é a forma de funcionamento que o indivíduo assume no momento específico em que reage a uma situação específica, na qual outros indivíduos ou objetos estão envolvidos"[13]. Papel é definido "como uma unidade da experiência em que se fundiram elementos privados, sociais e culturais"[14], colocando-se numa relação dialógica. Para o autor,

> historicamente, o psicodrama representa o ponto culminante na passagem do tratamento do indivíduo isolado para o tratamento do indivíduo em grupo, do tratamento do indivíduo por métodos verbais para o tratamento por métodos de ação [...] É uma combinação eficaz da catarse individual com a coletiva, da catarse de participação com a de ação[15].

Pesquisador com atenção principal nas relações grupais, intragrupais e intergrupais, Moreno nos apresenta a socionomia, ciência das leis sociais para estudar os grupos, sua dinâmica, sua formação e seu tratamento – por meio da sociodinâmica, sociometria e sociatria, respectivamente. O sociodrama, aqui, é pensado na perspectiva da sociatria, como método de intervenção diagnóstica e possibilidade de tratamento das relações interétnicas, sendo especificamente denominado etnodrama por seu criador, "uma síntese do psicodrama com as pesquisas de problemas étnicos, de conflitos de grupos étnicos: pretos e brancos; árabes e judeus; hindus e maometanos"[16].

A tentativa de aprofundar os estudos sobre o psicodrama e a possibilidade de sua aplicação metodológica no trabalho sobre

---

13. J.L. Moreno, op. cit., p. 27.
14. Ibidem, p. 53.
15. Ibidem, p. 59.
16. Idem, *Psicoterapia de Grupo e Psicodrama*, p. 123.

relações inter-raciais possibilitaram nosso contato com o trabalho pioneiro do sociólogo Guerreiro Ramos – que envolvia a temática racial, no fim da década de 1940, na cidade do Rio de Janeiro, no Teatro Experimental do Negro, liderado por Abdias do Nascimento. Guerreiro Ramos criou o Instituto Nacional do Negro e apresentou experiências com psicodrama e sociodrama, envolvendo o público num trabalho sobre relações raciais e destacando a importância do sociodrama para tratar as questões do preconceito, em especial o racial.

Ele define o sociodrama como

> um método de eliminação de preconceito ou de estereotipias que objetiva liberar a consciência do indivíduo da pressão social. Por exemplo, adestra uma pessoa para ver um funcionário, um negro ou um judeu, não à luz dos estereótipos "o funcionário", "o negro" ou "o judeu", mas como personalidades singulares, únicas, inconfundíveis[17].

Nesse sentido, lembramos o trabalho de Moreno com um casal negro, em 1945, numa universidade do sul dos Estados Unidos, denominado "O Problema Negro-Branco: Um Protocolo Psicodramático"[18]. Após a dramatização do casal, Moreno abriu uma discussão com o público sobre o que foi vivido no palco, parte do levantamento sobre possíveis identificações do público com o casal. E, ao finalizar, apontou que o público presente precisava familiarizar-se com o "verdadeiro papel vital de uma família negra, não só intelectualmente, não só como vizinhos, mas também num sentido psicodramático, vivendo-o e elaborando-o conjuntamente neste palco"[19]. Para nós, é o principio da inversão de papéis que possibilita colocar-se no lugar do outro, poder senti-lo, conhecê-lo e, a

---

17. Apud M.C. Malaquias, *Pastoral Afro Achiropita*, p. 9.
18. J.L. Moreno, *Psicodrama*, p. 424-444.
19. Ibidem, p. 444.

partir deste, aprender mais sobre ele e ter mais ciência. Tornar-se mais sensível para percebê-lo mais inteiro.

Em nossos estudos, ainda não localizamos maiores informações sobre os desdobramentos dos trabalhos iniciados por Guerreiro Ramos. Temos investido nos trabalhos práticos, análises e reflexões, tentando sistematizar, contextualizar e compartilhar nossas ações. Mas temos noção de que há muito a ser pesquisado, fato que nos motiva a continuar.

Retorno ao Ponto de Partida: Um Sonho Que se Sonha Junto

Muitas vezes, sentimo-nos desconfortáveis ao trazer sempre as mesmas questões para o debate e as reflexões sobre relações raciais; afinal, há algumas décadas, vivemos o processo de tentativas de contribuir para mudanças. Entretanto, o movimento parece alternar entre avanços e retrocessos, dinâmica que, decerto, faz parte de si próprio. Voltamos com isso à relevância do seminário em questão, objeto de nossas reflexões. Uma vez mais, constatamos a complexidade das relações raciais no Brasil. Há carências de espaços para dialogar e, a partir daí, poder refletir como pequeno e grande grupo quem fomos, quem somos, o que queremos, como queremos, para que queremos e, sobretudo, como podemos reconstruir, refazer, criar, recriar nossas relações. Será que queremos? Compreendemos a resposta positiva ao convite para participar do seminário como um assinalamento de um futuro promissor.

Importante é ressaltar que as tentativas de respostas para tais questionamentos, no contexto acadêmico, vão de encontro às antigas expectativas do movimento negro brasileiro. Que a psicologia e as demais ciências humanas e sociais possam contribuir não somente fornecendo fundamentações teóricas para a compreensão do racismo, mas para o atendimento da demanda das dores emocionais e do sofrimento psíquico desencadeados por atitudes segregacionistas.

Alguns passos em tal direção foram dados com a viabilização de quatro importantes encontros para pensar um Brasil com a participação de seus diferentes brasileiros. Diferenças étnicas, de gênero, socioeconômicas e culturais. Sua relevância se encontra ainda no alcance de um novo público, diverso, que se viu representado, protagonista de um momento histórico, em proximidade e com inter-relações.

Buscou-se refletir, dialogar, compartilhar uma história de mais de três séculos de um regime escravocrata, de violência física, emocional e mental, muitas inquietantes perguntas e alguns esboços de respostas se fazendo presentes.

Nessa perspectiva, entendemos que a sociedade como um todo torna-se mais humana quando ciência e comunidade se juntam em torno de melhores soluções para suas demandas. Como nos ensina o líder Nelson Mandela: "Ninguém nasce odiando outra pessoa pela cor de sua pele, por sua origem ou ainda por sua religião. Para odiar as pessoas precisam aprender e, se podem aprende a odiar, podem ser ensinadas a amar."

Entendemos que somos chamados a nos comprometer como profissionais das ciências humanas. Faz-se necessário que psicologia, sociologia, antropologia, psicanálise, psicodrama, educação e tantas outras busquem conhecer, compreender e agir no contexto psicossocial do racismo à brasileira. Não é tarefa simples, não há respostas prontas, porém nos parece possível que multiprofissionais possam juntar forças, munidos de boa vontade, e usem seus diferentes poderes, fazendo algo em prol de uma práxis colaborativa, visando à transformação da sociedade brasileira em sua maneira de ser e de viver as relações étnico-raciais. Na perspectiva que nos coloca Souza: "Nada, nem ninguém está fora do sistema. Provavelmente, porque o sistema não tem um dentro e um fora. A questão é saber como funcionamos nele e como ele funciona em nós."[20] Para tanto, considerando um sistema relacional, todos estamos envolvidos, numa inteiração de forças, papel e contrapapel coexistindo e movendo as relações. Assim, colonizadores e colonizados carecem de serem tocados pela saga libertária. E, prudentemente, Souza nos alerta: "Por isso, é importante ter presente que objeto de conhecimento não é conhecimento do objeto, assim como conhecimento produzido não é ainda objeto transformado."[21]

Viver as relações, conscientizar-se, refleti-las, deixar-se tocar pelas aproximações do outro diferente, no sentido daquele que difere de si, traz coragem para a percepção de si e do outro e também para saber das consequências de serem desconhecidas tais aproximações. São questões que denunciam desconforto, incertezas do que virá, mas que nos parecem ser dúvidas fundamentais da própria vida.

Em dado momento do sociodrama, questionou-se: "A solução é encontrar um salvador? Qual é a solução?" Estas e outras perguntas foram lançadas, mas não houve respostas: não sabemos se elas existem. Todavia, sabemos que produzimos novos pensares psicanalíticos sobre uma prática psicanalítica ciente dos efeitos do racismo na constituição das subjetividades e intersubjetividades dos brasileiros, sobretudo nos que buscam serem atendidos numa clínica psicoterapêutica e/ou psicossocial.

Ao finalizar minhas reflexões, gostaria de agradecer a oportunidade das interlocuções que o seminário propiciou, com destaque para aquela entre psicanálise e psicodrama. Parafraseando Martin Luther King, também tenho um sonho: o de ver pessoas serem tratadas como pessoas, de ver uma prática psicológica norteada por um pensar que leve em conta a diversidade da população brasileira, suas singularidades e multiplicidades. Oriundos que somos da mesma sociedade, que possamos estar atentos aos princípios e valores que balizam nossas práticas e nosso modo de produzir e reproduzir as ciências humanas.

20. *Tornar-se Negro*, p. 81.
21. Ibidem.

Referências Bibliográficas

ALMEIDA, Wilson Castello. *Rodapés Psicodramáticos: Subsídios Para Ampliar a Leitura de J.L. Moreno*. São Paulo: Ágora, 2012.
BOSI, Ecléa. *Memória e Sociedade: Lembranças de Velhos*. São Paulo: T.A. Queiroz,1979.
CARONE, Iray.; BENTO, Maria Aparecida Silva. (orgs.). *Psicologia Social do Racismo: Estudos Sobre Branquitude e Branqueamento no Brasil*. Petrópolis: [S.n], 2002.
CIAMPA, Antonio Costa. *A Estória do Severino e a História de Severina*. São Paulo: Brasiliense,1987.
CUKIER, Rosa. O Psicodrama da Humanidade: Utopia, Será? *Revista Brasileira de Psicodrama*, São Paulo, v. 8, n. 1, 2000.
FANON, Frantz. *Pele Negra, Máscaras Brancas*. Rio de Janeiro: Fator, 1983.
HALBWACHS, Maurice. *A Memória Coletiva*. São Paulo: Vértice,1990.
MALAQUIAS, Maria Célia. Teoria dos Grupos e Sociatria. In: NERY, Maria da Penha; CONCEIÇÃO, Maria Inês Gandolfo (orgs.). *Intervenções Grupais: O Psicodrama e Seus Métodos*. São Paulo: Ágora, 2012.
_____. *Revisitando a Africanidade Brasileira: Do Teatro Experimental do Negro de Abdias do Nascimento ao Protocolo Problema Negro-Branco de Moreno*. Monografia apresentada para obtenção de título de psicodramatista didata supervisora, São Paulo, Sociedade de Psicodrama de São Paulo (SOPSP), 2004.
_____. *Pastoral Afro Achiropita: Identidades e Práticas de um Catolicismo Afro-Brasileiro*. Dissertação (Mestrado em Psicologia Social), PUC-SP, São Paulo 2,003.
MORENO, Jacob Levy. *Psicodrama*. São Paulo: Cultrix, 1975.
_____. *Psicoterapia de Grupo e Psicodrama: Introdução à Teoria e Práxis*. Trad. Antônio C.M. Cesarino Filho. São Paulo: Mestre Jou, 1974.
MUNANGA, Kabengele . O Antirracismo no Brasil. In: _____.(org.). *Estratégias Políticas de Combate à Discriminação Racial*. São Paulo: Edusp, 1996.
_____. *Negritude, Usos e Sentidos*. São Paulo: Ática, 1986.
NASCIMENTO, Abdias do. *Quilombo*. São Paulo: Editora 34, 2003.
SOUZA, Neusa Santos. Contra o Racismo: Com Muito Orgulho e Amor. *Correio da Baixada*, [S.l.], 13 maio 2008. Disponível em: <http:// www.correiodobrasil.com.br>. Acesso em 01 abr 2017.
_____. *Tornar-se Negro: As Vicissitudes da Identidade do Negro Brasileiro em Ascensão Social*. Rio de Janeiro: Graal, 1983.

SOBRE OS AUTORES

CRISTIANE CURI ABUD
Psicóloga da Universidade Federal de São Paulo (Unifesp), onde coordena o Programa de Assistência e Estudos de Somatização (Paes). Membro do Departamento de Psicanálise do Instituto Sedes Sapientiae e docente no curso de Psicossomática. Mestre em psicologia clínica pela Pontifícia Universidade Católica de São Paulo (PUC-SP) e doutora em administração de empresas pela Fundação Getúlio Vargas (FGV-SP). É autora de *Dores e Odores: Distúrbios e Destinos do Olfato* (Via Lettera, 2009), coautora de *Psicologia Médica: Abordagem Integral do Processo Saúde-Doença* (Artmed, 2012) e organizadora de *A Subjetividade nos Grupos e Instituições* (Chiado, 2015).

FÚLVIA ROSEMBERG (*in memoriam*)
Psicóloga, graduada pela Universidade de São Paulo em 1965, com doutorado no Laboratoire de bio/psychologie de l'enfant – École Pratique des Hautes Études, Université de Paris, em 1969, título que foi reconhecido pela PUC-SP em 1985. Foi pesquisadora sênior da Fundação Carlos Chagas e professora titular em psicologia social da Pontifícia Universidade Católica de São Paulo. Na Fundação Carlos Chagas coordenou

o Programa Internacional de Bolsas de Pós-Graduação da Fundação Ford, no Brasil.

HEIDI TABACOF
Psicóloga, psicanalista e documentarista, graduada na Pontifícia Universidade Católica de São Paulo. É membro do Departamento de Psicanálise do Instituto Sedes Sapientiae, onde é docente no curso Psicanálise: Teoria e Clínica.

ISILDINHA BAPTISTA NOGUEIRA
Psicóloga e psicanalista, é doutora em psicologia pelo Departamento de Psicologia Escolar e do Desenvolvimento Humano do Instituto de Psicologia da Universidade de São Paulo. Assessora o Instituto AMMA – Psique e Negritude.

JOSÉ MOURA GONÇALVES FILHO
Psicólogo, graduado em psicologia na Universidade de São Paulo, em 1986. Fez o mestrado (1995) e o doutorado (1999) em psicologia social na mesma instituição. Seu tema persistente de investigação corresponde ao que tem designado como humilhação social ou humilhação política. É professor no Departamento de Psicologia Social e do Trabalho da Universidade de São Paulo.

KABENGELE MUNANGA
Antropólogo, graduado em antropologia cultural na Université Officielle du Congo à Lubumbashi e doutor em antropologia social pela Universidade de São Paulo (1977), na qual é professor titular. Especialista em antropologia das populações afro-brasileiras, atua principalmente com os temas: racismo, identidade, identidade negra, África e Brasil.

LILIA MORITZ SCHWARCZ
Historiadora, antropóloga, com graduação em História pela Universidade de São Paulo, em 1980. Fez o mestrado em

antropologia social pela Universidade Estadual de Campinas, em 1986, o doutorado em 1993, e a livre-docência em 1998, ambos em antropologia social pela Universidade de São Paulo, onde, desde 2005, é professora titular. É editora da Companhia das Letras, membro do *advisory group* da Universidade Harvard, membro do Conselho Científico do Instituto de Estudos Avançados da UFMG, sócia do IHGB, membro do conselho da *Revista da USP*, da *Revista de História da Biblioteca Nacional*, da *Revista Etnográfica* (Lisboa) e da revista *Penélope* (Lisboa). Foi coordenadora do GT/Anpocs de Pensamento Social, entre 2007 e 2009. Foi professora visitante e pesquisadora nas universidades de Leiden, Oxford, Brown, Columbia (Tinker Professor) e Princeton, na qual é *global professor*. Atuou como curadora de uma série de exposições que aliam história, artes e antropologia. Recebeu a Bolsa Guggenheim (2006/2007). Foi agraciada com a medalha Júlio Ribeiro (por destaque cultural e etnográfico), outorgada pela Academia Brasileira de Letras, em 2008, a comenda da Ordem Nacional do Mérito Científico, em 2010, e teve sua palestra selecionada como "John H. Parry Lectureat Harvard of 2010". Suas pesquisas na área de antropologia e história têm se destacado com temas ligados ao Brasil monárquico, à escravidão, a construções simbólicas, à história da antropologia, etnicidade, construções imagéticas e identidade social. É pesquisadora IA do CNPq desde 2010.

LUIZ SILVA (CUTI)

Escritor, com mestrado em teoria da literatura e doutorado em literatura brasileira pelo Instituto de Estudos da Linguagem da Universidade Estadual de Campinas. Foi um dos fundadores e membro do Quilombo Hoje-Literatura (1983 a 1994) e um dos criadores e mantenedores da série Cadernos Negros (1978 a 1993). Publicou, entre outros, "Flash Crioulo Sobre o

Sangue e o Sonho" (poemas, 1987), "Quizila" (contos, 1987), *Dois Nós na Noite* (teatro, 1991) e *Negros em Contos* (1996).

LUIZA SIGULEM
Fotógrafa. Colaboradora no Programa de Assistência e Estudos de Somatização da Universidade Federal de São Paulo e acompanhante terapêutica e terapeuta-aprimoranda na clínica psicológica do Instituto Sedes Sapientiae. Trabalha em diversos meios de comunicação como fotojornalista e desenvolve projetos autorais. Fez a exposição "Além Rio" na Mostra São Paulo de Fotografia-2013, e "A Distância Entre Dois Corpos" e "Atlas" na Doc Galeria e em outros espaços.

MARIA BEATRIZ COSTA CARVALHO VANNUCHI
Psicóloga e psicanalista. É membro do Departamento de Psicanálise do Instituto Sedes Sapientiae, coordenadora do Núcleo de Atendimento de Famílias no Projetos Terapêuticos. Foi membro da equipe da Clínica do Testemunho do Projetos Terapêuticos SP, de 2013 a 2015.

MARIA CÉLIA MALAQUIAS
Psicóloga e psicodramatista, com mestrado em psicologia social pela Pontifícia Universidade Católica de São Paulo. É ego auxiliar do sociodrama, psicóloga-psicodramatista didata supervisora pela Sociedade de Psicodrama de São Paulo (SOPSP) e mestre-professora do curso de Psicodrama Convênio SOPSP-PUC. Dirige sociodramas e psicodramas sobre relações raciais. É autora de livros e artigos sobre relações interétnicas.

MARIA LÚCIA DA SILVA
Psicóloga e psicanalista, especializada em trabalhos em grupo com recorte de gênero e raça. É diretora-presidente

do Instituto AMMA – Psique e Negritude, coordenadora geral da Articulação Nacional de Psicólogas(os) Negras(os) e Pesquisadoras(es) e empreendedora social da Ashoka.

MIRIAM CHNAIDERMAN

Psicanalista e cineasta. Tem mestrado em comunicação e semiótica pela Pontifícia Universidade Católica de São Paulo e doutorado em artes pela Escola de Comunicações e Artes da Universidade de São Paulo. É membro do Departamento de Psicanálise do Instituto Sedes Sapientiae. Possui publicações – artigos sobre psicanálise, cinema e teatro – em vários jornais e revistas. Publicou *O Hiato Convexo: Literatura e Psicanálise* (Brasiliense, 1989) e *Ensaios de Psicanálise e Semiótica* (Escuta, 1989). Dirigiu os documentários *Dizem Que Sou Louco* (1994), *Artesãos da Morte* (2001), *Gilete Azul* (2003), *Isso, Aquilo e Aquilo* (2004), *Você Faz a Diferença* (2005), *Passeios no Recanto Silvestre* (2006), *Procura-se Janaína* (2007), *Sobreviventes* (2009), *Afirmando a Vida* (2009) e *Mboi Mirim, dos Índios, das Águas, dos Sonhos* (2009).

MOISÉS RODRIGUES DA SILVA JÚNIOR

Médico, psicanalista e analista institucional. É membro do Departamento de Psicanálise do Instituto Sedes Sapientiae e diretor do Projetos Terapêuticos.

NOEMI MORITZ KON

Psicóloga e psicanalista, com graduação, mestrado e doutorado pelo Departamento de Psicologia Social do Instituto de Psicologia da Universidade de São Paulo. É membro do Departamento de Psicanálise do Instituto Sedes Sapientiae e professora do curso Conflito e Sintoma. É autora de *Freud e Seu Duplo*: *Reflexões Entre Psicanálise e Arte* (Edusp, 2015), *A Viagem: Da Literatura à Psicanálise* (Companhia das Letras,

2006), organizadora de *125 Contos de Guy de Maupassant* (Companhia das Letras, 2009).

PEDRO H.A. MASCARENHAS
Psiquiatra, psicodramatista e psicanalista. É professor/supervisor do curso de psicodrama da SOPSP-PUC; membro da coordenação dos psicodramas públicos no Centro Cultural São Paulo.

ROSANE BORGES
Jornalista, pós-doutoranda em Ciências da Comunicação, pesquisadora das relações raciais e de gênero, professora colaboradora do CELACC (Centro de Estudos Latino-Americanos em Comunicação e Cultura) da USP.

TÂNIA CORGHI VERÍSSIMO
Psicóloga e psicanalista. É membro da Rede de Atendimento Psicanalítico, aspirante a membro do Departamento de Psicanálise do Instituto Sedes Sapientiae.

AGRADECIMENTO
Agradecemos em especial a **ELIANE CAFFÉ**, cineasta e documentarista, pelo curta *Um Passo Para Ir*, feito especialmente para o evento que originou este livro.

Para assisti-lo, e aos debates do evento, acesse <www.sedes.org.br/Departamentos/Psicanalise>. Selecione "Eventos" no menu e, no submenu, "Eventoteca". Na página da Eventoteca, acione "Acervo 2012" no menu lateral. Em "Evento 2/12" acesse o *link* dos debates ou o do documentário em "vídeo: Um passo para ir".

Este livro foi impresso na cidade de São Bernardo do Campo,
nas oficinas da Paym Gráfica e Editora,
para a Editora Perspectiva.